国家社科基金项目
"中国'一带一路'沿线跨国企业获取组织正当性的关键因素诊断与对策研究"（项目批准号18BJY113）

孟祥霞　陶海飞　等／著

中国"一带一路"
沿线跨国企业获取组织正当性的
关键因素诊断与对策研究

ZHONGGUO "YI DAI YI LU"
YANXIAN KUAGUO QIYE HUOQU ZUZHI ZHENGDANGXING DE
GUANJIAN YINSU ZHENDUAN YU DUICE YANJIU

中国财经出版传媒集团

经济科学出版社
Economic Science Press
·北京·

图书在版编目（CIP）数据

中国"一带一路"沿线跨国企业获取组织正当性的关键因素诊断与对策研究／孟祥霞等著． -- 北京：经济科学出版社，2024.11． -- ISBN 978 - 7 - 5218 - 6478 - 6

Ⅰ. F279. 247

中国国家版本馆 CIP 数据核字第 2024PF9758 号

责任编辑：杜　鹏　张立莉　武献杰
责任校对：刘　娅
责任印制：邱　天

中国"一带一路"沿线跨国企业获取组织正当性的
关键因素诊断与对策研究

孟祥霞　陶海飞　等／著

经济科学出版社出版、发行　新华书店经销
社址：北京市海淀区阜成路甲 28 号　邮编：100142
编辑部电话：010 - 88191441　发行部电话：010 - 88191522
网址：www. esp. com. cn
电子邮箱：esp_bj@ 163. com
天猫网店：经济科学出版社旗舰店
网址：http://jjkxcbs. tmall. com
固安华明印业有限公司印装
710 × 1000　16 开　14. 25 印张　230000 字
2024 年 11 月第 1 版　2024 年 11 月第 1 次印刷
ISBN 978 - 7 - 5218 - 6478 - 6　定价：99. 00 元
（图书出现印装问题，本社负责调换。电话：010 - 88191545）
（版权所有　侵权必究　打击盗版　举报热线：010 - 88191661
QQ：2242791300　营销中心电话：010 - 88191537
电子邮箱：dbts@ esp. com. cn）

前　言

　　"一带一路"建设是新时代我国全面推进对外开放战略的重要组成部分。近年来，中资企业在"一带一路"沿线国家（地区）的贸易和投资规模持续增长，成为新时期我国对外开放合作的新亮点。但是，中资企业在跨越"一带一路"沿线国家（地区）市场、技术、成本等经济门槛的同时，频频遭遇东道国身份歧视、劳资纠纷、社会责任质疑等组织正当性危机，包括中兴集团、吉利集团等前期深耕国际市场的跨国巨头，也包括抖音集团等刚刚国际化起步就遭遇市场封锁或消费者抵制的互联网企业。跨国企业在东道国的组织正当性水平反映了其被东道国内外利益相关者认可和接纳的程度，关系到企业的海外生存底线和可持续发展。

　　作为典型的新兴市场跨国企业（EMNEs），中资企业融入"一带一路"沿线国家（地区）的制度环境更加错综复杂，母国和东道国的制度距离存在顺差或逆差等不同落差，东道国内部制度秩序也存在稳定或动荡的复杂情境，特别是经济欠发达国家内部制度复杂性高，多种文化价值理念并存，制度规则不够健全透明，多重利益相关者存在价值目标分歧和管辖权治理竞争，东道国社会制度规则、规范和政策经常"朝令夕改"，加上东道国本土保护主义、双边或多边政治外交摩擦等因素，中资企业经常陷入"左右为难"或"无所适从"等困境，引发跨国经营风险。

　　现有文献侧重探讨发达国家跨国企业在制度顺差情景或者 EMNEs 在制度逆差情景下的组织正当性战略理论，而且大多以东道国"单一制度系统"为假设前提，忽略了跨国制度环境的双维特征，即母国和东道国制度的"双元性"以及东道国内部制度逻辑的"多重性"。同时，EMNEs 在国际化竞争中的来源国形象、国际关系网络、国际化经验和战略管理能力都相对发达国家企业处于劣势。在制度、资源和能力等多重因素约束下，EMNEs 如何获取东道国的组织正当性？如何有效管理组织正当性危机？EMNEs 遭遇的负面来源国形象、组织身份落差、公司治理和行为惯例歧视等组织正当性危机表现有其自身独特性，需要拓展现有发达国家跨国企业主导的组织正当性理论，同时，EMNEs 遭遇的东道国制度不健全、制度规则频繁变化等新复杂制度环境及其实践中涌现的大量制度创业（创新）现象，也需要新理论解释。作为典型的 EMNEs，深刻理解中资企业在"一带一路"沿线国家（地区）遭受的组织正当性危机表现及成因，提出具有管理价值的策略工具，既是理论本身蕴涵的问题，也是EMNEs 国际化管理实践中亟待解决的问题。

　　本书试图综合新制度主义、制度逻辑、资源依赖、组织战略等交叉学科理论，从 EMNEs 嵌入的制度环境、资源禀赋特征和战略管理能力等多重因素入手，通过文献归纳和逻辑演绎，构建"EMNEs 获取组织正当性的关键因素诊断和策略选择"综合理论框架，明确制度、战略和资源三类核心因素对 EMNEs 正当性的影响地位、程度、方向及其交互作用机制，探讨不同因素之间的内在逻辑关系及其交互影响机理，区分基础变量、中介变量和调节变量等多重角色，提出核心研究假设；在此基础上，结合"一带一路"沿线国家（地区）的典型中资企业访谈、问卷调查和统计回归实证等多种研究方法，点面结合，层层深化相关理论和实践认识，形成更加全面可靠的研究结论，并针对不同情境提出 EMNEs 正当性管理的战略思想和策略选择，以期对"一带一路"中资企业正当性战略进行系统性管理并提供理论指导。

　　本书项目构建的"制度—资源—战略"关键因素影响模型，揭示了制度环境对 EMNEs 正当性形成的基础性影响，EMNEs 的资源禀赋特征和战略管理行为则对制度环境和组织正当性水平形成重要的中介或调节作用。

　　针对新时期跨国制度文化壁垒，本书从企业和政府两个层面提出了优化我国"一带一路"沿线国家（地区）企业正当性管理的战略思路和策略选择建议。沿线中资企业要充分认识并把握母国和东道国的制度环境因素，从制度距离和制度复杂性双向视角剖析企业正当性危机的制度来源，加强环境研判，针对不同制度距离类型和东道国制度复杂程度，合理选择制度规避、制度同构和制度创业（创新）等战略思想，灵活搭配并运用多样化组合策略。同时，我国"一带一路"沿线企业要重视发挥资源禀赋优势，加强战略管理行动，积极改善国际关系网络，缩小制度环境对组织正当性的负面影响。中央政府要加强宏观层面的统筹协调，加大提升母国制度形象、组织形象和企业声誉传播等顶层战略设计，改善中资企业的负面来源国形象，增进"一带一路"沿线国家（地区）对中资企业的身份认同和信任合作。地方政府要加强公共服务平台建设，打造境内外联动的风险预警、跨境创新和跨境专业服务平台，提高母国资源禀赋优势，帮助企业积累国际化经验。相关研究结论有助于中资企业从新的视角认识东道国制度文化壁垒的形成根源，诊断我国"一带一路"沿线企业获取组织正当性的关键因素，帮助中资企业提升组织正当性危机攻关能力和战略管理水平，同时为我国政府推进"一带一路"建设提供决策参考。

2024 年 9 月

目　　录

| 第 1 章 |

绪　　论

1.1　研究背景与价值

近年来，中资企业在"一带一路"沿线国家（地区）的贸易投资规模持续增长，成为新时期我国全面推进改革开放的新亮点。党的十九大报告明确提出：以"一带一路"建设为重点，坚持"走出去"和"引进来"并重，遵循"共商、共建、共享"原则，推动形成全面开放新格局。随着实践层面中资企业参与"一带一路"建设的热情高涨，理论界也需要与时俱进，增强对"一带一路"沿线国家（地区）中资企业国际化障碍和绩效的认识。组织正当性（Organizational Legitimacy）是跨国公司获得海外生存和发展的基石，也是一种重要的战略资源（Suchman，1995；Kostova & Zaheer，1999；Fornes et al.，2012）。随着"一带一路"建设的推进，大多数中资企业通过出口贸易、绿地投资、合资建厂、跨国并购、战略联盟等方式，成功跨越东道国市场、成本、管理等经济技术门槛，但却频频遭遇海外劳资纠纷、知识产权诉讼、环保安全质疑、组织身份歧视和消费抵制等隐性制度文化壁垒，对其国际化进程和绩效产生重大影响。现有文献从制度、资源、战略等多个视角探讨跨国企业组织正当性危机、成因及其绩效影响，并提出多种组织正当性管理策略，包括制度同构、身份变革、沟通交流、话语修辞、资源协同等（Zaheer，1995；Zimmerman & Zeitz，2002；Kostova et al.，2008；杜晓君等，2015；Bitektine & Haack，2015；彭长桂和吕源，2016；陈立敏等，2016；李玉刚和纪宇彤，2018；魏江等，2020）。但是，与实践中层出不穷、复杂多变的跨国企业正当性危机现象相比，现有理论研究仍相对滞后，主要表现在：（1）研究对象和情景不够丰富。现有文献仍以发达经济体的跨国企业为主导，对新兴市场跨国企业（Emerging Market Multinational Enterprises，EMNEs）的组织正当性研究相对不足。与发达经济体跨国企业相比，EMNEs 的海外组织正当性危机来源和影响机制等多个方面有其自身的特征，包括其特有的来源国劣势及其引发的东道国制度偏见或关系歧视，也包括企业自身相对薄弱的国际化经验和能力等。近年来，随着 EMNEs 国际化规模和影响力的持续提升，针对 EMNEs 的组织正当性研究文献正在加速累积，但相关研究仍集中在 EMNEs 从新兴经济体（Emerging Market，EM）进入发达经济体（Development Market，DM）的跨国制度情境（EM—DM），缺乏 EMNEs 从新兴经济体（EM）进入欠发达经济体（Undevelopment Market，UM）的跨国制度情境（EM—UM）研究，前一制度情境形成的研究结论（东道国制度相对稳定、母国制度逆差、负面来源国印象和制度同构主导需求）对后一类制度情境（东道国制度变革相对活跃、母国制度顺差、正面来源国形象和制度创业需求）缺乏现实指导意义。（2）研究视角相对单一。现有文献侧重从制度环境、组织战略管理或利益相关者认知等单层次影响因素入手探讨 EMNEs 的组织正当性形成机理及其对策，缺乏对多层次因素的综合影响研究。实践中，EMNEs 的组织正当性管理过程，往往同时遭遇制度环境、企业资源禀赋、战略管理以及利益相关者认知等多个因素影响，综合运用国际化进入模式（Stevens & Newenham-Kahindi，2017）、组织身份变革（Li & Yue，2007）、东道国社会责任活动（Marano，Tashman & Kostova，2017）、制度同构（Jeong et al.，2019）、第三方声誉溢出（王丁等，2020）等多种组织正当性策略，单一理论视角往往缺乏现实解释力。（3）研究方法不够综合。现有文献主要采用理论定性分析、案例研究或统计回归实证等单一研究方法，缺乏对多种研究方法的综合运用，形成的研究结论和应用场景相对单一或片面。同时，EMNEs 的组织正当性获取并非"一蹴而就"（魏江和杨洋，2018），需要加强动态过程机制研究。作为典型的

EMNEs，我国企业在"一带一路"沿线国家（地区）面临更加复杂多元的制度环境，企业国际化经验相对缺乏，正面组织形象有待进一步提升。中资企业在"一带一路"沿线国家（地区）遭遇的组织正当性危机有何特点、获取组织正当性的关键因素有哪些、如何应对等相关问题亟须深入研究。

本书研究具有独到的学术价值和重要的应用价值体现在以下几个方面。

1.1.1 构建综合理论框架，拓展 EMNEs 的组织正当性战略理论

随着 EMNEs 国际化进程的深入，组织正当性管理再次成为学术界关注的焦点。一方面，相对于发达经济体跨国企业，EMNEs 遭遇的负面来源国印象、社会责任质疑、组织身份落差、公司治理和行为惯例歧视等组织正当性缺失问题，有其自身独特性，需要拓展现有以发达经济体跨国企业为主导的组织正当性理论。另一方面，相对发达经济东道国的制度情境，EMNEs 在欠发达国家遭遇的制度不健全、制度环境动荡、制度规则频繁变化和多重利益相关者权力博弈等新制度环境及其实践中涌现的大量制度创业（创新）现象（刘娟和杨勃，2021），也很难用现有的制度同构或社会认知等单一理论进行解释，亟待新的理论指导。

本书试图综合新制度主义、制度逻辑、资源依赖、组织战略等交叉学科知识，从 EMNEs 嵌入的母国和东道国制度距离、制度复杂性、企业资源禀赋特征和战略管理能动性等多重影响因素入手，通过文献归纳和逻辑演绎，构建"EMNEs 获取组织正当性的关键因素诊断和策略选择"综合理论框架，明确不同影响因素对 EMNEs 正当性的影响机理和作用机制，探讨不同因素之间的内在逻辑关系及其交互影响机理，区分基础变量、中介变量和调节变量等多重角色，提出核心研究假设。在此基础上，结合典型案例企业访谈、大样本问卷调查和统计回归实证等多种研究方法，点面结合，层层深化相关理论和实践认识，形成更加全面可靠的研究结论，并针对不同情境提出 EMNEs 正当性管理的战略思想和策略选择，有助于补充、拓展和丰富现有跨国制度情境下的组织正当性影响因素模型，深化 EMNEs 的国际化理论。

1.1.2 深化中资企业的海外组织正当性实践研究，提供新的决策参考

近年来，中资企业在海外国家频频遭遇组织正当性危机，既有前期深耕国际市场的跨国巨头，例如，华为、中兴、吉利等跨国集团企业，也有刚刚国际化起步的互联网企业，例如，抖音集团等。特别是在"一带一路"沿线国家（地区），中资企业融入的东道国制度环境更加错综复杂，包括发达经济体、新兴经济体和欠发达经济体等不同类型，呈现制度顺差或逆差等不同制度距离特征，而且不少"一带一路"沿线国家（地区）的政局相对动荡，政权更替频繁，种族、宗教、语言和文化信仰体系等呈现复杂多元状态，地区战乱和武装冲突频发，东道国社会制度规则、规范和政策经常发生变更，加上当地东道国本土保护主义、民主中心主义、双边或多边政治外交分歧等因素，都可能对"一带一路"沿线国家（地区）中资企业的正当性管理形成巨大冲击，威胁到中资企业的海外生存和发展。中资企业作为典型的 EMNEs，深刻理解其在"一带一路"沿线国家（地区）遭受的组织正当性威胁及成因，提出具有管理价值的策略工具，既是理论本身蕴含的问题，也是 EMNEs 国际化管理实践中亟待解决的问题。

本书试图综合前面构建的综合理论分析框架，采用实地调研访谈、问卷调查、案例研究和大样本统计回归等多种研究方法，对我国在"一带一路"沿线国家（地区）企业的组织正当性危机表现、成因及其多层次影响因素进行深入剖析，在此基础上，从政府和企业等不同层面提出针对性的组织正当性战略思路和策略选择，为我国深化"一带一路"建设以及加快推进中资企业国际化进程提供决策参考。

1.2　国内外研究现状与进展

组织正当性最早源于西方政治学关于权力的论述，20 世纪 50 年代开始

逐渐应用到组织社会学和制度经济学，形成了制度和战略两大代表性研究学派。制度学派将组织正当性看作是组织应对外部环境变化和制度压力的一种状态和响应，体现了组织的适应性（Powell & DiMaggio，1991；Oliver，1991；Suchman，1995）。战略学派则将其视作组织的一种关键性资源，以获取组织正当性为中介，进一步获取其他关键性战略资源（资本、人才、资金等），体现了组织的能动性（Zimmerman & Zeitz，2002；Colleoni，2013；Reast et al.，2013）。20 世纪 90 年代以来，组织正当性逐渐应用到国际商务领域，主要探讨跨国企业的正当性获取机理及其绩效影响。经过近一个世纪的理论和实践发展，组织正当性的理论依据，从早期以组织为中心的制度主义和战略管理理论，逐渐拓展到以评价者（利益相关者）为中心的社会心理学和信息博弈理论（Tost，2011）。组织正当性的研究视角，从宏观逐渐转向微观层面，并越来越重视宏微观层次之间的整合和过程转化机制研究（Powell & Colyvas，2008；Thornton & Ocasio，2008；Fisher et al.，2017）。

1.2.1　组织正当性的内涵、维度和策略选择

1.2.1.1　组织正当性的内涵和作用

组织正当性的概念比较抽象，经历了多个历史发展阶段（Meyer & Rowan，1977；Meyer & Scott，1983；DiMaggio & Powell，1983；Suchman，1995；Kostova & Zaheer，1999；Aldrich & Fiol，1994；Certo & Hodge，2007；Bitektine，2011）。韦伯等（Weber et al.，1924）认为，社会秩序的正当性是对社会规范和正式法律的遵从。帕森（Parsons，1960）认为，组织的社会价值观要与社会系统中广泛认可和接受的行为准则保持一致性。萨奇曼（Suchman，1995）提出组织正当性的广泛性定义，即人们在特定社会规范、价值观、信仰和定义框架下对组织行为的适当性、恰当性和合意性的一般感知或预想。21 世纪初，中国学者开始引入"组织正当性"概念，并很快在国内得到关注和拓展。英文 Legitimacy 的翻译，具有"有效性、正统性、合规性、合理性"等多重含义，早期国内学者常将其译为"合法性"，但是后续不少学者从词源演化、法律思想史以及中文使用习惯等方面进行辨析，指出以"正当性"对译

"Legitimacy"更佳（刘毅，2007；刘杨，2008；李睿，2015；刘云和王，2017；陈立敏等，2016；鲁文禅，2019），中文翻译"组织正当性"开始流行并得以推广。

很多学者认为，组织正当性是一把"双刃剑"，如果企业管理得当，会带来积极影响，包括显著降低组织的生存死亡率，进一步获得投资者、供应商、客户等利益相关者的信任和资源支持，提高员工凝聚力和奉献精神等；如果企业管理不当或缺失正当性，则会带来一系列风险或负面效应，甚至影响企业的生存和持久发展（Singh et al.，1986；Zimmerman & Zeitz，2002；Pollock & Rindova，2003；Certo & Hodge，2007；Czinkota & M.，2014；Lee et al.，2015；Zheng，et al.，2015；Zhang，et al.，2018）。

1.2.1.2 组织正当性的维度划分

很多学者基于不同的研究视角或目的导向，对组织正当性维度进行划分。例如，辛格等（Singh et al.，1986）从正当性来源角度将组织正当性分为内部正当性和外部正当性，前者关注组织内部成员的角色定位和相互之间的协调性；后者则关注外部环境（多元利益相关者）的认可和接受程度。斯科特（Scott，1995）从制度属性的角度将组织正当性划分为规制正当性、规范正当性和认知正当性三个维度。萨奇曼（1995）从组织属性角度将组织正当性分为实用正当性（组织行为是否符合利益相关者的物质利益期望）、道德正当性（组织行为是否符合当地社会道德规范意识）和认知正当性（组织行为获得当地社会群众的情感认可）。齐默尔曼等（Zimmerman et al.，2002）提出了产业正当性维度。达辛（Dacin，2007）从战略联盟成员的作用机制角度提出市场合法性、关系合法性、社会合法性、投资合法性和联盟合法性等五大分类。杜运周和张玉利（2009）将组织正当性划分为社会政治正当性和认知正当性两个维度。托斯特（Tost，2011）从评价者视角，将组织正当性分为个体（微观）层次和集体（宏观）层次，前者强调个体观察者关于"某个组织在多大程度上对于其社会情境来说是合理的"的自我判断；宏观层次是指群体观察者们关于"某个组织对于其社会情境来说是合理的"知觉在多大程度上达成普遍一致。陈扬等（2012）认为，组织正当性等价于组织能在多大程度上符合利益相关方的期望，并取得其在物质、行动和情感上的支持，因此，将正当性分为三类：一是建立在强制性奖惩基础上的正当性，其内在逻辑包括实用正当性和规制正当性；二是建立在价值观和规范遵从基础上的正当性，包含道德正当性、规范正当性和专家（Professional）正当性；三是建立在共同理解（认知）基础上的正当性，强调以社会为中介的共同框架下个体和组织内生性的正当性动力。总体上，组织正当性的维度划分，呈现"从一般到具体"的发展规律，研究视角和应用场景趋于多元化和具体化。

1.2.1.3 组织正当性的测度和量表开发

组织正当性的测量方法主要包括量表开发、代理指标和文本分析（李玉刚和纪宇彤，2018）。早期学者们大多从组织视角，利用组织或利益相关者的客观行为指标作为代理指标进行测度。例如，鲁夫和斯科特（Ruef & Scott，1998）用医院是否有权威机构授权、指定或成员资格认证等测量指标衡量其技术和管理的规范正当性。托尼科斯基和纽伯特（Tornikoski & Newbert，2007）则用资源组合、网络化等测度新企业战略正当性。杜运周等（2008）用 ISO 认证测度正当性。也有学者用获得海外相关管制机构许可（设立海外子单元或获得经营许可）、取得海外上市资格或获得海外专利数量等客观代理指标来反映跨国企业的实用（规制）正当性。用取得的海外融资、名誉奖励和正面评价等反映道德（规范）正当性。用海外市场增长率或市场占有率或知名度等（产品的用户量、销售额或经营状况）反映认知正当性（Handelman & Arnold，1999；周玲等，2012）。同时，学者们从评价者视角开发感知性主观量表或媒体报道等文本内容分析进行测量（Deephouse，1996；Bansal & Clelland，2004；Pollock & Rindova，2003）。例如，迪普豪斯和卡特（Deephouse & Carter，2005）用媒体对某个银行行为质疑和监督报道次数的相对值作为衡量商业银行规范正当性的指标。塞尔托和霍奇（Certo & Hodge，2007）开发了以关键利益相关者（顾客、供应商、员工、竞争者等）的认可度来测度组织正当性的主观量表。也有学者通过东道国媒体的支持程度来测量中国企业并购行为的正当性。杜运周和张玉利（2012）结合中国情境，增加了转型背景下政府和投资者对组织正当性的影响，包括"投资者愿意与公司接洽""政府高度评价企业的经营行为""某些和您关系密切的政府官员高度评价您的企业"等选项。贝里等（Berry et al.，2010）、杜晓君等（2014）和刘静雅（2017）采用制度距离（规制、规范和认知距离）来间接反映跨国企业的组织正当性缺失程度，阎大颖（2011）用霍夫斯泰德（Hofstede）的国家文化距离指数来间接测量组织正当性，其中制度距离的测算可以分为三种类型，即：（1）正式和非正式制度距离两分法，前者根据世界银行官方网站公开的全球治理指数（Worldwide Governance Indicators，WGI）或者美国传统基金会和华尔街日报共同统计和评价的经济自由度指数（Economic Freedom Index，EFI）进行测算，后者用霍夫斯泰德调查统计获得的国家文化距离指数进行测算；（2）规范、规则和认知等制度三支柱法；（3）综合指标分析法，学者们根据研究需要，将 WGI 和 EFI 等多个指标进行合并使用，或者单独使用其中一个综合指数，或者从两个指数包含的多种维度中选取部分指标单独使用等方法来共同衡量正式制度距离。

1.2.1.4 组织正当性的获取动因和策略选择

现有文献主要从两大视角分析组织正当性的获取动因，一是来自制度压力，二是来自组织战略需要。从制度环境视角，主要探讨组织如何应对制度环境带来的正当性压力而选择的一系列应对战略，通常有三种模式：一是制度规避，即组织把外部制度环境看作是给定的，但是它们能够在不同的制度环境中作出选择；二是制度适应，即组织试图调整自己的结构、行为和策略以更好地适应制度环境；三是制度操纵，即组织的目标不仅简单适应当地制度环境，而且还影响当地制度环境变革，或通过创建和使用网络来创新和塑造制度环境（Oliver，1991；Kostova et al.，2008；Cantwell et al.，2010；Tan et al.，2013；黄胜等，2015）。迪马乔和鲍威尔（DiMaggio & Powell，1983）提出强制性同构、规范性同构和模仿性同构等制度同构（Isomorphism）策略。强制同构是组织对政府命令和资源依赖类压力的响应同构（Greenwood & Suddaby，2006）；模仿同构是在外部制度不确定时采用模仿其他组织的行为和做法（DiMaggio & Powell，1983）；规范同构是组织遵守外部社会专业化、职业教育培训等方式形成的、建立在共同道德规范和认知基础上的行为、惯例和象征做法（DiMaggio & Powell，1983）。奥利弗（Oliver，1991）按照企业响应制度压力的主动性程度，提出顺从、妥协、回避、反抗和操纵五种策略。很多学者通过实证研究认为，制度同构对组织正当性的提升效果十分显著（Deephouse，1996；Deephouse & Suchman，2008；Salomon & Robert，2013；魏江等，2016）。但是，制度同构战略仍存在两大局限，一是制度学习能力和成本问题，特别是组织在获取外部道德规范、惯例、价值观等默会（隐性）制度知识时存在较大难度；二是制度环境本身具有复杂性，不同制度系统的利益代表可能对组织提出相互矛盾甚至互不相容的制度处方，让组织无所适从或左右为难。近年来，不少学者从制度逻辑视角，提出多层次制度环境下组织如何通过制度逻辑的混合战略平衡组织内部的多元制度逻辑张力（Pache & Santos，2013；Jay，2013；Battilana et al.，2010；Sudubby et al.，2017；Shepherd et al.，2019）。从组织战略管理视角，相关研究主要从经济理性假设和资源依赖理论出发，将组织获得正当性作为一种重要的战略资源，帮助获取其他生存和发展必需的重要核心资源。米歇尔等（Michell et al.，1997）最早关注了组织正当性和利益相关者的关系，认为组织获取正当性的过程主要是满足不同类型利益相关者的正当性期望的过程。社会关系网络构建是重要策略选择。很多学者认为，闭合性网络结构具有强关系和高密度连接特征，有助于推动集体规范信息的共享，减少组织与外部利益相关者之间的信息不对称，提升组织正当性（Deephouse，1996；徐国冲和霍龙霞，2020）。彭伟等（2013）、何霞和苏晓华（2016）等研究发现，战略联盟能够显著提高新创企业的组织正当性。王玲玲等（2017）研究发现，新创企业网络关系强度能够促进组织正当性。尚林（2014）发现，企业参与制造商新产品开发可以提高其正当性水平。赵晶和孟维烜（2016）的研究发现，官员视察引起的正当性提升是激励企业进行创新的重要因素。宋晶和陈劲（2019）通过研究创业者社会网络、组织正当性与创业企业资源拼凑之间的关系，发现组织正当性正向调节政治达高性以及连接强度对资源拼凑的影响。李靖华和黄继生（2017）的研究认为，网络嵌入通过创新正当性正向影响突破性创新资源获取。冯巨章（2018）从商会以及企业社会责任视角的研究发现，企业可根据制度环境的变化主动调整对各类利益相关者承担的社会责任来动态地获取组织正当性。从认知视角，评价者关于组织正当性判断的信息来源、信息加工模式、判断标准、认知形成机制等特征，都有可能影响组织的正当性感知和评价结果（Tost，2011；Lamin & Zaheer，2012；刘云和王，2017）。比克泰因和哈克（Bitektine & Haack，2015）提出了一个关于制度化过程的跨层次交互效应模型，该模型描述了制度变革的过程本质，即从制度秩序的失稳（Destabilization）到评价者正当性判断的稳态回归，同时该模型解释了在稳定的制度环境中，尽管存在制度规范和集体信念的"铁笼"（Iron Cage），微观层次的行为者为什么仍然能够改变制度；解释了在一个不稳定的制度环境中，不同正当性判断之间的竞争如何导致判断制度化和最终制度秩序的稳定化（刘云和王，2017）。从组织特征和能力角度，齐默尔曼等（2002）认为，公司高管团队特征是认知正当性的来源之一，他们代表了一个公司的经济潜力和形象，专业水平较高的高管团队更易于获得认知正当性。科恩和迪恩（Cohen & Dean，2005）的研究发现，企业高层管理团队特质是企业正当性的重要传递信号。达辛等（2007）研究发现，高管团队或创业者个人的声誉和经验都有利于提高组织正当性。苏勇等（2013）认为，企业文化有利于提升组织正当性。

1.2.2 跨国企业获取组织正当性的动因和绩效影响

20 世纪 90 年代开始，组织正当性研究逐渐拓展到跨国制度情境（Kostova，1996）。跨国企业的经营活动边界突破国界后，组织正当性面临新的挑战，即母国和东道国的制度距离引发正当性获取成本。外来者劣势（Liability of Foreignness）是指跨国企业付出比东道国本土企业更高的经营成本，包括文化距离引发的信息沟通成本、地理交通成本、内部治理成本、关系网络构建成本、当地消费者偏好成本等（Zaheer，1995；Guler & Guillen，2010；Fratianni et al.，2009；Baik et al.，2013）。有学者认为，东道国政府对外来的跨国企业，很可能采取提高政策支持门槛或制定限制外来企业竞争势力的法规条例。供应商出于本土保护主义，抬高原材料供应成本或是劳动力成本，而消费者的固有偏好和怀疑态度容易抵制外来企业产品。制度距离导致跨国企业在东道国市场的强制性同构压力（Xu & Shenkar，2002）。组织获取正当性更容易被东道国制度环境接受（Kostova & Zaheer，1999），降低外来者劣势的负面影响，进而提高国际化绩效（Eden & Miller，2004；Tobias & Wolfgang，2009；Fornes，2012）。罗蒂格（Rottig，2009）基于 200 多起美国海外并购事件的样本实证研究表明，拥有组织正当性的跨国企业，能够有效规避海外并购场域的利益相关者歧视，提升跨国并购绩效。托拜厄斯和沃尔夫冈（Tobias & Wolfgang，2009）在分析德国 1000 多家企业样本的实证研究发现，组织正当性缺失是企业"新入者"和"外来者"劣势形成的根本原因，拥有组织正当性的企业更容易接触到外部高价值资源，降低外来者经营成本。班加拉等（Bangara et al.，2012）对印度企业的案例研究发现，新兴经济体新创企业作出加速国际化决策，是因为需要在母国和东道国建立组织正当性。比克泰因和哈克（2015）的研究认为，组织正当性不仅是制度稳定性的重要前因变量，而且还有利于企业增强社会认知、获取网络资源。米哈伊洛娃等（Mihailova et al.，2015）利用俄罗斯新创企业的样本数据发现，母国管制维度与新创企业国际化程度负相关，而规范和认知维度与新创企业国际化程度正相关。麦等（Mai et al.，2015）基于中国新创企业的样本数据，验证了新创企业国际化程度对组织正当性与国际化绩效的调节作用。刘静雅（2017）认为，跨国企业获取组织正当性，能够有效降低异国制度交易成本，对外来者劣势和国际并购绩效具有负向调节作用。

1.2.3 跨国企业获取组织正当性的影响因素

早期文献主要关注制度、技术和地理位置等客观因素，后来逐渐拓展到对跨国企业的国际化经验和组织战略决策能力等主观因素的研究。

1.2.3.1 制度环境

20 世纪 90 年代开始，国外学者开始关注制度距离对跨国企业正当性获取的影响（Zaheer，1995；Kostova，1996）。很多学者从信息不对称、国别文化和意识形态差异、民族中心（本土保护）主义、东道国政府歧视、来源国刻板印象等角度分析跨国企业在东道国的正当性缺失根源（Zaheer，1995；Kostova，1996；Brouthers et al.，2005；Li，2008；Ramachandran & Pant，2010；Bitektine，2011；Zhou & Guillen，2015；Cuervo—Cazurra，2011；Fang & Chimenson，2017；Fiaschi et al.，2017；Stallkamp et al.，2018；Han et al.，2018）。科斯托娃和扎西尔（Kostova & Zaheer，1999）认为，制度复杂性、组织复杂性和评价者认知约束（有限理性）是影响跨国企业正当性获取的三大核心因素。布鲁瑟斯等（Brouthers et al.，2005）认为，东道国政府的歧视会导致跨国企业的负面组织印象，从而降低跨国企业在东道国的正当性评价。也有学者认为，东道国中的利益相关者所存在的民族狭隘主义、地方保护主义以及对某些国家的固有刻板印象，会使得其对外来企业产生排斥心理（Li & Yue，2007）。拉马钱德兰和潘特（Ramachandran & Pant，2010）的研究认为，来源国劣势（liabilities of origin）是指东道国利益相关者对来自特定国家的 EMNEs 形成的关系歧视或认知误解，进而引发组织正当性危机。杜晓君等（2015）运用扎根案例研究发现，中国企业在发达国家缺失组织正当性的主要因素是政治风险、负面来源国形象、民族中心主义和缺乏信任。李雪灵和万妮娜（2016）进一步从正式制度距离和非正式制度距离两个维度揭示制度距离对跨国企业正当性获取的影响机理。

1.2.3.2 组织战略管理

针对东道国制度压力，跨国企业主要采取被动适应策略，通过制度同构战略获取东道国正当性。陈立敏等（2016）基于制度正当性视角，对中国上市公司的制度模仿同构与企业国际化绩效关系进行实证研究，发现两者存在显著正向调节关系。牟宇鹏等（2017）通过 124 家中国跨国企业的研究发现，制度主导型战略能帮助跨国企业克服外来者劣势，还能有效降低企业面临外来者劣势不能获得东道国认可的障碍。但是，当跨国企业意识到组织正当性所具有的资源型、关系型和工具型特征时，往往将其作为一个核心资本资源进行主动战略管理（李新剑等，2018）。组织正当性管理进一步细化到实用正当性、道德正当性和认知正当性等层面，提出游说官员、广告、战略联盟、赞助科学研究、慈善捐赠等多种策略（苏海泉，2018）。魏江和王诗翔（2017）通过万向集团的案例分析，建立了 EMNEs 海外子公司的正当性战略选择整合框架，通过反应型战略和前摄型战略的动态切换以及集团内部组织结构的耦合设计，共同克服来源国劣势。魏江等（2020）认为，新兴市场跨国企业可以综合运用制度遵从、组织结构设计、资源协同、声誉重构等多种正当性战略应对负面来源国形象导致的正当性缺失问题。也有不少学者探讨国际化的进入方式对正当性获取的影响（Chan & Makino，2007；Davis et al.，2000；Li & Yue，2007；Salomon & Wu，2012；Mason，2012；Wu & Salomon，2013）。埃克莱多和西瓦库马尔（Ekeledo & Sivakumar，1998）指出，跨国企业可以选择合适的进入战略进行制度规避。鲍姆和奥利弗（Baum & Oliver，1991）提出，企业之间的战略联盟对正当性获取起到重要作用。达辛等（Dacin et al.，2007）分析了战略联盟方式对跨国企业获取东道国市场正当性、关系正当性、社会正当性、投资正当性和联盟正当性的积极意义。徐和申卡尔（Xu & Shenkar，2002）认为，与东道国主体建立合资企业，可以在一定程度上缓冲自身的来源国身份影响，并通过合作者的社会声誉溢出机制和本土网络连接机制以及组织学习机制，提高制度同构速度和效率，减弱跨国企业的外来者劣势。谢泼德和扎卡拉基斯（Shepherd & Zacharakis，2003）的实证研究证明，顾客授权有助于增进消费者和企业之间的信息沟通和技术应用的匹配度，进而提升企业的组织正当性。约纳斯库等（Ionascu et al.，2004）认为，随着母国和东道国的规范和认知距离的增加，跨国企业往往偏向于选择跨国并购的方式进入东道国市场。斯朗根和亨纳特（Slangen & Hennart，2008）认为，跨国企业并购东道国企业后，通过沿袭原有的社会关系网络和声誉，顺理成章地获得了东道国正当性。梅耶等（Meyer et al.，2009）认为，在制度较弱的东道国市场，合资方式通常能让新兴市场跨国企业更好地获取资源。在制度较强的市场，并购方式能在无形资产和组织嵌入等资源方面发挥更重要的作用。格洛伯曼斯和夏皮罗德（Globermans & Shapirod，2009）通过对中国企业在美国的并购和新建两种模式进行案例研究，发现跨国并购比新建投资更容易引发东道国正当性危机。宋铁波和陈国庆（2010）认为，跨国并购可以保留和承袭东道国管理人员、员工和社会关系网络等重要资源，加快对东道国隐性制度要求的理解和把握，更容易实现制度同构，其行为和做法能够更好契合利益相关者的正当性需求。梅耶等学者（2014）认为，出口作为非股权订单形式，更容易满足东道国的需要，遭遇正当性危机的程度最小。李玉刚和纪宇彤（2018）基于112个中国企业案例样本研究认为，中资企业采用跨国并购方式进入东道国，对组织正当性危机的影响最大，出口模式的影响最小。企业社会责任（CSR）是企业向外部利益相关者传达积极、负责任的承诺和行为，容易获得利益相关者的信任和认可，进而建立、维护和增强组织正当性（Colleoni，2013）。企业社会责任可以帮助企业应对正当性困境，比如，减少因产品所属行业的争议性（如烟草、酒精饮料等行业）带来的组织负面形象（Lee et al.，2018）。有的学者通过对中国企业的实证研究，发现企业社会责任战略有助于提高组织的内外部正当性（Zheng et al.，2015）。马拉诺等（Marano et al.，2017）的实证研究认为，EMNEs的来源国制度缺失越严重，企业社会责任报告披露得越完善，同时企业的国际化程度、国际化时间及其是否在发达国家证券市场公开上市等因素，对制度缺失和企业社会责任披露之间的关系具有负向调节作用。后发跨国企业主要通过企业社会责任报告的声誉传播和身份变革机制获取东道国和全球利益相关者的组织正当性感知。杜晓君等（2015）从组织正当性获取的对象角度进行理论拓展，提出通过组织身份变革策略，促使东道国利益相关者对"中国企业是谁"形成真实、积极的认知，消除身份误解和曲解，进而帮助跨国企业整体上获得正当性。修辞策略可以用来影响评价者关于被评价企业的有效性信念和正当性判断（Tost，2011；邓晓辉等，2018）。

1.2.3.3 组织特征和能力因素

很多学者认为，跨国企业对东道国环境的领悟能力、组织管理能力和环境应变能力越强，越有利于提高跨国企业在东道国的组织正当性（Zaheer，1995；Sethi & Guisinger，2002）。陈衍泰等（2021）根据新兴经济体到新兴经济体（EM—EM）的跨国制度情境，探讨中国海外园区创新领军型企业的动态能力培养和组织正当性阈值跨越之间的内在关系，认为海外园区领军型企业的多元动态能力培养是获取组织正当性的关键所在。张化尧等（2018）研究发现，企业国际化过程中资源互补在资源和同构两种途径对组织正当性的获取有促进作用。李新剑等（2020）研究发现，在企业国际化经营中，制度逆差和制度顺差都能引发跨国企业的"外来者劣势"，从而带来组织正当性问题，社会资本对制度顺差的调节作用较强，对于制度逆差的调节作用较弱。

1.2.4　研究评述与展望

1.2.4.1　文献总结

国内外文献对组织正当性内涵、维度、影响和策略运用等多个方面进行了持续、广泛和深入的研究，特别是跨国情境下的组织正当性战略理论，在过去的几十年中积累了丰硕的成果，对本书研究具有非常重要的参考价值。相关研究大致可以归纳为：一是关于跨国企业的组织正当性缺失根源，主要来自制度距离和制度复杂性导致的信息不对称、不熟悉障碍、来源国刻板印象、民主中心主义和本土保护主义及多重制度逻辑的国别差异等；二是跨国企业的组织正当性获取机制和策略选择，主要从制度规避、制度同构和制度创业（创新）等不同角度进行分类和归纳。

1.2.4.2　现有研究局限

现有文献的研究缺陷或不足主要体现在以下三点：一是研究视角上，现有文献侧重从制度环境或组织战略管理或企业资源禀赋特征等单个层面开展研究，没有深入到三个层次因素之间的内在逻辑关系及其对组织正当性管理的综合影响研究，包括：三大层次因素是否彼此影响；哪些影响因素对EMNEs正当性管理更基础（客观）；哪些因素能够提供更多的组织正当性评价或造成更大的组织正当性危害；外部环境（宏观）还是个人（微观）因素对 EMNEs 的组织正当性评价影响更大（Bitektine & Haack，2015）；在特定的制度情境或目标约束前提下 EMNEs 选择什么样的组织正当性策略或搭配组合能够实现最佳效果（Díez – Martín et al.，2021）；相关研究还不够全面和系统，尚未形成清晰的研究脉络和理论分析框架。二是研究对象上，对发达国家企业的国际化研究仍占据主导地位，EMNEs 的组织正当性战略研究相对偏少。特别是随着 EMNEs 的国际化广度和深度加深，企业嵌入的制度环境更加复杂多元，既有发达经济市场，也包括欠发达经济市场。不同制度情境下，EMNEs 获得组织正当性的条件和影响因素有何区别；东道国利益相关者对 EMNEs 的评价偏好有何不同；这些因素如何影响组织正当性战略选择；相关研究仍有待深入。三是研究方法上，现有文献侧重理论分析、案例研究或统计回归实证等单一研究方法，缺乏对多种研究方法的综合运用，形成的研究结论和实践启示有一定的局限性。

1.2.4.3　本书研究重点

基于以上认知，本书研究主要从三个方面展开：一是拓展研究视角。跨国企业正当性管理研究，基于综合制度环境、组织战略管理、企业资源禀赋等多个层次的影响因素，构建综合理论模型，并采用定性和定量相结合的研究方法，全面诊断其关键影响因素，形成更具针对性的组织正当性战略管理框架。二是深化研究对象。随着"一带一路"建设的深入，EMNEs 进入欠发达经济体（如非洲、拉美等国家）的投资贸易规模和体量在不断上升。本书将进一步深化对新制度情境的组织正当性管理理论和实践研究，战略思想需要与时俱进，逐渐从制度同构拓展到制度创业（创新）。三是综合运用多种研究方法。面对"一带一路"沿线国家制度环境的多元化、复杂化和动荡多变趋势，EMNEs 的组织正当性危机形成机理、影响因素诊断和战略管理研究，需要运用更加系统、全面、深入的研究方法，融合理论定性研究（文献梳理和逻辑演绎）、案例扎根研究（揭示组织正当性战略运用的过程机理和影响因素）、统计回归实证研究（根据大样本数据揭示相关研究变量之间的内在逻辑关系）等多种研究方法的优点，点面结合，层层深入对相关理论和实践的认识，形成更加全面可靠的研究结论。

1.3　本书的研究思路、方法和主要内容

本书的研究对象是在"一带一路"沿线国家（地区）的中资企业，属于典型的 EMNEs。EMNEs 获取组织正当性的影响因素众多，既包括东道国

和母国的制度距离、东道国内部制度复杂性等共性因素，也包括中资企业自身拥有的资源禀赋特征等个性因素，既要研究组织正当性的关键影响因素诊断机理，也要探讨政府和企业应对和优化正当性战略管理的对策，是理论与实践的有机统一。

本书的理论研究目标，主要是综合资源基础观、新制度主义、制度逻辑、组织战略管理等交叉理论知识，构建"EMNEs 获取组织正当性的关键因素诊断及应对策略"理论模型，探索 EMNEs 获取组织正当性的关键因素，拓展跨国制度情境下的组织正当性管理理论。本书的实践目标，主要是论证中国在"一带一路"沿线国家（地区）企业获取组织正当性的必要性、紧迫性与可行性，透视其在东道国遭受的各种"隐形壁垒"问题的根源，诊断适合中国在"一带一路"沿线国家（地区）企业获取组织正当性的关键因素，帮助我国跨国企业提升组织正当性的危机公关和战略管理能力，为我国各级政府深化"一带一路"建设行动和提升国际化管理提供参考。

1.3.1　研究思路和方法

1.3.1.1　研究思路

本书总体遵循"现象透视和问题界定—文献综述和逻辑推演—理论框架设立—案例调研访谈—理论框架修正与研究假设提出—案例研究—大样本数据调研和多层次模型构建—回归实证分析—实证结论和核心观点提炼—应对策略选择"的研究思路。研究思路和总体框架如图 1-1 所示。

第一，首先是从前期"一带一路"沿线国家（地区）中资企业的国际化障碍调研中梳理各类隐形制度文化壁垒表象，同时，通过文献跟踪和新闻媒体报道检索，扩大相关信息获取范围，提出研究命题；其次是紧密跟踪前沿文献，通过文献梳理归纳和逻辑演绎等方法，初步确定主要研究变量，构建综合理论模型；再次，运用扎根理论研究方法，通过多个纵向案例研究，对相关研究假设变量进行实践检验，识别新影响变量，同时，探究各个研究变量之间的内在逻辑关系及其过程影响机制；最后，在此基础上，通过专家咨询与反复论证，补充、修改与完善原有的理论模型框架，形成核心研究假设。

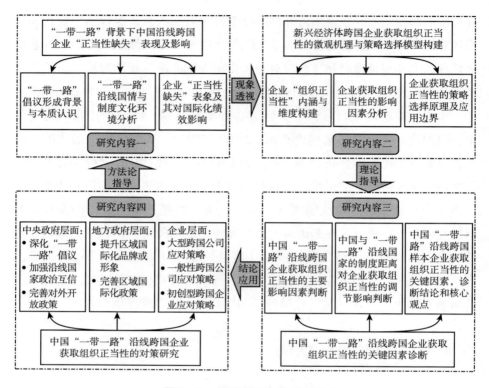

图 1-1　研究思路和总体框架

第二，根据综合理论模型和实践研究方案，构建多层次回归模型。通过中国境外投资企业目录以及万德等企业国际化信息数据库等渠道，筛选 2007 年以来我国在"一带一路"沿线国家（地区）中资企业名单。设计组织正当性及其主要影响变量的测度量表，形成问卷题项，拟定调研方案。采用随机抽样方式确定调查对象，通过电子邮件、微信、QQ、百度、知乎等互联网渠道以实地调研访谈相结合的手段，对样本企业的高管人员发放问卷并回收数据，利用 SPSS 软件对测量数据进行信度和效度检验及验证性因子分析，对档案指标数据进行描述性统计分析。

第三，根据采集的变量指标数据，运用多层次回归模型，开展实证分析，形成结论，提炼关键影响因子，形成核心观点。

第四，根据实证分析结果，从政府和企业两个视角分别提出应对策略和建议。

1.3.1.2 研究方法

本书综合运用文献归纳、逻辑演绎、案例访谈调研、案例扎根研究、大样本问卷调查、多层次量化回归模型实证等多种研究方法，通过理论联系实践、点面结合和层层推进的研究思路，全面、系统、深入地开展 EMNEs 获取组织正当性的关键影响因素和策略选择研究，提高研究结论的科学性、系统性和应用能力。

（1）运用文献归纳和逻辑演绎等理论定性研究方法。本书综合运用新制度主义、制度逻辑、资源基础观、组织战略管理等交叉学科理论，全面梳理、归纳与整合国内外组织正当性研究文献，然后通过理论演绎和逻辑推演等方式，确立 EMNEs 获取组织正当性的主要影响因素，剖析其影响机理和作用机制，探讨不同影响因素之间的内在逻辑关系，构建综合理论分析框架。这一研究方法有助于全面认识组织正当性相关理论，揭示现有文献的研究进展、成果和不足，为本书研究奠定理论基础。

（2）运用实地调研访谈和案例扎根研究方法。本书以"一带一路"沿线国家（地区）典型中资企业为调研对象，应用扎根研究方法，从案例实践中识别或验证组织正当性的关键影响因素，深化对组织正当性战略选择和实施过程机制的理论认识，在此基础上补充和修正理论分析框架，提炼核心研究假设，有助于提升理论模型的科学性和研究结论的应用性。

（3）运用大样本统计调研和多层次回归模型实证研究方法。本书在前述理论分析框架和核心研究假设基础上，通过大样本问卷调查，获取第一手统计数据资料，开展描述性统计分析，有助于全面系统认识和把握"一带一路"沿线国家（地区）企业正当性研究变量的分布特征及其相关性。通过计量分析软件对相关问卷数据进行多层次回归实证，诊断组织正当性的关键影响因素及其交互影响关系，有助于得出更具说服力和影响力的研究结论，为后续的对策研究提供数据和观点支撑。

1.3.2 主要研究内容

本书的总体研究框架分为四大模块，具体划分为 7 章节内容展开研究。

第 1 章绪论。本章的主要内容是明确课题研究的背景和意义，梳理国内外研究现状，在此基础上，结合现实问题提出本书研究的理论和应用价值，明确研究的主要思路、研究方法和核心研究内容。

第 2 章综合理论框架构建。主要通过文献归纳和逻辑演绎等方法厘定理论研究内容，包括：（1）EMNEs 获取组织正当性概述，包括核心概念界定、EMNEs 获取组织正当性的内涵与作用、EMNEs 获取组织正当性的维度划分等内容。（2）EMNEs 获取组织正当性的影响因素。以新制度主义、制度逻辑、资源基础观、社会网络、组织战略管理等交叉学科理论为基础，重点分析母国和东道国的制度距离、东道国制度复杂性、企业正当性战略管理、企业资源禀赋等核心因素对 EMNEs 正当性水平的影响机理及其作用机制，探讨不同因素之间的内在交互关系，在此基础上构建多层次影响因素理论模型，形成核心研究假设。（3）根据综合理论框架，从制度规避、制度适应和制度影响等多个视角，提出 EMNEs 获取组织正当性的战略思路和策略选择原则。

第 3 章"一带一路"沿线国家（地区）中资企业的组织正当性表现和绩效。主要研究：（1）"一带一路"建设的新时代背景和发展趋势，主要分析"一带一路"倡议的内涵和本质、时代背景、建设意义以及未来发展方向和趋势。（2）"一带一路"沿线国家（地区）的制度文化环境分析，主要分析中国与其他沿线国家（地区）在正式制度距离（政治、经济和法律制度等）、非正式制度距离（文化距离、宗教信仰、意识形态和价值观等方面差异）和制度复杂性（东道国政府、社区、市场、公司、宗教、家庭等不同利益主体之间的多重制度逻辑差异）。（3）"一带一路"沿线国家（地区）中资企业的组织正当性表现及其成因分析，主要通过分析中资企业在"一带一路"沿线国家（地区）遭遇的各类"隐形制度文化壁垒"和组织正当性表象，从制度环境、企业战略管理以及企业特征和能力等不同角度分析组织正当性危机的形成原因和影响因素。（4）"一带一路"沿线国家（地区）中资企业的组织正当性对其国际化绩效的影响，主要分析组织正当性对中资企业的国际化经营成本、创新绩效和财务绩效等的影响。

第 4 章"一带一路"沿线国家（地区）中资企业获取组织正当性的影

响因素诊断。以我国"一带一路"沿线国家（地区）中资企业为主要研究对象，通过随机抽样、问卷调查和实地调研访谈等方式，获取样本企业信息，根据多层次影响因素理论模型，展开量化回归实证研究。（1）我国"一带一路"沿线国家（地区）企业获取组织正当性的主要影响因素诊断。选择实用正当性、道德正当性和认知正当性作为因变量，选择制度环境因素、企业资源禀赋、组织正当性战略管理因素等作为解释变量，同时引入企业规模和年龄、企业国际化阶段、企业行业属性等特征因素作为控制变量，采用逐步回归和最优尺度原理，进行多层次回归分析，识别中介变量和调节变量，探讨不同影响因素对组织正当性的影响程度、方向及其内在关系。（2）综合前面的实证模型，形成实证研究结论，提炼核心研究观点。

第5章"一带一路"沿线国家（地区）中资企业的组织正当性案例研究。根据新的理论分析框架和研究假设，选择典型企业开展案例扎根研究。根据案例研究背景和意义、理论背景、案例选择原则、案例描述和研究阶段划分、案例扎根编码和分析过程、案例结论和启示等框架结构，深化对EMNEs获取组织正当性的关键影响因素、交互作用机理和过程实现机制等认识，并根据案例研究结论，进一步修正完善理论分析框架和核心研究假设。

第6章"一带一路"沿线国家（地区）中资企业获取组织正当性的对策研究。结合前面的实证结论和核心观点，从政府和企业两个角度提出相应的战略思路和策略选择。（1）政府战略规划。首先是国家层面，提出从深化"一带一路"建设思路出发，改善负面制度环境，增强正面制度环境，深化中国与"一带一路"沿线国家（地区）的政治互信和人文交流合作等；其次是地方政府角度，提出改善海外投资无序竞争、打造区域国际化品牌或形象、完善区域国际化政策等措施。（2）企业策略选择。结合不同的制度情境和组织正当性管理障碍因素，从提升中资企业商业竞争力、增强企业正当性管理意识、扩大企业社会资本、积累国际化经验、增强企业战略管理动态能力、优化企业正当性策略选择和应用等多个角度，提出"一带一路"沿线国家（地区）中资企业的组织正当性管理对策。

第7章全书总结。

| 第 2 章 |

综合理论框架构建

本章内容主要综合新制度主义、制度逻辑、资源基础、组织战略管理等交叉理论知识，总结归纳 EMNEs 获取组织正当性的内在机理及其影响因素，明确不同因素对 EMNEs 获取组织正当性的影响机理及其作用机制，同时探讨不同因素之间的内在逻辑关系，在此基础上构建"EMNEs 获取组织正当性的影响因素诊断"理论分析框架，形成 EMNEs 获取组织正当性的战略思路。

2.1 EMNEs 获取组织正当性概述

2.1.1 EMNEs 概念界定

新兴市场（Emerging Market，EM）这一概念是相对于发达经济市场（Development Market，DM）提出的，主要指经济发展速度较快，经济增长态势较好，但整体经济发展水平、制度质量和制度改革创新等方面仍落后于发达经济市场的国别或地区（Luo & Tung，2007；Rugman & Li，2007；Khanna & Palepu，2010）。EMNEs 是指来自新兴市场国家，从事跨国投资和价值增值活动的企业（Rugman & Li，2007）。与来自其他两类经济体（发达经济体和欠发达经济体）的跨国企业相比，EMNEs 的成长潜力更大，但是也受到母国资本、技术、市场、能力、经验等资源或制度约束（Marano et al.，2017）。
EMNEs 的国际化动机大致可以分为三类，（1）市场扩张，很多 EMNEs "走
出去" 的主要目标是开拓国际市场，提高全球市场份额，国际化进入方式包
括海外代理商出口或贴牌生产，直接出口或设立海外销售（服务）中心等；
（2）资源获取，受制于母国核心资源的缺失，不少 EMNEs "走出去" 的战
略目标是获取国外互补型或替代型核心资源，包括核心技术、人才、信息和
商业关系网络等，也包括一些稀缺的矿产资源和自然资源，优化全球资源配
置，构筑核心竞争力，国际化进入模式包括跨国并购、设立制造（研发）中
心、参与国际战略联盟等；（3）制度逃逸，有学者认为，部分 EMNEs "走
出去" 的战略目标是规避或脱离母国制度约束，特别是在母国制度缺失较为
严重或制度规则不太完善的新兴市场国家，通过开拓国际市场融入国际主流
制度环境，有助于塑造组织正当性形象，打造国际品牌，构筑全球竞争优
势。实践中的 EMNEs 国际化动机，大多综合了市场、资源和制度三个方面
因素，具有综合性特征。

2.1.2　EMNEs 获取组织正当性的内涵和作用

组织正当性是在特定社会制度文化框架下，人们对组织行为的合意性、
恰当性和适当性的一般感知或预想（Suchman，1995）。EMNEs 获取组织正
当性是指跨国制度情境下 EMNEs 的行为决策如何赢得多重利益相关者（制
度裁判者）的认可和接受。组织正当性对 EMNEs 具有十分重要的影响，包
括获取海外生存和发展机会，降低异国经营成本，缓解外来者劣势和来源国
劣势，改善海外利益相关者的关系歧视和合作抵制，增加东道国高价值资源
的获取机会，提升跨国经营绩效和核心竞争力等（Eden & Miller，2004；
Tobias & Wolfgang，2009；Bangara，2012；Fornes et al.，2012；Bitektine &
Haack，2015；刘静雅，2017 等）。当然，获取组织正当性是需要付出成本
的（Jeong & Dr，2019），这些成本包括目标和使命妥协、信息沟通、组织学
习、组织身份或行为变革等方面的大量资源投入，因此，EMNEs 经常面临国
际化目标使命、经济效率和组织正当性获取之间的利弊权衡。

2.1.3   EMNEs 获取组织正当性的维度划分

考虑到不同国别和地域的政治制度、法律政策、文化习俗、宗教信仰和利益相关群体偏好等等存在较大差异，EMNEs 获取组织正当性的维度也呈现多元特征。一是从组织正当性的来源划分，可以分为内部正当性和外部正当性（Snigh，1986），前者关注组织内部利益相关者对组织行为的正当性认可，后者关注外部制度环境中的利益相关者对组织行为的正当性认可。EMNEs 的经营活动往往跨越多个国家（地区），在海外设立多种形式的子单元（包括销售服务中心、生产制造基地、投资研发中心等），因此，组织结构上往往采取集团化管理模式。相比一般性组织，EMNEs 不仅关注集团总部或海外子单元如何获得东道国外部正当性，同时考虑集团总部和海外子单元以及集团内部不同子单元之间的内部正当性评价和正当性溢出等复杂情境（见图 2 - 1）（Kostova & Zaheer，1999）。二是从组织（制度）属性角度，区分实用（规制）正当性、道德（规范）正当性和认知（文化）正当性。实用正当性主要关注跨国企业提供的产品（服务）是否满足东道国利益相关者的物质利益（产品质量、价格等）期望，组织行为是否遵从东道国法律政策等政府命令或规章制度等；道德（规范）正当性主要关注跨国企业是否遵从东道国的道德习俗、专业规范、惯例、价值观等要求，是否满足由当地建构的价值体系所界定的社会福利，包括组织架构、身份、行为准则、商业伦理、信仰、价值观、政治独立性等；认知正当性主要关注跨国企业多大程度上符合东道国的认知范式、符号和基模，并被认为是"理所当然"的存在，获得当地公众或利益相关者的情感支持（Suchman，1995；Scott，1995；汪涛等，2012）。三是根据利益相关者（评价者）的多目标价值系统和制度逻辑差异性，划分社会正当性、市场正当性、社区正当性、专业正当性和治理正当性等不同维度（见表 2 - 1）。社会正当性以国家逻辑为主导，重点关注东道国政府、主流媒体和民众等国家利益群体代表的跨国企业商业行为的正当性期望；市场正当性以市场逻辑为主导，重点关注东道国供应商、客户、竞争者等市场利益相关者对跨国企业商业行为的正当性期望；社区正当性以社区逻

辑为主导，重点关注东道国以某种共同利益或情感信仰集聚形成的第三方
联盟或社区团体成员对跨国企业商业行为的正当性期望；专业正当性以专
业逻辑为主导，重点关注东道国行业协会、资质认证机构、金融服务机构
等特定行业（专业）网络群体对跨国企业商业行为的正当性期望；治理正
当性以公司逻辑为主导，关注跨国企业（或集团）内部员工、管理层、股
东、独立董事和人事专员等利益相关者对自身商业行为的正当性期望
（Certo & Hodge，2007；Vergne，2011；Joutsenvirta & Vaara，2015；李玉刚
和纪宇彤，2018）。

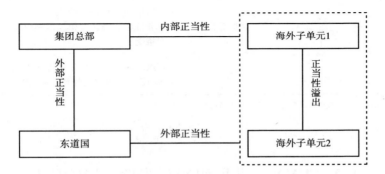

图 2 - 1　　EMNEs 的内部正当性和外部正当性

表 2 - 1　　　　　　　　　　　　EMNEs 的组织正当性维度分类

划分角度	维度	含义
正当性来源（Snigh，1986）	内部正当性	跨国企业集团内部员工、管理层、人事专家、独立董事等成员对总部或海外子单元组织的认可和情感支持程度
	外部正当性	东道国政府、客户、合作伙伴等外部利益相关者对跨国企业的认可和接受度
制度和组织属性（Scott，1995；Suchman，1995）	实用（规制）正当性	跨国企业对东道国法律和法规等遵守程度及其提供的产品（服务）是否符合东道国利益相关者的利益期望
	道德（规范）正当性	跨国企业对东道国社会规范、标准、价值观、道德信仰等遵守程度
	认知（文化）正当性	跨国企业的行为和价值观获得东道国社会群众的情感支持和普遍接受程度

划分角度	维度	含义
利益相关者评价角度（Certo & Hodge，2007；Dacin，2007；Vergne，2011；Joutsenvirta & Vaara，2015；李玉刚和纪宇彤，2018）	治理正当性	集团内部员工、管理层、股东等利益群体对跨国企业自身商业行为的认可和信任度
	市场正当性	东道国客户、供应商、竞争者等市场利益群体对跨国企业商业行为和产品（服务）的认可度
	社区正当性	东道国各类国际非政府组织或社区联盟成员对跨国企业的行为准则和价值观的认可和接受度
	专业正当性	东道国各类专业（行业）联盟成员对跨国企业行为准则、道德规范和价值观的认可和接受度
	社会正当性	东道国政府、社会公众等国家利益代表群体对跨国企业的接受和认可程度

资料来源：根据相关研究文献和调研信息总结提炼而得。

2.2 EMNEs 获取组织正当性的影响因素

综合国内外研究文献，EMNEs 获取组织正当性的影响因素众多，大致可以划分为制度、资源、战略管理等方面进行综合分析。

2.2.1 制度距离

2.2.1.1 制度距离的内涵和维度划分

制度是一系列影响、约束组织和个人的认知与行动的规则、规范和信念等组成的系统，包括法律、规则、政策、契约等正式制度以及价值观、假设、行为准则、习惯、风俗和信仰等非正式制度（North，1990；Scott，1995）。与一般企业相比，跨国公司往往嵌入多个国别制度环境，同时受到母国和东道国的制度环境影响，存在典型的"制度双元"特征（Kostova & Roth，2008；

Hillman & Wan, 2005；Lu & Xu, 2006；Nell et al., 2015）。制度距离是母国和东道国的规制、规范和认知的差异或相似程度，包括正式制度距离和非正式制度距离（Kostova et al., 1996），前者主要体现在国别之间的显性制度条款（处方）差异，后者则体现在隐性的社会道德规范或文化认知差异。根据国别经济发展和制度完善程度，国别制度环境可以区分为三种类型：发达经济市场国家（DM）、新兴市场国家（EM）和欠发达经济市场国家（UM）（见表 2 - 2）。根据跨国公司融入的母国和东道国制度差异方向，制度距离又可以分为制度顺差（母国制度质量高于东道国制度质量）和制度逆差（母国制度质量低于东道国制度质量）。EMNEs 嵌入的母国和东道国制度情境属于"新兴经济体—发达经济体"（EM—DM）时，EMNEs 往往面临制度逆差，母国制度相对不完善，容易遭受东道国制度压力；母国和东道国都属于新兴市场国家（EM—EM）时，EMNEs 面临的正式制度距离相对较小，但是非正式制度（文化理念）仍可能存在较大差距；母国和东道国分别属于新兴市场国家和欠发达市场国家（EM—UM）时，EMNEs 往往面临制度顺差，东道国制度环境比母国相对更不完善健全，东道国制度稳定性相对较差。因此，EMNEs 嵌入的母国和东道国制度情境不同，其获取东道国组织正当性的内在机理和影响因素可能也存在差异。

表 2 - 2　　　　　　　EMNEs 嵌入的母国和东道国制度环境类型

母国环境	东道国环境	EMNEs 嵌入的制度环境类型
新兴经济体（EM）	发达经济体（DM）	新兴经济体—发达经济体（以下简称 EM—DM）
	新兴经济体（EM）	新兴经济体—新兴经济体（以下简称 EM—EM）
	欠发达经济体（UM）	新兴经济体—欠发达经济体（以下简称 EM—UM）

资料来源：根据相关文献归纳整理。

2.2.1.2　制度距离对 EMNEs 的组织正当性影响机理

现有研究表明，制度距离的程度、类型和方向都可能对 EMNEs 的组织正当性水平产生影响（Wu, 2013；Hernández & Nieto, 2015；汪涛等, 2018）。一般情况下，母国和东道国的制度距离越大，EMNEs 被东道国制度环境接受和认可的程度越小，组织正当性水平越低；相比正式制度距离，非正式制度距离越大，组织正当性水平越低。同时，相比制度顺差，制度逆差情景下的制度距离越大，EMNEs 在东道国的组织正当性水平越低。

制度距离对 EMNEs 的组织正当性影响，具体表现为以下四大作用机制。

（1）制度距离引发的信息不对称和东道国制度学习障碍。国际化进入阶段，母国和东道国的制度距离越大，EMNEs 对东道国政策、法律、规范、习俗、商业惯例、产品标准等信息了解越少，信息不对称越严重（Kostova，2008；Li，2008；Asmussen，2009），东道国制度学习和模仿同构的时间越长，难度越高，EMNEs 的外部正当性水平越低。国际化进入后阶段，跨国制度距离越大，EMNEs 母公司和海外子公司之间的组织治理制度差异也越大，容易引发母子公司员工和管理层的不理解、不信任甚至关系抵制，增加母子公司之间的内部正当性获取难度（李雪灵和万妮娜，2016）。

（2）制度距离引发的认知沟通和信任关系障碍。组织正当性评价是一种主观认知过程。母国和东道国的制度距离越大，东道国利益相关者对 EMNEs 的组织正当性评价信息越少，越容易出现认知沟通和信任障碍。相比正式制度距离，非正式制度距离对 EMNEs 获取组织正当性的负面影响可能更深刻，主要原因是非正式制度属于隐性的规则、惯例和默认知识，常常内嵌在东道国利益相关者的各种认知、行为和意识形态中，相对来说更加容易引发沟通障碍和组织惯例的国际转移障碍（Ionascu et al.，2004），需要花费更多的时间和战略进行缓解和磨合。不同的制度进化路径、历史渊源纠葛、固有思维定式差异以及东西方意识形态分歧等原因，也可能是 EMNEs 难以获得东道国利益相关者认可的重要原因（Bitektine，2011；Han，2020）。例如，源于东方文化的 EMNEs 倾向于集体价值的组织设计，西方文化（国家）则倾向于个人主义，西方东道国员工可能会将集体主义管理实践视为组织正当性缺失（Hofstede，1983）。

（3）制度落差引发的来源国印象和关系障碍。当 EMNEs 面临 EM—DM 制度情境时，母国制度缺失或相对落后（市场机制不完善、预防腐败治理弱化或知识产权保护不充分等），可能导致东道国利益相关者对 EMNEs 形成负面来源国印象，进而对 EMNEs 的产品（服务）质量、安全标准和公司信息披露等微观行为进行 "不利的制度归因"，形成制度偏见和关系障碍，影响

EMNEs 的组织正当性评价，此类现象是 EMNEs 相对独有的，统称为"来源国劣势"（Liabilities of Origin）（Ramachandran & Pant，2010；Cuervo—Cazurra，2011；Fang & Chimenson，2017；Fiaschi et al.，2017；Stallkamp et al.，2018）。来源国负面形象背景下，EMNEs 拥有的母国竞争优势，例如，大规模生产经验、低成本价值创造过程或快速学习模仿能力，在东道国更容易引发制度抵制，挑战东道国利益相关者的传统认知，甚至被认为是一种"威胁"（Pant & Ramachandran，2012）。当 EMNEs 嵌入 EM—UM 制度情境时，母国制度顺差有助于 EMNEs 规避来源国劣势等负面影响，提高组织正当性水平。但是，欠发达经济东道国的国别内部制度环境相对动荡，EMNEs 容易遭遇东道国制度不稳定带来的组织正当性标准频繁变化及其引发的安全保障等考验。而且在东道国制度缺失背景下，国际主流媒体或非政府组织可能通过舆论引导、影响 EMNEs 在欠发达经济东道国的组织正当性评价，形成间接的来源国劣势。

（4）政治外交关系引发的关系歧视和声誉影响。母国和东道国的政治制度距离或意识形态差异越大，EMNEs 越容易遭遇双边政治外交风险或母国政治正当性缺失等负面影响（Han，2020）。母国政治正当性对 EMNEs 有很强的正当性声誉溢出效应（Cuervo—Cazurra，2011），如果两国基于共同利益的政治正当性越高，越有利于 EMNEs 拓展和维护东道国政治外交关系网络，EMNEs 的母国政府创造优势（如母国政府对企业国际化的金融支持、工业化计划和风险管理服务等）更容易被东道国政府认可和保护，提升组织正当性水平（Ramamurti & Hillemann，2018）。反之，如果母国的政治制度或利益主张在东道国缺乏正当性，东道国政府很可能将 EMNEs 视为影响其国家安全和竞争力的潜在威胁（Witt，2019），引发东道国政府的歧视行为，包括双边政治协商和外交保护渠道受阻（Meyer et al.，2014），母国政策和风险保护措施得不到东道国法律保护，甚至容易引发更高级别的东道国监管审查或歧视政策，降低 EMNEs 的组织正当性（Han et al.，2018）。同时，双边政治外交关系也容易导致东道国利益相关者出于国家利益、民族中心主义或地方保护主义对 EMNEs 产生排斥心理（Li，2008；Ramachandran & Pant，2010；Zhou & Guillen，2015）。

2.2.1.3　制度距离对 EMNEs 正当性的影响机制归纳

综上所述，制度距离对 EMNEs 的组织正当性影响机制可以表述为：
（1）"制度距离（程度）—信息不对称—制度学习和认知沟通关系障碍—组织正当性水平"；（2）"制度距离方向（顺差或逆差）—正面（或负面）来源国印象—东道国评价者的关系认知（信任支持或偏见歧视）—组织正当性水平"；（3）"制度距离（程度和方向）—国别意识形态差异—政治外交风险—东道国政府的关系歧视和声誉溢出—组织正当性水平"。因此，本书认为，母国和东道国的正式（或非正式）制度距离越大，EMNEs 的组织正当性水平越低。母国和东道国的制度顺差（或逆差）都会对 EMNEs 的组织正当性水平产生影响。制度距离主要通过企业关系网络（认知沟通关系网络、信任关系网络、声誉传递网络等）机制影响 EMNEs 的组织正当性水平。

2.2.2　制度复杂性

2.2.2.1　制度复杂性的内涵和维度划分

制度距离主要关注制度环境的国别差异（双元情境），制度复杂性则强调国别内部制度系统的多维属性及其引发的多重制度逻辑竞争问题（Greenwood et al.，2011）。制度逻辑是特定社会共享的有关组织（个体）的实践、假设、信念、规则和价值观等历史模式，隐含了组织（个体）如何看待事物的一系列"因果假设"和总体指导原则，包含物质性和象征性两个层面（Thornton & Ocasio，1999）。该理论认为，跨国企业嵌入的东道国制度环境是由多重制度系统（秩序）塑造的，社会层面的多重制度秩序（国家、市场、社区、专业、宗教、家庭、公司等）都有自身的主导逻辑，这些主导逻辑相互补充又有一定的自治性，形成了相互竞争又互补兼容的关系状态（见表 2 - 3）。比如，国家逻辑主导的宏观制度系统，主要以政府部门、司法系统、新闻媒体、公众等利益群体为代表，通过法律、政策、司法判决、舆论监督等强制性暴力手段对跨国企业行为形成奖惩约束（陈扬等，2012）。专业逻辑主导的制度系统，主要以行业协会、专业认证机构、教育系统、金融机构等利益群体为代表，通过行业标准、惯例、认证等手段对跨国企业形成规范约束。社区逻辑主导的制度系统，主要以东道国地方社区团体、国际非政府组织（包括环保、公益、可持续发展等 NGO）、网络虚拟社区联盟等基于共同利益或信仰集聚而成的社区成员为载体，通过社区章程、成员资格、舆论监督等手段对跨国企业形成规范约束。公司逻辑主导的制度系统，主要以股东、管理层、员工、独立董事等为载体，通过文化管理、等级管控、业务合作、知识学习、管理激励等多种形式对跨国企业（或集团）内部经营活动形成制度约束。宏观层面的制度逻辑结构特征，往往又嵌套在组织场域（Field）以及组织内部（个人）等中观和微观层面，形成跨层次交互影响机制。EMNEs 嵌入的东道国制度场域，往往受到多维制度系统的主导逻辑影响，对 EMNEs 的组织正当性评价标准（价值观）并非总是一致，有些甚至相互矛盾或抵制（Thornton & Ocasio，1999；毛益民，2014；Greenwood & Suddaby，2006；Bitektine & Haack，2015；李玉刚和纪宇彤，2018）。当组织场域出现单一主导性制度逻辑时，其他制度逻辑暂时被压制，制度环境处于稳定状态，制度复杂性较低；反之，如果组织场域出现多个主导性制度逻辑，而且尚未形成一致性制度标准时，该制度环境往往处于制度失稳状态，制度复杂性较高。

表 2 – 3　　　　　主要制度逻辑的类别特征及其利益相关者代表

制度逻辑	类别元素特征	利益相关者代表
市场逻辑	商业交易行为，以经济利润最大化为战略基础，以自利为规范基础，强调效率、成本和公平交易关系	客户、供应商、同行竞争者等市场利益相关者
国家逻辑	再分配机制，以公共福利最大化为战略基础，通过立法和科层管理实现对组织（个人）行为决策的理性调节	东道国政府、媒体和民众等国家利益代表
专业逻辑	关系网络，以增强组织（个人）名誉为基础，通过专业标准、惯例、认证等手段，对组织（个人）形成规范约束	专业（行业）协会、服务机构等利益代表
社区逻辑	基于某种共同使命或利益诉求达成的联盟规章制度和价值理念，以联盟成员的情感、忠诚和共同价值为规范基础	社区联盟、国际非政府组织等共同成员
公司逻辑	规范组织内部等级管理和权力分配，追求企业规模、管理效率和成员利益的最大化	企业内部员工、管理层等利益代表

资料来源：根据文献研究整理归纳而得。

2.2.2.2 制度复杂性对组织正当性的影响机理

制度复杂性主要通过利益相关者管理影响组织正当性。利益相关者可表述为"对组织目标的实现施加影响或者受组织目标实现反作用的一类个体或群体"(Freeman,1984)。制度复杂性来自国别内部多重利益相关者的主导制度逻辑手段或目标的竞争(冲突)。国别内部不同制度秩序的主导逻辑竞争越激烈,制度复杂性越高,越容易引发多重利益相关者对组织正当性的评价标准多元化,EMNEs 容易陷入"左右为难"或"顾此失彼"等困境,增加组织正当性管理难度。EMNEs 嵌入的东道国制度越不稳定(复杂性越高),代表不同制度逻辑(价值观)的利益相关者群体分化现象越突出,多重制度逻辑的竞争越明显,利益相关者的管理难度越大。不同利益群体从自身逻辑(价值观)出发,对 EMNEs 提出的制度需求更加多元甚至相互矛盾,EMNEs 平衡多重利益相关者期望的难度增加(Tost,2011;Bitektine & Haack,2015),进而影响组织正当性水平。例如,中国电力投资集团在缅甸投资水电站工程时,遭遇缅甸中央政府(政府逻辑)和地方团体(社区逻辑)等不同利益群体对其行为正当性的评价分歧,最终导致项目搁浅(鲁文禅,2019)。但是,在组织正当性管理实践中,并非所有利益相关者都同等重要,关键在于如何定位和聚焦(Oliver,1991;Mitchell et al.,1997;Suchman,1995)。处于权威地位或掌握关键资源的核心利益相关者是 EMNEs 重点关注、维护和及时响应的对象,直接关系到 EMNEs 的生存机会或国际化战略目标的实现(Souitaris et al.,2012;魏江等,2016),如何寻求核心利益相关者和企业自身能够共同受益的组织正当性实践方案,是制度复杂性情境下跨国企业正当性战略管理的最大挑战。

2.2.2.3 制度复杂性对 EMNEs 正当性的影响机制

综上所述,本书研究认为,制度复杂性对 EMNEs 的组织正当性水平形成负面影响。制度复杂性主要通过利益相关者评价标准多元化影响 EMNEs 的组织正当性水平。

2.2.3　组织战略管理

制度环境对 EMNEs 的组织正当性水平形成客观（基础）影响。但是，EMNEs 在国际化进程中具有主观能动性，可以通过有意识的、适当的战略管理行动改变自身的组织正当性水平。

2.2.3.1　EMNEs 战略管理的动机和策略

EMNEs 的组织正当性战略管理动机主要分为两类：一是响应外部制度环境压力，包括缓解或克服制度距离和制度复杂性带来的正当性负面影响。这一战略动机大多发生在企业国际化进入阶段或出现东道国正当性危机事件的特殊时期，以获得东道国生存和发展所需的最低组织正当性水平（正当性阈值）为主要目标。比如，海外区位选择策略主要通过海外制度环境调研分析，选择与母国制度相仿的东道国进行优先布局。国际化组织方式选择策略则包括进入方式和进入后治理模式选择两个阶段（陈怀超和范建红，2014）。进入方式一般可分为订单出口、新建厂（绿地投资）、合资建厂、跨国并购和战略联盟五大类型（李玉刚和纪宇彤，2018）。进入后治理模式，主要关注东道国子单元的组织结构设计。根据子单元自治独立性程度可以分为子单元完全自治、跨国混合治理和母国总部控制三种模式，战略选择目的主要是平衡母国总部和东道国的制度文化差异。二是将组织正当性作为一种战略资源进行主动管理。跨国企业通过主动匹配（或投射）东道国资源依赖类利益相关者的组织正当性期望，进而获得相关利益群体的信任和资源支持。这一类战略动机大多发生在以资源获取为导向的 EMNEs 国际化战略活动，具体包括国际关系网络拓展、身份变革、资源协同、声誉重构、企业社会责任活动、话语修辞等多种策略，使用过程中往往根据具体的制度情境进行组合搭配或动态切换。一般来说，EMNEs 自身的组织正当性战略管理意识越强，管理策略组合越多，策略运用越精准，组织正当性水平越高。

2.2.3.2　EMNEs 战略管理的正当性影响机制

EMNEs 的有效战略管理行动，可以缓解制度环境带来的各种组织正当性负面影响，发挥制度调节作用，具体包括：改善 EMNEs 和东道国利益相关者的信息沟通程度、提升 EMNEs 的制度学习模仿效率、降低 EMNEs 的负面来源国印象、改变东道国利益相关者的关系歧视和信任障碍、增强 EMNEs 在东道国的正向声誉溢出、平衡跨国制度逻辑竞争关系等方式，改变 EMNEs 的组织正当性水平。

EMNEs 战略管理行为和策略虽然复杂多元，但从制度逻辑（组织正当性的评价标准）是否发生改变视角，组织正当性战略主要分为两类：基于制度同构（或规避）的战略管理思路和基于制度创业（创新）的战略管理思路。

一是基于制度同构（或规避）的战略管理思路。制度同构是指跨国企业通过强制性同构、规范性同构和模仿性同构，遵从并适应母国或东道国制度环境及其主导制度逻辑，以此获得内部或外部正当性。强制性同构主要是跨国企业遵从母国或东道国法律规章制度和正式游戏规则；规范性同构是跨国企业遵守母国或东道国行业标准、主流价值观、道德习俗和默认行为准则；模仿性同构是在外部制度文化环境不确定时采用模仿母国或东道国其他成功企业的组织结构、管理程序、人力资源管理、市场控制等行为、做法和象征符号（DiMaggio & Powell，1983），提升自身的组织正当性认知水平（Zaheer，1995；Kostova et al.，2008；Deephouse & Suchman，2008；Salomon，2013；Regnér & Edman，2014；魏江等，2016）。例如，EMNEs 采取强制性同构（适应东道国法律政策等规制条款）、规范性同构（适应东道国道德规范）和模仿性同构（模仿东道国同行主流企业行为）等制度适应型（向外同构）策略，本质上都是 EMNEs 以东道国制度逻辑为标准进行制度同构，通过不断适应东道国制度环境获取外部正当性。EMNEs 采取国际化区位选址（选择与母国制度相似的东道国进行海外布局）、隐藏来源国组织身份、融入权威机构关系网络等制度规避型策略，主要目的是减少制度同构过程中的信息不对称和评价者负面认知，包括负面来源国印象、信任障碍和关系歧视。但是，当 EMNEs 面临母国和东道国制度逻辑竞争情境而且对母国资源依赖更强时，可能采取制度反抗型策略（向内同构），包括向海外子单元输出母国制度逻辑或直接退出东道国市场等行为，坚持母国制度逻辑（向内同构），保持组织内部正当性。当 EMNEs 面临母国和东道国制度逻辑竞争同时自身依赖双向资源支持时，往往又通过制度脱耦（组织实质性行动和象征性符号相互分离）或制度妥协（组织结构耦合设计、基于不同焦点定位的混合同构、讨价还价等）策略，迎合双向制度逻辑标准。上述策略虽然形式多样，但逻辑本质上都没有改变母国或东道国的组织正当性评价标准，属于制度同构战略范畴。

二是基于制度创业（创新）的战略管理思路。制度创业（创新）是指跨国企业主动采取媒体广告宣传、讲故事、话语修辞、意义构建等方式，通过制度逻辑混合或舆论引导，激发东道国利益相关者的潜在价值观，改变原有的组织正当性认知，或者重新塑造一个新的制度环境并被利益相关者接受和认可的过程（Newenham—Kahindi & Stevens，2018）。当 EMNEs 嵌入的东道国制度环境处于失稳（主导型制度逻辑尚未形成）状态时，可以通过适当的修辞策略，激发东道国利益相关者的潜在价值观，或者通过混合逻辑策略创造有利于自身行为的新制度环境，改变东道国利益相关者的正当性评价标准，在此基础上获取组织正当性。

2.2.3.3　组织战略管理对 EMNEs 正当性的影响机制

综上所述，本书认为，EMNEs 战略管理对制度环境和组织正当性水平具有调节作用。EMNEs 战略管理主要通过制度同构和制度创业（创新）两大机制发挥组织正当性影响。

2.2.4　企业资源禀赋特征

2.2.4.1　EMNEs 资源禀赋特征的内涵和维度

根据资源基础观理论，EMNEs 自身拥有的资源禀赋特征，包括企业社会资本（高素质管理团队、国际专业化人才队伍以及自身商业和政治资本等）、企业国际化经验（国际化知识积累、国际化战略运用能力等）、企业属性特征（企业规模、年龄、行业属性、市场地位、品牌形象、创新实力等）和企业动态能力（环境感知能力、环境应变能力和环境创造能力等）等多个维度。企业拥有的资源禀赋特征，属于企业当前客观拥有或通过主观努力塑造，同样对 EMNEs 的组织正当性获取产生重要影响。

2.2.4.2　EMNEs 资源禀赋特征对组织正当性的影响机制

根据资源基础理论，EMNEs 拥有的资源禀赋优势越明显，跨国资源互补性越强，越有利于提升自身组织形象，并通过信息传播、关系链接、声誉溢出等多种渠道，缓解制度环境带来的各种组织正当性负面影响，发挥制度调节作用（Zaheer，1995；Zimmerman et al.，2002；Dacin et al.，2007；张化尧等，2018）。企业的社会资本能够发挥信息传递、声誉溢出、信任背书、关系链接等作用，降低信息不对称和认知沟通障碍，提高组织正当性。EMNEs 通过资源禀赋优势嵌入强大的东道国商业关系网络或提升自身在网络中的身份和地位，有助于提升组织正当性水平。当跨国企业面临外来者和来源国劣势时，通过第三方机构积极向国际社会传递其正面、符合国际规范的组织形象和行为，更容易获取组织正当性。特别是处于集中性网络结构的核心节点组织，汇集了大量组织共同体的信息源和规范知识，往往成为组织正当性判断标准输出的主导行动者，企业与东道国社会网络结构中的主导行动者形成合作关系或战略联盟，有助于增强组织的正当性（Deephouse，1996；Dacin et al.，2007；彭伟等，2013；何霞和苏晓华，2016；徐国冲和霍龙霞，2020）。东道国政府、商会协会（侨会）组织、国际知名非政府组织、国际知名供应商或供应链客户等第三方机构，是 EMNEs 获取组织正当性的重要桥梁（Han et al.，2018；Witt，2019；Han，2020）。同时，随着时间推移以及 EMNEs 国际化经验的增加，EMNEs 的制度学习模仿能力会持续提升，而且能够更加熟练运用相关国际化战略，因信息不对称引发的组织正当性负面影响可能会逐渐减弱。同样，EMNEs 自身的规模和竞争力越强，企业国际化经验越丰富，高管团队素质越高，战略动态能力越强，组织正当性战略运用越精准，EMNEs 在东道国获取的组织正当性水平越高（Zimmerman et al.，2002；Cohen & Dean，2005；Dacin et al.，2007；Certo & Hodge，2007；吴晓云和陈怀超，2011）。此外，EMNEs 所处的国际化阶段特征、行业属性、市场结构和竞争强度等因素，也对组织正当性管理产生重要影响。因此，EMNEs 资源禀赋特征对制度环境和组织正当性关系具有重要的调节影响。

2.2.4.3　企业资源禀赋特征对 EMNEs 正当性的影响机制

综上所述，本书认为，EMNEs 的资源禀赋特征对制度环境和组织正当性关系具有重要调节作用。EMNEs 的资源禀赋特征主要通过影响企业关系网络和战略管理能力发挥制度调节作用。

2.3　EMNEs 获取组织正当性的综合理论分析框架

综上所述，EMNEs 的组织正当性水平主要受到制度环境（制度距离和制度复杂性）、企业战略管理和企业资源禀赋特征三大核心因素的综合影响，同时上述影响因素对 EMNEs 的组织正当性影响并非线性独立，而是存在错综复杂的交互影响关系。因此，EMNEs 的组织正当性管理需要同时关注三大核心因素及其内在逻辑关系，在此基础上构建 EMNEs 的组织正当性影响因素诊断理论分析框架，并提出针对性的战略管理思路。

2.3.1　EMNEs 获取组织正当性的交互影响因素模型

EMNEs 获取组织正当性的影响因素，既包括基础性变量，也包括中介变量和调节变量。其中，制度环境（制度距离和制度复杂性）具有基础（客观）性影响。制度环境又可以划分两个维度：一是制度距离，母国和东道国的制度距离主要通过制度学习、认知沟通和关系网络等中介机制影响 EMNEs 的组织正当性水平；二是制度复杂性，东道国的制度复杂性主要通过异质性利益相关者管理机制影响 EMNEs 的组织正当性水平，东道国的制度复杂性越高，不同制度秩序的主导逻辑（国家、社区、市场、企业、家庭、宗教等）治理目标竞争越激烈，组织正当性评价标准越趋于多元化，EMNEs 获取组织正当性水平的难度越高。这一过程中，企业自身资源禀赋特征和战略管理行动，对制度环境和组织正当性水平形成重要调节作用。企业资源禀赋特征（包括企业规模、行业属性、国际化经验等），可以改变 EMNEs 的东道国制度学习能力、认知沟通能力、国际关系拓展能力和异质性利益相关者管理能力，进而影响其组织正当性水平。

在国际化进入阶段，母国和东道国制度距离引发的信息不对称和东道国制度学习同构压力，对 EMNEs 的初始正当性水平影响较大，但是这一影响因素可以随着时间的推移而不断减弱。在国际化进入后阶段，非正式制度距离（理念、价值观和文化差异）引发的认知沟通障碍对组织正当性管理影响更大，特别是当两国制度文化差异引发无法调和的价值观或意识形态差异时，这种关系障碍可能对 EMNEs 的组织正当性获取形成长期的负面影响，很难随时间流逝而消解。EMNEs 的母国制度缺失以及独特的政治经济制度和创新追赶战略，更容易引发国别政治摩擦、民族（地方）保护主义以及负面来源国形象，而且很难通过时间磨合慢慢消失。同时，在不同制度环境下，EMNEs 采取适当的组织正当性战略管理行为，能够有效规避或改善跨国制度距离和东道国制度复杂性带来的组织正当性负面影响，对制度环境和组织正当性关系形成正向调节作用。在同样的跨国制度环境下，处于不同行业，拥有不同资源禀赋特征的 EMNEs，其组织正当性水平仍可能出现显著差异。企业国际化经验有助于提升企业正当性战略管理的精准性和适用性，进而提升组织正当性管理效果。

母国和东道国的制度环境、EMNEs 的资源禀赋特征及其战略管理行为与其组织正当性关系，如图 2 - 2 所示。

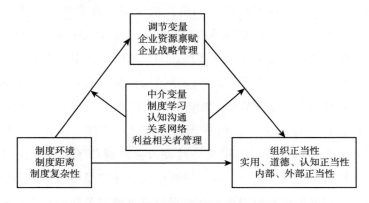

图 2 - 2　EMNEs 获取组织正当性的影响因素关系模型

2.3.2　EMNEs 获取组织正当性的逻辑本质和战略思路

根据综合理论分析框架，EMNEs 获取东道国组织正当性的过程，本质上是组织规避、适应、妥协或改变东道国制度环境的过程，属于制度经济学范畴。但是，制度本身是一个复杂动态的概念，具有丰富的含义，即：从制度内容来看，制度又可以分为制度内容（条款或处方）和制度逻辑（制度要求背后隐含的价值观、理念或因果假设）两个维度。从制度认知过程看，制度具有象征性和实践性双重维度，制度实践性主要通过组织（或个人）的结构和行为特征进行展示和模仿学习，但制度的象征性则更多体现在组织（或个人）对特定制度文化符号和默会知识的认知、学习和表达过程，虽然客观存在，但需要利益相关者的主观评价和心理认同。从制度层次看，制度可以分为宏观、中观和微观三个层次，代表不同社会秩序和利益相关者的价值观治理目标和制度内容差异。从制度和组织关系看，制度具有结构性和能动性双重特征，制度结构性强调制度对组织形成的同构压力和挑战，制度能动性又认为制度本身是人为设计和塑造的，组织（或个人）具有改变制度的能力，具有战略能动性。因此，组织正当性的战略管理是一个系统性工程，需要从制度、资源、战略、认知等综合因素角度开展分析和管理。

2.3.2.1　关注 EMNEs 获取组织正当性的多层次影响因素

跨国制度情境下，EMNEs 获取东道国组织正当性，既受到客观制度因素的影响，也受到 EMNEs 和东道国利益相关者的主观行为和心理认知影响。在国际化进入阶段，EMNEs 可以采取对东道国（地区）的前期制度调研和海外区位选址策略，尽量选择与母国制度环境相似的东道国（地区）进行贸易和投资，缩小跨国制度距离，尽量避免进入政治动荡或制度复杂性较高的东道国（地区）。国际化进入后阶段，母国和东道国的制度距离成为客观存在的事实，有些制度障碍因素（如东道国制度学习能力、信息沟通等）是可以通过 EMNEs 自身的战略管理行为或国际化经验逐步克服的（魏江等，2020），但是有些制度阻碍因素，如负面来源国印象或组织形象、民族中心主义或本土保护主义、政治外交风险和东道国政府歧视等问题，主要是组织外部因素造成的，EMNEs自身很难发挥作用，因此，需要依赖外部公共主体力量进行联合攻关和协力合作，增进EMNEs与东道国利益相关者的认知沟通和共同理解，打造正面积极的来源国制度形象和组织形象。同时，EMNEs自身也需要充分发挥资源禀赋优势和战略管理能动性，积极改变东道国制度环境或利益相关者潜在价值观，创造有利于自身发展的新制度环境。

2.3.2.2 从制度逻辑变化视角区分组织正当性的战略类型

EMNEs获取组织正当性的策略复杂多样，但是从组织正当性的评价标准（主导制度逻辑）是否改变视角区分，众多组织正当性策略都可以归结为三大战略思维：制度规避、制度同构和制度创业（创新）。制度规避的战略思想主要建立在东道国制度环境选择上，要求EMNEs通过事前的东道国制度调研，提前预防或规避东道国制度环境的不利因素，选择与自身制度逻辑相近的国别（地区）进行海外布局。制度同构战略思想则建立在企业对东道国制度逻辑的遵从或适应基础上，要求EMNEs通过调整自身结构、行为或战略决策适应东道国制度环境，是相对被动的一种战略选择。制度同构战略运用的前提是EMNEs嵌入的东道国制度环境相对成熟稳定，已经形成明确的主导制度逻辑及清晰的组织正当性同构标准，难以撼动。此时EMNEs的战略管理主要改善制度同构效率的三大影响因素，即提升东道国的制度学习模仿能力、增强东道国利益相关者的组织正当性评价信息传播和沟通程度以及增进东道国利益相关者的组织正当性认知理性（减少负面来源国印象、关系信任障碍或关系歧视等）。例如，当EMNEs进入市场经济制度相对成熟的发达国家时，加强自身国际化人才培养和打造高素质管理团队，有助于提高企业的东道国制度学习模仿能力，提升组织正当性水平。或者通过融入东道国主流社会关系网络，提高制度模仿信息获取能力和正向声誉溢出，有利于增进其与东道国利益相关者的关系信任。制度创业（创新）的战略思想则建立在东道国制度逻辑变革基础上，主要通过激发东道国利益相关者的潜在价值观或改变东道国现有的组织正当性评价标准（主导制度逻辑），创造新的有利于自身行为或价值目标发展的新制度环境，属于跨国制度逻辑的妥协（折中）或混合逻辑策略。制度创业（创新）战略的运作前提是 EMNEs 嵌入的东道国制度环境相对动荡，尚未形成强有力的单一主导制度逻辑，东道国利益相关者的组织正当性评价标准相对多元化，而且不同制度逻辑的价值观系统存在潜在的分歧，为制度创业和语言修辞方法运用提供机会窗口。此时 EMNEs 的战略管理着力于制度创业（创新）的时机识别和能力提升，包括对内外制度创新时机（机会窗口）的把握以及如何促成多重制度逻辑从竞争转向兼容的混合逻辑能力建设。例如，当 EMNEs 进入制度相对不稳定的国家（地区）或某个新兴市场领域时，通过适当的混合逻辑策略，创造一个新的融合母国和东道国逻辑价值元素的新制度环境。

2.3.2.3　提高 EMNEs 战略管理的精准性和科学性

根据上述逻辑分析，不同的制度环境可能导致组织正当性危机成因和策略选择的差异。EMNEs 需要实施"因地制宜""因时制宜""相机抉择""动态组合"等战略实施原则，根据自身制度环境特征，选择合适的组织正当性策略。同一组织正当性策略在不同的制度情境下，具体的策略选择方向及其隐含的逻辑思想可能也千差万别，无法直接套用或照搬照抄其他企业的做法。比如，组织身份认同策略包括身份隐藏、身份变革（向外同构）、坚持原有身份（向内同构）和混合身份塑造（混合逻辑）等不同策略，其中前三类策略本质上都属于制度规避或同构战略，后一种策略则属于制度创业（创新）战略。基于制度逻辑变革本质的组织正当性策略分类，对提升 EMNEs 的东道国正当性管理精准性更具现实意义。

2.3.2.4　关注 EMNEs 的资源禀赋优势和动态能力建设

在组织正当性管理中，EMNEs 需要关注自身资源禀赋优势和动态能力建设。根据前面的理论分析思路，EMNEs 自身的资源禀赋特征和战略管理行为，对制度环境和组织正当性水平具有明显的调节作用。同时，企业资源禀赋特征又影响 EMNEs 的组织正当性战略管理能力。因此，在国际化进程中，

EMNEs 特别需要关注自身的社会资本、人力资本和能力资本的塑造和培养，注重发挥自身的跨国资源整合协同优势，同时，积极提升 EMNEs 的高管团队素质，增强国际化经验和环境动态能力建设，从根本上提高 EMNEs 的组织正当性管理效果。

| 第 3 章 |

"一带一路"沿线国家（地区）中资企业的组织正当性表现和绩效

本章主要从实践层面分析"一带一路"建设的时代背景以及沿线国家（地区）的制度文化环境特征；在此基础上，分析中资企业参与"一带一路"建设的整体情况、组织正当性表现及其国际化绩效影响。

3.1 "一带一路"建设的时代背景和发展趋势

3.1.1 "一带一路"倡议提出的时代背景

2013 年，国家主席习近平正式提出"一带一路"倡议。从国际背景来看，和平与发展是世界人民期盼的时代主旋律。然而，21 世纪以来，世界政治经济形势复杂多变，国际金融危机深层次蔓延，经济全球化和区域一体化受挫，地区冲突加剧，世界经济面临的一系列不确定性是"一带一路"倡议提出的国际背景。"一带一路"倡议是在世界和平赤字、发展赤字、治理赤字背景下的战略选择（柴尚金，2018）。习近平主席指出，当今世界正经历百年未有之大变局，未来十几年里，全球治理体系将重塑（习近平，2017）①。2020 年

---

① 习近平.《习近平谈治国理政》第二卷［M］. 北京：外文出版社，2017.

以来，世界经济受到国际金融危机等深层次、持续性影响，国际投资贸易格局和多边投资贸易规则将进一步调整。各国面临着严峻的发展问题，迫切需要秉持开放的精神，开展更大范围、更高水平、更深层次的区域合作，共同打造开放、包容、均衡、普惠的区域经济合作模式，推动区域内要素有序自由流动和优化配置。

从国内背景来看，中国改革开放深入推进，国内经济发展与世界经济的发展高度关联。中国经济的全面协调高质量发展需要坚定对外开放的国策，提升开放水平，构建全方位的开放新格局。"一带一路"建设恰好顺应世界多极化、经济全球化、社会信息化的潮流，对经济要素的自由流动、资产的高效配置以及市场的深度融合等具有促进作用，同时，也将推动"一带一路"沿线各国经济政策等的协调，维护世界自由贸易体系和开放型世界经济。"一带一路"倡议既符合中国及国际社会的根本利益，也符合人类社会对美好生活的追求和世界和平发展的需求。

从历史来看，"一带一路"倡议传承中华民族数千年的理想情怀并将其发扬光大（柴尚金，2018）。古丝绸之路绵亘万里，延续千年，积淀了以和平合作、开放包容、互学互惠、互利共赢为核心的丝路精神。延续到现在的"一带一路"倡议，聚焦亚欧非大陆及附近海洋的互联互通，致力于建立和加强沿线国家的全方位、多层次、复合型的互联互通网络，进一步助力沿线各国多元、自主、平衡、可持续的发展。能够深度挖掘市场潜力，促进沿线各国的投资与消费、需求与就业。同时，为"一带一路"沿线各国的人文交流，互学互鉴提供便利通道。为沿线各国实现共同富裕、共享和谐安宁生活提供了有利支撑。因此，"一带一路"倡议顺应时代潮流，契合发展规律。

3.1.2 "一带一路"建设的时代意义

从国内视角来看，"一带一路"倡议是我国在新的历史条件下实行全方位对外开放的重大举措，推行互利共赢的重要平台。中国特色社会主义进入新时代，改革开放也逐步进入深水区，一些制约生产力继续发展和满足日益广泛的人民美好生活需要的矛盾点需要更有效、更深入的改革开放来破解。"一带一路"倡议与中国特色社会主义新时代社会主要矛盾的变化相适应，具有鲜明的时代背景和目标导向。对我国改革开放再出发，开创新时代对外开放新格局具有重要而深远的影响。

对中国周边区域而言，这一构想符合上海合作组织框架下区域经济合作发展的新方向。作为中国和上海合作组织内正式成员的中亚国家、俄罗斯等都面临着经济发展的重大任务，安全与合作是促进组织发展的两个"车轮"，区域经济合作已成为该组织首脑会议和总理会议的重要议题。此外，丝绸之路经济带与欧亚经济共同体有一定的互补性。特别是欧亚经济共同体和上海合作组织成员国、观察员国跨越欧亚、南亚和西亚，在一定程度上保持一致，大部分处于丝绸之路经济带之间。通过加强上海合作组织和欧亚经济共同体的合作，有关国家可以获得更大的发展空间。

从全球视角来看，这一构想展示了中国发展地区共赢合作的新理念、新蓝图、新道路、新模式。沿着丝绸之路，国家合作创造平等互利、合作共赢的"利益共同体"和"命运共同体"的新理念。绘制了从波罗的海到太平洋、从中亚到印度洋、波斯湾的交通经济大走廊，连接欧亚大陆、南北和中巴经济走廊、中印孟缅经济走廊的新蓝图。构想通过加强政策沟通、道路联合、贸易便利化、货币流通、民心通关等新方法，以战略调整、政策沟通为主，不追求连贯、强制性的制度安排，协调现有的区域合作机制和组织、欧亚经济共同体、亚太经合组织、东盟、海合组织、欧盟等合作发展，可以说是切实可行的。中国将通过功能区经济、走廊经济、贸易便利化、技术援助、经济援助、经济一体化等多种方式，与"一带一路"沿线国家共同推进欧亚地区经贸发展。这种创新的合作模式可以使欧亚各国的经济联系更加紧密，进一步加深相互合作，进一步扩大发展空间。

总之，中国政府倡议并推进"一带一路"建设，不仅有助于促进中国自身的发展，而且有利于亚洲、欧洲、非洲乃至世界，对促进世界经济发展的繁荣与和平发展具有重要意义。可以预见，这一造福于世界各国人民的宏伟蓝图必将在各国相互信任合作中实现。

3.1.3 "一带一路"建设的发展趋势

结合习近平主席关于"一带一路"的重要论述与"共同现代化"的主要思想和内容以及 2013～2020 年"一带一路"倡议标志性事件（见表 3-1）。

表 3-1　　　　　2013～2020 年"一带一路"倡议标志性事件

年份	事件
2013	首次提出"丝绸之路经济带"
	首次提出"21 世纪海上丝绸之路"
2014	中国提出打造中蒙俄经济走廊
	丝路基金正式启动运作
2015	"一带一路"建设工作领导小组亮相
	三部委联合发布《愿景与行动》文件
	中巴经济走廊正式启动
	丝绸之路经济带与欧亚经济联盟对接
2016	统一品牌的中欧班列首次抵达欧洲
	"一带一路"框架下首份多边合作规划纲要签署
	推进"一带一路"建设工作座谈会召开
	"一带一路"框架下首份双边合作规划签署
	联合国成为首个加入"一带一路"倡议的国际组织
	《中欧班列建设发展规划（2016～2020）》印发
	"一带一路"倡议首次写入联合国大会决议
2017	习近平提出共建人类命运共同体
	中国一带一路网上线运行
	首个西方发达国家"入群"
	七国铁路部门签署《关于深化中欧班列合作协议》
	《共建"一带一路"：理念、实践与中国的贡献》发布
	首届"一带一路"国际合作高峰论坛举行
	《"一带一路"建设海上合作设想》发布
	"一带一路"建设促进中心挂牌运行
	推进"一带一路"建设写入党章
	七国共同发起《"一带一路"数字经济国际合作倡议》

续表

年份	事件
2018	中拉发布《"一带一路"特别声明》
	建立"一带一路"国际商事争端解决机制和机构
	推进"一带一路"建设工作5周年座谈会召开
	中非合作论坛北京峰会召开
	首届中国国际进口博览会举行
2019	中意签署"一带一路"合作文件
	"一带一路"税收征管合作机制建立
	《共建"一带一路"倡议：进展、贡献与展望》发布
	第二届"一带一路"国际合作高峰论坛举行
	中英签署第三方市场合作谅解备忘录
	第二届中国国际进口博览会举行
	中俄东线天然气管道投产通气
2020	"一带一路"银行间常态化合作机制倡议支持抗疫
	中国倡议构建人类卫生健康共同体
	"一带一路"国际合作高级别视频会议举行

资料来源：中国"一带一路"网相关数据整理。

"一带一路"建设的本质特征就是"共同现代化"，具体从以下五个方面体现。

（1）"一带一路"建设以实现共同利益为目标。传统现代化是民族国家本位，"一带一路"倡议突破了这个局限性，明确提出以"共同利益"为目标。例如，"努力扩大亚洲国家共同利益""将给地区国家带来实实在在的利益""是促进共同发展、实现共同繁荣的合作共赢之路""是一项造福世界各国人民的伟大事业，符合国际社会的根本利益，彰显人类社会共同理想和美好追求"等。《"一带一路"与共同现代化》报告指出"共同现代化"的最高目标是实现人类的共同利益。这个最高目标需要分解成为不同地域范围、不同领域的目标组成的目标体系，才能逐渐地实现。不同地域范围的共同利益有：亚洲的共同利益、亚欧的共同利益以及亚欧非的共同利益和全球共同利益。不同领域的共同利益有：经济共同利益、社会共同利益、文化共同利益和安全共同利益等。"共同利益"的存在是"一带一路"倡议的客观基础，"共同利益" 的认同是 "一带一路" 从愿景到行动的关键，"共同利益" 的实现是 "一带一路" 的目标（柯银斌，2017）。

（2）"一带一路" 建设以多个国家组成的共同体为建设主体。世界现代化历程中出现了殖民主义、帝国主义和霸权主义。这三种主义的核心是 "不平等"，只考虑自我利益的实现，不考虑他人利益，甚至损害他人利益。导致这种 "不平等" 事实的思想根源在于传统现代化中的民族国家本位。2014年习近平主席在 "加强互联互通伙伴关系" 东道主伙伴对话会上的讲话明确指出，"一带一路" 是中国和亚洲邻国的共同事业。不是封闭的，而是开放包容的；不是中国一家的独奏，而是沿线国家的合唱；"一带一路" 相关的国家基于但不限于古代丝绸之路的范围，各国和国际、地区组织均可参与，让共建成果惠及更广泛的区域（中共中央文献研究室，2014）。这表明，"一带一路" 的建设主体不是中国或其他某一个国家，可以是全世界的所有国家。也就是说，由多个国家组成的共同体是 "一带一路" 建设的行为主体，这与 "共同现代化" 是完全一致的。哪些国家能够组成共同体呢？这取决于这些国家对 "共同利益" 的认识和认同。只要在某个互联互通项目、在某个国际合作领域中，多个国家对 "共同利益" 形成共识，这些国家就能够组成一个共同体。从这个意义上讲，"一带一路" 建设主体不同于有明确成员国的国际组织，这个多国共同体的成员将具有明显的动态特征。由此看来，"一带一路" 建设进程与不同类型和层次的利益共同体形成是 "一体两面"，即 "一带一路" 建设需要众多不同的利益共同体的推进；不同利益共同体的形成、扩大和增加正是 "一带一路" 建设的进程。

（3）"一带一路" 建设以 "三共" 与 "合作共赢" 为原则。传统现代化的原则是在竞争中取胜。各国为了实现现代化而争先恐后地展开竞争，为了取得本国和盟国的胜利，一些国家动用武力，为维护本国的利益而进行战争。在欧洲历史上，为争夺殖民地，列强不断地进行战争。20 世纪的两次世界大战达到顶峰，这种现代化竞争带来的灾难严重地损害了人类社会的进步和发展。党的十九大报告明确提出 "共商、共建、共享" 的三共原则，也就是共同协商方针政策、共同推进项目建设、共同分享建设成果。这就彻底摒弃了传统的竞争取胜原则，摒弃了单赢的零和思维，这正是 "共同现代化" 中 "合作共赢"

核心原则的具体体现和落实，即以所有参与者的共同利益实现为目标。

（4）"一带一路"建设以互联互通为主线。传统现代化以工业化为主线，一些学者认为，现代化就是工业化。"一带一路"官方文件突破了现代化就是工业化的传统逻辑，在现代化内容方面强调包括政策沟通、设施联通、贸易畅通、资金融通、民心相通等互联互通的重要性。"共同现代化"是多个国家为实现共同利益而推进的现代化，客观上要求由多个国家组成的共同体必须实现互联互通，"共同现代化"是在全球化、信息化不断深化的时代背景下推进的现代化，为满足这种互联需求提供了强大的物质技术支持。因此，互联互通是"一带一路"建设的主线，也是"共同现代化"的主要内容。

（5）"一带一路"建设以国际合作为核心。传统现代化的主要实现方式是竞争，甚至包括战争。这种方式与西方基督教文明相适应，到 20 世纪初，实现现代化的国家只有欧洲北美各国（日本例外）。到 20 世纪 70 ~ 80 年代，亚洲"四小龙"以群体方式实现了现代化，其中成功因素之一就是国际合作。2015 年国家发展改革委、外交部、商务部联合发布《推动共建丝绸之路经济带和 21 世纪海上丝绸之路的愿景与行动》把"合作"提到非常重要的位置，这不仅表现在"合作"一词出现了 136 次，而且更重要的是，"合作"既是基础又是核心。共同利益的实现，共同体的形成，共商、共建、共享、互联互通都必须通过合作实现。因此，"一带一路"倡议的推进需要合作。"一带一路"沿线国家发展差距甚大，找到各国发展战略的交集是"一带一路"建设的主导方式。发展战略最大的交集就是现代化为目标和内容的国家战略。对接的"接口"就是"共同现代化"（察哈尔学会课题组和柯银斌，2016）。

3.2 "一带一路"沿线主要国家（地区）的 制度环境分析

从地理空间看，"一带一路"沿线国家（地区）分布在亚洲、欧洲、非洲等多个区域，地域差异较大。从经济发展程度看，"一带一路"沿线国家（地区）包括了发达经济体、新兴经济体和欠发达经济体等多种类型。截至

2025 年,"一带一路"沿线国家(地区)总共有 155 个(包括中国),主要分布在东亚(2 个)、东南亚(11 个)、南亚(7 个)、中亚(5 个)、西亚(16 个)、欧洲(27 个)、非洲(52 个)、北美洲(13 个)、南美洲(10 个)、大洋洲(12 个)等地区。国别之间的地理距离、历史制度文化进程以及经济发展程度的差异,都容易引发跨国之间的制度距离和制度环境冲突。

3.2.1 中国与"一带一路"沿线国家(地区)的制度距离特征

从制度内容分析,制度距离可以分为正式制度距离和非正式制度距离。中国与"一带一路"沿线国家(地区)存在较大的正式制度距离。例如,政治制度上,中国作为社会主义国家,其民主集中制政治制度与沿线大部分国家(地区)实行的民主选举政治制度存在较大差异。法律制度上,中国属于大陆法律体系,但是"一带一路"沿线有多个国家(地区)采用的是英美法律体系。经济制度上,中国采用特色社会主义市场经济,处于市场制度转型时期,属于新兴市场经济体,但是"一带一路"沿线有 9 个成熟(发达)市场经济国家(地区)、48 个新兴市场国家(地区)和 9 个欠发达国家(地区)。从制度方向分析,根据 2023 年全球治理指数(WGI)的综合得分情况以及各国得分差异进行分析后发现,中国处于制度顺差(中国综合得分高于相关国家)的国家(地区)有 71 个,占比为 61.7%;中国处于制度逆差(中国综合得分低于相关国家)的沿线国家(地区)有 44 个,占比为 38.3%(见表 3 - 2)。

表 3 - 2　　中国与"一带一路"沿线国家(地区)的制度环境特征

制度距离	数量(个)	比例(%)	文化距离	数量(个)	比例(%)
中国全球治理指数综合得分高于其他国家	71	61.7	中国综合得分高于其他国家	73	63.5
中国政治制度得分高于其他国家	84	54.2	中国权力距离得分高于其他国家	87	75

续表

制度距离	数量 （个）	比例 （%）	文化距离	数量 （个）	比例 （%）
中国政治稳定性得分高于其他国家	39	25.1	中国不确定的规避得分高于其他国家	6	5.2
中国政府效率得分高于其他国家	114	73.6	个人主义和集体主义得分高于其他国家	69	59
中国规制得分高于其他国家	82	52.8	长期取向和短期取向得分高于其他国家	111	95.7
中国法制和腐败治理得分高于其他国家	35	23.1	自身放纵和约束得分高于其他国家	41	35.3

资料来源：根据世界银行网站 http：//info. worldbank. org/governance/wgi/和霍夫斯泰德个人官方网站 https：//www. hofstede – insights. com/country – comparison/kazakhstan/采集的数据计算整理而得。

从非正式制度距离看，中国和"一带一路"沿线其他国家（地区）存在较大的文化、信仰、价值观和意识形态差异。根据霍夫斯泰德（Hofstede）计算的国家文化指数得分数据，在权力距离、不确定性的规避、个人主义和集体主义、长期取向与短期取向、自身放纵与约束等多个指标维度中，中国在权力距离层面得分相对高于其他国家（地区）的有 87 个，低于其他国家（地区）的有 28 个；中国在不确定性的规避指标得分高于其他国家（地区）的有 6 个，低于其他国家（地区）的有 109 个；中国在个人主义和集体主义层面得分高于其他国家（地区）的有 69 个，低于其他国家（地区）的有 46 个；中国在长期取向与短期取向层面得分高于其他国家（地区）的有 111 个，低于其他国家（地区）的有 4 个；中国在自身放纵和约束层面得分高于其他国家（地区）的有 41 个，低于其他国家（地区）的有 74 个（见表 3 – 2）。

3.2.2 "一带一路"沿线主要国家（地区）的制度复杂性特征

中国企业融入的"一带一路"沿线国家（地区）制度复杂性差异较大。

制度复杂性主要体现在国别内部多层次制度秩序（政府、市场、社区、专业、公司、家庭等）的主导逻辑出现目标分歧或治理竞争（冲突）。我国企业参与的部分"一带一路"沿线国家（地区）发展历史悠久，市场经济相对发达，内部制度秩序相对稳定，利益相关者的价值观、文化理念和行为惯例相对统一，例如，日本、韩国和新加坡等发达国家。但是也有不少国家（地区）的制度秩序相对复杂动荡，政权更替频繁，利益相关者错综复杂，主要分布在东南亚、西亚、中亚、独联体、中东欧和非洲等新兴市场国家或欠发达国家。这些国家（地区）往往涉及中央政府、原殖民统治势力、地方军政武装势力等多个权力阶层，种族、宗教、语言和文化信仰体系复杂多元，地区战乱和武装冲突频发，不同制度系统的利益相关者价值目标、文化理念、宗教信仰、组织（惯例）和行为方式存在较大差异，东道国制度规则或政策经常"朝令夕改"，存在较多的不确定性、分歧或矛盾，制度动荡、政权更迭时有发生，加上本土保护主义、民主中心主义、双边或多边政治外交分歧等因素，经常出台让跨国企业左右为难或无所适从的组织正当性标准，对中资企业海外经营带来巨大的制度风险。例如，东南亚是我国企业"走出去"的重点区域，当地中央政府为发展本国经济，出台了不少优惠政策，吸引外资企业入驻投资。但是由于历史渊源或政治经济发展等原因，东南亚不少国家（地区）内部政治局势相对动荡，外来统治者、宗教势力、地方军政武装、国际第三方组织等权力阶层经常出现与中央政府的制度分歧或权力博弈，寡头政治、发展不平等、次国家冲突、信仰冲突、备受争议的身份认同建构、大规模抗议、特权阶层的腐败等内部问题，对东南亚政治经济稳定性形成较大冲击。中资企业在东南亚国家的投资和日常经营行为经常因为当地制度复杂性而扰乱节奏，甚至有些被迫退出东道国市场。例如，近年来我国光伏企业在东南亚频频遭遇"反倾销"抵制，纺织服装企业遭遇东南亚国家民众的游行示威等。中东欧地区的地缘政治和战争冲突也对中资企业海外经营产生很大影响，包括在巴基斯坦、乌克兰等国家的海外投资损失较多。

3.3 "一带一路"沿线国家（地区）中资企业的组织正当性表现和国际化影响

3.3.1 我国企业参与"一带一路"建设的现状和趋势

3.3.1.1 我国在"一带一路"沿线国家（地区）的贸易投资规模持续扩大

根据中国商务部网站的官方数据统计①，2014～2019 年中国企业对"一带一路"共建国家（地区）贸易进出口额累计超过 44 万亿元，年均增长达到 6.1%，高于全国同期对外贸易增速；2020 年我国与"一带一路"沿线国家（地区）进出口贸易额合计 9.37 万亿元，占我国货物贸易进出口总值的 29.1%；截至 2020 年末，我国已与 40 多个国家签署产能合作文件，与法国、日本等 14 个国家签署第三方市场合作文件，覆盖了欧洲主要经济体，与 134 个国家签署了双边投资协定；2021 年我国企业对 57 个"一带一路"沿线国家非金融类直接投资达到 1309.7 亿元，同比增长 14.1%，占同期我国海外非金融类直接投资总额的 17.9%，投资区域主要分布在东南亚（新加坡、印度尼西亚、马来西亚、越南、孟加拉国、老挝、泰国、柬埔寨等），中国企业在"一带一路"沿线国家（地区）新签承包工程合同额为 8647.6 亿元，占同期我国对外新签承包工程合同总额的 51.9%。

3.3.1.2 中资企业在"一带一路"沿线国家（地区）的行业和国别分布相对集中

根据中国商务部网站等官方数据统计②，截至 2020 年，我国在"一带一

---

① ② 中国商务部统计数据整理，https：//www. mofcom. gov. cn/tjsh/index. html。

路"沿线国家（地区）开展贸易投资的行业主要分布在信息服务业（23.7%）、制造业（21.5%）、采掘业（14.4%）、批发零售业（8.4%）、金融保险业（7.7%）等领域。2013 年、2017 年和 2018 年中国对"一带一路"共建国家投资的形式主要以跨境并购为主，其余年份以绿地投资为主，对东南亚累积并购数量和规模占比达 41.0% 和 40.1%，其次是南亚，累积并购数量和规模占比分别是 18.2% 和 7.4%，随着"一带一路"投资合作的推进，中国跨境并购的区域由东南亚、南亚等周边地区向中东欧、中东产油国和中东北非地区等区域扩展，另外投资邻近化特征明显。根据中国商务部网站的数据统计①，2021 年中国与东盟货物贸易规模达到 8782 亿美元，同比增长 28.1%，中国对东盟的直接投资金额达到 143.5 亿美元，占"一带一路"共建国家（地区）的 60% 以上，中国与 58 个"一带一路"沿线国家（地区）签署了双边投资协定，覆盖率高达 89.2%。

3.3.2 "一带一路"沿线国家（地区）中资企业的组织正当性表现和测度

本书采取问卷调查和因子分析等方式，对"一带一路"沿线国家（地区）中资企业的组织正当性水平展开统计调查和测度。

3.3.2.1 样本问卷调查设计和数据来源

本书开展的问卷调查表总共分四大部分（见附录 1 调查样卷），共 98 个问题，其中第一部分主要了解企业"走出去"基本情况，包括企业海外布局、行业分布、产品类型等问题；第二部分主要测度"一带一路"沿线国家（地区）中资企业的组织正当性表现，包括"一带一路"沿线国家（地区）中资企业在东道国的实用正当性、道德正当性和认知正当性等不同维度测量选项；第三部分主要了解"一带一路"沿线国家（地区）中资企业的组织正当性影响因素，主要包括母国和东道国的制度距离、企业关系网络和资源

---

① 中国商务部统计数据整理，https://www.mofcom.gov.cn/tjsh/index.html。

禀赋特征、企业正当性战略管理等测量选项；第四部分主要调查"一带一路"沿线国家（地区）中资企业的国际化绩效，包括经营成本、财务盈利绩效、创新绩效和成长绩效等多个方面。根据中国商务部官方网站公布的对外投资企业名录，使用微信、Email、现场发放问卷、面谈、电话访谈等多种方式，随机抽取样本进行问卷调查，问卷发放时间为 2019 年 2 月 ~ 2021 年 9 月，3 年收集的问卷数量分别是 107 份、171 份和 104 份，各年份调查企业无重复。剔除部分选项缺失或内容不完整的低质量问卷，获得有效问卷 280 份，问卷答题完整率均在 90% 以上。

3.3.2.2　样本企业的基本信息统计分析

从样本企业的海外市场布局看，"一带一路"沿线国家（地区）中资企业主要分布在欧洲、东南亚和北美洲等 58 个国家（地区），分别占样本总数的 33.8%、27.3% 和 18.2%；不少企业同时选择在海外多个国家布局，区位分布最多的"一带一路"沿线国家（地区）分别是越南和印度尼西亚。对样本企业跨国投资的目标国进行梯度划分，第一梯度为美国、越南和德国，第二梯度为日本和英国，第三梯度为澳大利亚。其中，分布在"一带一路"国家（地区）最多的是越南，其次是印度尼西亚。随着企业实力的增强，其跨国投资选择的方向从第一梯度向第二梯度和第三梯度转移。

从样本企业的行业分布看，样本企业的行业分布主要集中在传统劳动密集型制造业，如建筑、五金机械、纺织服装、家电等，与此密切相关的流通行业也有一定发展，其他企业分布在仪器仪表、汽车、流通、化工等十几个行业，样本企业的主营业务涉及石油化工、手机配件、轴承、汽车、医药等 60 多个领域。目前，我国一些新兴行业也开始向"一带一路"国家（地区）迁移，如高端制造、新能源、系统集成等行业也正以海外营销中心、跨国并购等方式迅速发展，但是相对传统制造业，新兴制造业在我国参与"一带一路"沿线国家（地区）的分布目前尚未形成规模。中资企业向"一带一路"沿线国家（地区）布局，一方面为了获取较低成本的土地、能源和劳动力，另一方面为了开拓更广阔的市场，我国参与的"一带一路"沿线国家（地区）的总人口约为44亿，经济总量约21万亿美元，分别约占全球的63%和29%，其对铁路、港口、机场等基础设施建设的需求能带动更多的投资项目。

从样本企业的规模和行为特征看，从企业成立时间来看，2010~2011年期间成立的企业开展跨国投资最为活跃。2015年以来，越来越多的新成立中资企业走向国际化经营道路，样本中有67家公司在成立5年的时间内就已经开始国际化经营。因此，不论是传统还是新兴行业，"一带一路"沿线国家（地区）中资企业都面临组织正当性管理问题。在国际化组织方式上，"一带一路"沿线国家（地区）中资企业的选择也趋于组合化，样本统计显示有180家企业选择独自设立海外生产基地或工厂，160家企业选择设立海外营销中心或销售点，92家企业选择跨国并购，84家企业选择与当地企业或供应商合资建厂。从企业类型看，民营企业数量占比最高，有216家。通过企业职工人数的统计发现，51.4%的企业职工人数在千人以上，14.3%的企业职工人数在100人以下。从行业分布看，51.4%的企业从事传统行业，48.6%的企业从事高新技术行业。

3.3.2.3 样本企业的组织正当性水平（DL）测度

本次问卷调查中，其中有21个主观测量选项用来测度中资企业在"一带一路"沿线国家（地区）的组织正当性水平，分别测度实用正当性（DLP）、道德正当性（DLM）和认知正当性（DLC）（见附录1）。选取相关系数0.85以上的10个变量，采用因子分析法构建"一带一路"沿线国家（地区）中资企业的组织正当性指数，KMO检验值为0.685，巴特利特球度检验值为361.235，且通过了1%的显著性检验，可判定这10个指标符合因子分析的条件。用SPSS软件对所选10个指标进行因子分析，得出各公因子的特征值及方差贡献度。选取特征值大于1的3个公因子，其累计方差贡献率为70.126%，采用方差最大法对因子载荷矩阵进行5次正交旋转，根据成分得分系数矩阵，采用回归法估计因子载荷系数，从而计算因子得分（见表3-3）。

表 3 - 3 　　　　　　　　　　　　　　解释的总方差

成分	初始特征值			提取平方和载入			旋转平方和载入		
	合计	方差（%）	累计（%）	合计	方差（%）	累计（%）	合计	方差（%）	累计（%）
1	3.832	38.322	38.322	3.832	38.322	38.322	2.966	29.662	29.662
2	2.158	21.576	59.898	2.158	21.576	59.898	2.966	29.656	59.318
3	1.023	10.228	70.126	1.023	10.228	70.126	1.081	10.808	70.126

三个公因子的载荷系数计算公式如下：

$$F_1 = 0.491 \times a11 + 0.661 \times a12 + 0.260 \times a13$$
$$+ 0.114 \times a14 - 0.226 \times a21 + 0.586 \times a22$$
$$+ 0.826 \times a23 + 0.672 \times a31 + 0.820 \times a32$$
$$+ 0.073 \times a33 \qquad (3-1)$$

$$F_2 = 0.395 \times a11 + 0.407 \times a12 + 0.856 \times a13 + 0.106 \times a14$$
$$+ 0.837 \times a21 + 0.211 \times a22 - 0.205 \times a23$$
$$+ 0.542 \times a31 - 0.102 \times a32 + 0.900 \times a33 \qquad (3-2)$$

$$F_3 = -0.291 \times a11 - 0.109 \times a12 - 0.100 \times a13 + 0.857 \times a14$$
$$+ 0.178 \times a21 + 0.369 \times a22 + 0.149 \times a23$$
$$+ 0.164 \times a31 - 0.029 \times a32 + 0.148 \times a33 \qquad (3-3)$$

根据各个公因子的方差贡献率和因子载荷系数，构建组织正当性指数测度模型：

$$L = 0.29662 F_1 + 0.29656 F_2 + 0.10808 F_3 \qquad (3-4)$$

根据式（3-1）、式（3-2）、式（3-3）、式（3-4）计算每个企业的正当性指数，样本企业正当性指数分布范围为 [-1.323, 0.933]，均值为0，标准差为0.433，选取一倍标准差作为波动界限，将组织正当性分为四个区间，将每个区间组织正当性强度、企业占比和企业表现列入表 3-4。具有强组织非正当性的中资企业往往遭遇东道国政府和市场的多方抵制，产品生产和销售受阻，海外投资过程极度困难；具有弱组织非正当性的企业，其产品种类、管理模式在东道国不容易被接受，生产和销售受到一定程度限制；具有弱组织正当性的企业能在一定程度上获得东道国市场主体的信任，尤其是在实用正当性和道德正当性方面,在本地资源获取、市场开拓和企业运营上比较顺利;具有强组织正当性的企业,在实用认可和道德认可基础上,企业产品、经营方式和管理模式得到了东道国市场主体情感上的高度认可,在这个区间内的企业在东道国的经营成本最低,这种强组织正当性能激励企业加大在东道国的投资进程,充分利用东道国的优势资源、市场和关系网络,其国际化战略可以充分体现企业自身的竞争优势。

表 3 - 4 样本企业的组织正当性指数分布

组织正当性指数	组织正当性强度	企业占比(%)	企业表现
[-1.323, -0.433]	强组织非正当性	14.2	认可程度很低、经营困难重重
[-0.433, 0]	弱组织非正当性	32.9	认可程度低、经营困难较多
[0, 0.433]	弱组织正当性	38.6	认可程度较高、经营困难较少
[0.433, 0.933]	强组织正当性	14.3	认可程度很高、经营困难很少

资料来源:根据样本调查数据和 SPSS 软件输出结果分析归纳而得。

根据样本数据的因子分析结果,"一带一路"沿线国家(地区)中资样本企业的组织正当性得分是一个连续变量,其中得分为负数的样本比例(组织非正当性)达到 47.1%,得分为正数(组织正当性)的比例达到 52.9%;但一半以上的正得分样本企业仍集中在弱组织正当性区间(占比 38.6%),因此,整体上判断我国在"一带一路"沿线国家(地区)企业的组织正当性水平偏低。

3.3.2.4 样本企业的国际化绩效测度

本次问卷调查表,同样设计了 36 个主观测量选项,通过企业"走出去"前后阶段对比以及中资企业与东道国本土同行企业对比等纵横向对比方式,测度中资企业在"一带一路"沿线国家(地区)的国际化绩效,分别测度中资企业在东道国经营成本(Cost)、财务盈利绩效(Profit)、创新绩效(Innovation)和成长绩效(Growth)(见表 3 - 5)。同样采用主成分因子降维方法,分别计算得到四大绩效指标的因子得分。由表 3 - 5 可知,四大绩效指标中,创新绩效的均值和标准差都相对较高,其次是成长性、经营成本和盈利绩效。

表 3 – 5   **样本企业国际化绩效指标的描述性统计分析**

统计指标	经营成本 Cost	盈利绩效 Profit	创新绩效 Innovation	成长绩效 Growth
均值	25.185	23.121	36.491	26.638
最大值	38.514	31.842	48.051	34.566
最小值	1.625	9.098	6.864	4.938
标准差	7.545	5.807	9.477	6.676

    表 3 – 6 展示了样本企业的组织正当性得分和国际化绩效指标之间的 Pearson 相关系数,从中可以看出,样本企业的组织正当性总体水平以及各个维度水平都与企业成长绩效、创新绩效和财务盈利绩效等指标显著正相关,但是组织正当性和经营成本的关系不太显著。同时,企业国际化绩效指标与企业特征因素 (年龄) 的相关性也较为显著。

表 3 – 6   **组织正当性水平和国际化绩效指标的 Pearson 相关系数**

指标	成长绩效 Growth	经营成本 Cost	创新绩效 Innovation	盈利绩效 Profit
组织正当性 DL	1.595 ***	0.334	2.116 ***	1.078 ***
实用正当性 DLP	1.218 ***	0.167	1.450 **	0.847 **
道德正当性 DLM	1.802 ***	0.121	2.642 ***	1.151 ***
认知正当性 DLC	2.064 ***	0.424	2.790 ***	1.447 ***
企业年龄 Age	0.980 ***	− 0.197	1.370 **	0.558
企业规模 Scale	0.934	− 1.282	0.591	0.782

    注:n = 280, * 、** 、*** 分别表示在10% 、5%和1%统计水平下显著。规模和企业年龄取自然对数。

    资料来源:根据问卷调查数据和 SPSS 软件分析归纳而得。

    问卷调查的分析结果显示,"一带一路" 沿线国家 (地区) 中资企业的组织正当性水平整体偏低,其中接近半数以上样本企业的组织正当性指数为负值。同时,组织正当性水平和 "一带一路" 沿线国家 (地区) 中资企业的成长绩效、创新绩效和财务盈利绩效存在正向关系,说明中资企业在东道国获取的组织正当性水平越高,越有利于提升其国际化绩效,"一带一路" 沿线跨国中资企业亟待加强组织正当性管理。

    上述结论同样获得现有文献研究结论和典型案例企业的调查反馈支持。中资企业在东道国评价者的印象是以 "追求政治为目的""非公平竞争" 等负面印象为主（Cui & Jiang，2012）。孔建勋和张志伟（2021）针对东南亚国家的中资企业调查问卷发现，中资企业在当地经常遭遇中外员工之间的文化冲突，例如，当地员工的无故请假或旷工等现象很频繁，与中资企业的"按时到岗"等人事管理制度相悖，当地员工对中资企业的社会认同感相对较低。本书对部分样本企业的深入采访资料反映，"一带一路"沿线国家（地区）的利益相关者对中资企业正当性的认知和接纳程度不高（见表3-7）。

表3-7   我国"一带一路"沿线国家（地区）企业的组织正当性缺失表现

影响因素	具体表现	典型事件
中资企业自身能力特征	①制度学习模仿障碍：中资企业对东道国法律法规、道德规范、文化价值观等理解、学习和模仿能力相对不足；②制度合规建设不足：中资企业自身对海外制度合规建设意识淡薄，部分企业为抢夺海外项目而无视国际规则与市场规律	部分中资共享单车企业在"一带一路"沿线国家（地区）违反当地市场竞争和行业管理规则；中国建设银行在国际化初期，缺乏国际化人才，不太熟悉东道国金融管理规则，对当地的金融环境和管制条例理解不足，遭遇很多金融管制，国际化进展缓慢等
东道国政府、媒体和公众行为	①政府歧视和差别对待：反倾销（反补贴）、贸易（技术）封锁、知识产权诉讼（谢建国，2007；吴中南，2004）；出台针对中资企业的跨国子公司注册和跨国并购审查等歧视性政策或条款；②东道国居民偏见：政治外交关系特殊时期的反华事件等	"一带一路"沿线国家（地区）对中国建设银行的金融监管条例比当地本土银行更加苛刻；"一带一路"沿线国家（地区）多次因本土经济军事环保安全等理由拒绝中资企业的跨国并购申请；万华化学收购匈牙利公司遭遇西方媒体不实报道；越南、泰国、印度尼西亚和印度等特殊时期驱逐华企事件；柬埔寨居民抗议中国公司拆迁事件；缅甸居民反抗中国电力投资集团的密松水电站建设事件等
消费者行为	东道国消费者对中资企业品牌形象的不信任和抵制等（杜晓君和刘赫，2012）	20世纪90年代"温州鞋""中资摩托"等国际负面品牌形象和不合规经营行为留给沿线国家消费者的负面认知印象；三一重工因为劳工问题、管理制度和创新形象等问题，被东道国客户抵制；共享单车小黄车等因为过多模仿而非追求创新而被东道国消费者拒绝消费
市场主体行为	商业关系歧视和合作抵制：东道国产业协作（供应）商终止对中资企业的合作或代理关系；对中资企业的身份和所有权等歧视或合作抵制	东南亚和中东欧部分国家的主流通信设备销售渠道商终止对华为产品的代理销售合作；东南亚、中东欧等供应商对中资企业的产品（服务）质量等印象有逐年改善趋势，但仍不太信任其技术创新实力

续表

影响因素	具体表现	典型事件
非政府组织行为	资质认证拒绝、行业协会抵制、企业社会责任或环保安全谴责等	百隆东方等纺织企业开拓印度市场时遭遇当地行业协会抵制；不少中资企业在非洲国家的投资或采矿行为曾遭遇国际环保组织抵制
海外员工行为	海外员工不服从或管理层辞职，工会罢工、股东退出等	部分中资企业跨国并购后出现母子公司管理冲突和东道国管理层辞职现象；海天集团在欧洲和东南亚等海外子公司曾出现中外员工管理文化冲突

资料来源：根据调研访谈和文献案例研究资料整理归纳而得。

　　例如，2010 年中资企业在柬埔寨投资开发一项商务房地产项目中，遭遇当地政治派系势力、当地居民、非政府组织和西方国家主流媒体等多方利益相关者关注，通过炒作 "中国因素"，对中资企业投资正当性进行大肆报道和抗议，甚至上升到对 "中国产品" 的消费抵制。宁波海天集团等中资企业曾反映其在国际化进入阶段（2005~2012 年），以母国企业身份注册海外子公司或开展跨国并购，遭遇西亚和中东欧等沿线东道国行政部门的特别审查或差别性对待，导致投资审批失败风险上升。当然，随着时间的推移，"一带一路" 沿线国家（地区）对中资企业的实用正当性水平评价有所上升。例如，本书 2018~2021 年对浙江跨国企业的实地调研访谈资料显示，部分中资企业反映东道国消费者对 "中国制造" 产品有优先购买倾向，认为其产品 "物美价廉"，赞誉中资品牌，比如，近年来华为、小米、佳音、奥克斯等中资手机和家电品牌在东南亚、西亚和非洲等地区的销售规模和口碑持续上升。越南、泰国、新加坡等沿线东道国政府专门出台行政便利和政策优惠措施，鼓励中资企业去当地开展生产投资和技术贸易交流，相关国家（地区）的产业协作（供应）商优先与中资企业达成战略合作等。同时，也有不少中资企业反映其在东道国获得了高声誉的资质认证、加入东道国行业协会以及成为高声誉国际非政府组织成员等社会认可行为。中资企业的海外员工比例持续增长，海外员工对中资企业的情感支持和归属感有所增强。

3.3.3 "一带一路"沿线国家（地区）中资企业的组织正当性缺失成因分析

改革开放以来，随着中国经济发展速度加快和产业转型升级不断推进，部分行业技术变革和产品创新不断追赶国际前沿水平，中资企业的竞争力和品牌影响力正在提升，但东道国利益相关者对其认知有一定的滞后性，需要一个过程，整体上对中资企业"低端产品""质量差""技术落后""知识产权保护不力"等负面组织形象仍然比较深刻。近期随着全球贸易保护主义回潮和西方发达国家的负面舆论引导，"一带一路"沿线国家（地区）针对中资企业的贸易摩擦和投资合作抵制又有所升级。本书认为，"一带一路"沿线国家（地区）中资企业的组织正当性缺失原因主要体现在制度学习和认知沟通障碍、政治外交风险和负面来源国形象以及中资企业自身资源禀赋和战略管理能力差异三个方面。

3.3.3.1 制度学习和认知沟通障碍

中国与"一带一路"沿线国家（地区）之间的制度距离以及东道国内部制度复杂性，使得很多中资企业面临母国和东道国的双向制度同构压力，特别是对母国总部的资源依赖性较强的中资跨国企业，往往坚持母国制度文化标准下的行为和做法，从而引发双向沟通和认知障碍（孔建勋和张志伟，2021）。中国企业独特的治理结构也容易引发海外利益相关者身份歧视。例如，国际化初期联想集团和中远集团的组织身份在发达国家被认为是"低端产品"、"政府参与"和"不良的治理机制"等负面标签（杜晓君等，2015）。山东企业万华化学（集团）股份有限公司并购匈牙利的宝思德化学公司时，引发匈牙利政府、媒体、竞争对手、融资机构等多方利益相关者的误解和行动抵制（闫国栋，2014；张晓涛，2018）。在越南、泰国、印度、马来西亚、印度尼西亚、菲律宾等亚洲国家，由于多年的殖民历史原因，出现了印度文化、伊斯兰文化、儒家文化、佛教文化以及近现代西方殖民文化等相互影响的多元文化，加大了中国与相关国家之间的跨国文化距离和沟通交流障碍。

制度距离容易导致中资企业集团内部的跨国员工和管理层因语言、生活方式、习俗、宗教信仰、信念等不同而产生疏离感，进而导致海外员工对中资企业总部的抵触情绪，引发内部正当性危机（孔建勋和张志伟，2021）。

3.3.3.2　政治外交风险和负面来源国形象

"一带一路"沿线国家（地区）在全球政治经济军事资源竞争中的战略地位比较突出，国别政治外交关系复杂多变，国内政局相对不太稳定，地方武装、民族冲突和宗教文化信仰等冲突事件屡有发生。中国与当地国家（地区）的政治外交关系以及母国政治正当性往往对中资企业正当性形成声誉溢出影响（见表3－8）。例如，近年来西方发达国家为首的主流媒体大肆报道"中国威胁论"，刻意宣传扩大中西方意识形态差异，增强海外国家（地区）政府和民众对中资企业的负面印象和误解（汪涛等，2012；闫国栋，2014；杜晓君等，2015；陈欧阳和金洁，2017；李玉刚和纪宇彤，2018；张晓涛，2018；魏江等，2020）。我国中兴和华为等网络信息技术企业因为"来源国身份""信息安全"等问题而遭遇欧美、澳大利亚等沿线市场抵制；欧洲不少国家以军事、经济、环保、安全等理由，加大对中资跨国并购项目的特别审查。在东南亚和西亚等"一带一路"沿线国家（地区），中国与相关国家（地区）的历史渊源或政治外交关系变化，也容易引发特殊时期当地政府和民众对中资企业的偏见、歧视和暴力驱逐事件。

表3－8　　　中资企业开拓"一带一路"沿线国家（地区）市场的
正当性危机事件

典型事件	正当性危机描述	危机来源	逻辑根源
新疆棉事件	2019 年国际棉花良好发展协会（BCI）指责中国企业生产棉花过程中使用童工和违反人权行为，不符合行业采购标准，要求国际棉花采购供应商集体抵制使用新疆棉花	第三方行业协会和客户集体抵制	中西方政治博弈和意识形态差异
中国电力投资集团	2009 年中国电力投资集团在缅甸的密松水电开发项目遭到当地民众的示威反抗	东道国地方民众、国际非政府组织、东道国政党势力团体等冲突、抗议和抵制	制度复杂性，包括地方保护主义、东道国政局动荡和西方媒体误导宣传等

续表

典型事件	正当性危机描述	危机来源	逻辑根源
江丰电子	公司生产的半导体材料产品开拓日本市场时,曾遭遇当地行业质量(技术)认证门槛,难以融入当地供应链网络	国际行业协会(供应链客户)抵制	负面来源国印象和制度标准差异引发的偏见和歧视
舜宇集团	开拓印度市场时,为规避中印政治外交风险影响,选择远离印度首都新德里的南部城市作为投资基地	东道国公众抵制	双边政治外交关系形成的负面来源国印象和关系歧视
海天集团	开拓印度市场时,曾遭遇中资企业身份歧视,注册海外子公司受阻;在欧洲子公司内部,曾出现中外员工文化冲突	东道国政府管理机构和海外员工的偏见和歧视	负面来源国形象和国别文化价值观差异引发的关系歧视
百隆东方	在开拓印度市场时,曾遭遇当地行业协会抵制而被迫退出	行业协会合作抵制	国别行业竞争引发的组织身份歧视和本土保护主义

资料来源:根据调研访谈和文献案例研究资料整理归纳而得。

3.3.3.3 中资企业自身资源禀赋和战略管理能力差异

在同样的东道国制度文化环境下,"一带一路"沿线国家(地区)企业的组织正当性水平也存在较大差异,说明企业自身资源禀赋和战略管理行为对组织正当性也存在重要影响。首先,部分国家(地区)中资企业的组织正当性管理意识和能力相对薄弱。中国几千年历史文化底蕴、固有的东方思维模式和社会主义市场经济等特色制度文化特征,对"一带一路"沿线国家(地区)中资企业形成了深刻的母国文化烙印,导致中资企业整体上对东道国制度的学习模仿同构意愿和能力都相对较低(王雁南等,2020)。中资企业的国际化起步较晚,企业在国际化经验方面相对薄弱,对东道国制度文化环境和消费者偏好等感知能力、应变能力和动态管理能力都相对较弱,企业在国际品牌建设和广告宣传等方面也缺乏管理经验。同时,企业所在的行业属性特征,如消费者敏感度、政治敏感性等,也会造成组织正当性水平的差异。部分中资企业盲目追求短期利益,无视东道国或国际主流规则,肆意开采东道国自然资源,缺乏环保安全和社会责任理念,也会造成组织正当性水平低下。其次,中资企业对组织正当性战略的运用能力也存在较大差异。部分中资企业通过合理运用东道国正当性战略,取得了显著效果。但是也有不少中资企业在开拓沿线市场中，因为组织正当性战略管理不足而导致项目失败或经济损失。例如，2009 年中国海外工程有限公司竞标波兰高速公路项目时，对东道国和国际法律的组织学习能力不足，导致低价中标的项目遭遇预算超支而被迫停工，并被东道国高额索赔。2004 年中国上海汽车集团成功收购韩国双龙公司，但是两国之间的文化差异和民族情绪，引发东道国劳资纠纷。2009 年中国电力投资集团在缅甸的水电站工程建设，因无法协调当地中央政府、地方势力、周边民众等多重利益群体的文化理念冲突而搁浅（陈欧阳和金洁，2017；鲁文禅，2019）。

综上所述，加强组织正当性管理，对"一带一路"沿线国家（地区）企业提升国际化绩效、实现海外长久稳定发展有着非常重要的现实意义。

第 4 章

"一带一路"沿线国家（地区）中资企业获取组织正当性的影响因素诊断

本章主要通过问卷调查和大样本实证检验，探讨"一带一路"沿线国家（地区）中资企业获取组织正当性的关键影响因素，形成研究结论。

4.1　研究背景

经过 9 年多的建设，中资企业在"一带一路"沿线国家（地区）市场的贸易投资规模迅猛增长，海外贸易投资总量已经跃升为全球第二大对外投资国。我国经济和社会发展"十四五"规划更是明确指出：坚持"共商、共建、共享"原则，秉持"绿色、开放、廉洁"理念，推动共建"一带一路"高质量发展。但是，根据前面第 3 章的实证分析，目前中资企业在"一带一路"沿线国家（地区）的组织正当性整体水平仍相对偏低。"一带一路"沿线国家（地区）中资企业获取组织正当性主要面临哪些障碍因素？中资企业如何更好地融入"一带一路"市场？相关研究仍有待深入。根据第 2 章的综合理论分析框架，EMNEs 的组织正当性水平主要与制度环境（制度距离和制度复杂性）、企业战略管理、企业资源禀赋特征三大影响因素密切相关。制度环境是影响组织正当性的客观（基础性）因素，企业战略管理行为和资源禀赋特征对制度环境和组织正当性关系具有调节影响。作为典型的

EMNEs，中资企业在组织正当性管理中同样面临上述因素的影响或调节。比如，现有文献认为，制度距离对中资企业获取组织正当性至关重要（李雪灵和万妮娜，2016），中资企业在发达国家缺失组织正当性的主要因素包括政治风险、负面来源国效应、民族中心主义和信任缺乏等（杜晓君等，2015）。制度模仿同构与中国上市公司的国际化程度和绩效存在显著的正向调节关系，企业关系网络、组织正当性与企业国际化绩效之间存在显著影响关系（陈立敏等，2016）。中资企业获取组织正当性主要有三大模式：一是制度规避，即中资企业在不同的制度环境中作出选择；二是制度同构，即中资企业调整自己的结构、行为和策略以更好地适应东道国制度环境；三是制度创业（创新），即中资企业主动创建或使用网络来创新和生成制度环境，进而获取组织正当性（杜晓君等，2015）等。但是，现有研究大多停留在中资企业整体层面，没有深入到"一带一路"沿线国家（地区）制度环境进行特定考察，而且相关研究也缺乏对多个影响因素的逻辑关系分析，尚未全面揭示中资企业获取组织正当性的关键因素。

本书综合第 2 章的综合理论分析框架和第 3 章的案例研究结论，进一步利用"一带一路"沿线国家（地区）中资企业的大样本问卷调查数据，引入正式和非正式制度距离、企业关系网络、企业战略管理、企业国际化经验等多个影响变量，对"一带一路"沿线国家（地区）中资企业获取组织正当性的关键因素进行统计回归分析，主要从微观视角为"一带一路"沿线国家（地区）中资企业获取组织正当性提供经验证据，为我国下一阶段高质量推进"一带一路"建设和企业国际化战略管理提供决策参考。

4.2　理论假设

4.2.1　制度距离和沿线中资企业正当性

根据第 2 章的理论分析，母国和东道国在政治、经济、法律等正式制度差异以及社会规范、惯例或产品（服务）标准等非正式制度差异引起的制度距离越大，东道国利益相关者对跨国企业的行为认可越困难，对跨国企业的产品（服务）及其组织形象的信任感越低，进而跨国企业的组织正当性水平越低（周经和张利敏，2014）。

4.2.1.1　正式制度距离和"一带一路"沿线国家（地区）中资企业正当性

作为典型的 EMNEs，"一带一路"沿线国家（地区）中资企业是在母国特色社会主义国家的政治、经济和法律制度环境下成长和发展起来的。根据第 3 章的制度环境分析，"一带一路"沿线国家（地区）的制度环境较为复杂多元，包括发达经济体、新兴经济体和欠发达经济体三种类型，部分国家制度环境相对稳定，制度复杂性低，但也有不少国家（地区）的制度环境不太稳定，市场经济不够发达，制度缺失问题较为严重。中国与"一带一路"沿线国家（地区）存在较为显著的正式制度距离，包括社会主义民主集中制和西方民主选举制、成熟市场经济和转型市场经济、大陆法律体系和欧美法律体系等差异、呈现母国和东道国制度顺差、制度逆差等不同情景。因此，根据第 2 章的理论分析，"一带一路"沿线国家（地区）中资企业嵌入的母国和东道国正式制度距离越大，中资企业认识、了解、学习并模仿东道国正式制度的难度越大，信息不对称越严重，行为惯例和产品标准等双向认可的时间磨合期越长，东道国利益相关者对中资企业的信任感越低，排斥心理越强。同时，正式制度距离也容易引发双边国家的政治外交关系摩擦，中国政府对"一带一路"沿线国家（地区）中资企业提供的一些国际化政策支持，包括跨国融资、安保或海外风险管理服务等多个方面，很难获得东道国政府认可，继而赢得当地政策法或法律外交保护（李世杰等，2019）；有些甚至更容易引发东道国政府和商界对中资企业行为的非商业导向猜测，继而使得中资企业遭遇更高级别的监管审查或关系歧视，进而失去组织正当性（王海军，2012）。

4.2.1.2　非正式制度距离和"一带一路"沿线国家（地区）中资企业正当性

由于中西方文明起源、价值观和意识形态等历史进化差异以及"一带一路"沿线国家之间的政治经济外交等历史渊源纠葛，中国和"一带一路"沿线东道国的非正式制度距离往往也较为复杂，尤其在隐性的社会道德规范、宗教信仰、公司治理文化、市场经济行为意识、行业惯例等多个方面，中资企业和"一带一路"沿线很多东道国利益相关者存在较为显著的文化理念或价值观冲突，形成"外来者""后来者"甚至"来源国"劣势。比如，中东地区多数国家宗教信仰和习俗对当地人们的生活和工作影响深远。部分中资企业可能对当地宗教文化了解不足，在工作安排上没有充分考虑宗教节日和祈祷时间等因素，引起当地员工不满。当地文化可能更强调家族和部落关系，在人力资源管理方面，当地人可能期望企业能给予家族成员或同部落人员更多机会和照顾；而中资企业通常更倾向于基于能力和业绩的用人标准，这种差异容易导致当地员工认为中资企业不尊重当地文化和传统，从而产生冲突。跨国文化冲突引发的非正式制度距离越大，"一带一路"沿线东道国对中资企业的身份、行为、惯例或价值观的社会认同越低，合作关系障碍越大，中资企业的组织正当性水平越低（肖红军，2014）。特别是当两国文化认知背后的制度逻辑有根本性冲突时，这种关系障碍就可能对中资企业的组织正当性评价形成长期的负面影响且很难消除。特别是中资企业进入"一带一路"沿线发达经济体时东道国利益相关者对中资企业的产品质量、经营行为、治理结构、环保安全标准和公司信息披露等多个方面产生质疑，甚至认为与这些中资企业合作容易损害自身形象，从而降低合作意愿。同时，中资企业某些独特竞争优势如大规模生产、低成本制造、快速模仿等，容易挑战发达经济体的传统认知，降低合作意愿（李琳和郭立宏，2021）。当然，中国与亚非拉等"一带一路"沿线发展中国家的双边政治经济外交关系大多处于良好状态，母国和东道国政府基于共同利益合作密切，对中资企业在相关国家的组织正当性形成正向溢出效应。基于上述分析，提出以下研究假设：

假设 H1：正式制度距离与"一带一路"沿线国家（地区）中资企业正当性具有负向关系。

假设 H2：非正式制度距离与"一带一路"沿线国家（地区）中资企业正当性具有负向关系。

4.2.2　企业自身行为特征对制度距离和组织正当性的调节影响

根据第 2 章的理论分析，企业自身的资源禀赋特征及其战略管理行为，能够对制度环境和组织正当性水平形成调节影响。"一带一路"沿线国家（地区）中资企业的资源禀赋特征主要体现为企业国际化经验（知识积累）、企业网络资源（社会资本积累）、企业自身独特竞争优势（企业拥有的行业地位、品牌形象和创新能力等）、企业高管团队能力素质等多个方面。东南亚国家是中资企业拓展"一带一路"沿线国家（地区）市场的重点区域，这些国家本身拥有大量的华人华侨网络，对中资企业提升国际关系网络形成比较优势。同时，"一带一路"沿线国家（地区）中资企业不少是从原来的欧美市场转向"一带一路"沿线市场，国际化时间较长，国际化经验积累相对丰富。"一带一路"沿线国家（地区）部分中资企业在开拓"一带一路"沿线市场之前，本身在行业地位、品牌建设和创新能力上获得了质的突破，具备较好的竞争优势。企业自身的国际化经验和资源禀赋优势，很大程度上可增进中资企业与东道国利益相关者的信息沟通、文化融合和相互信任，降低非正式制度距离引发的组织正当性危机（赵卫宏等，2020）。在同样的东道国制度环境下，拥有更多比较优势和丰富资源禀赋的中资企业，其组织正当性的获取能力往往越强，组织正当性水平越高。因此，中资企业自身资源禀赋特征对非正式制度距离和中资企业正当性关系具有正向调节作用。同时，企业自身的战略管理行为，也可以减少制度环境带来的信息沟通障碍、信任障碍、关系歧视和认知障碍，提高组织正当性水平。近年来，随着我国对"一带一路"建设的重视和制度文化调研的深入，"一带一路"沿线国家（地区）中资企业在"走出去"前期的国际化调研、东道国区位选址和国际化进入模式选择等战略管理行为显著增加。国际化进入后的本土化治理、声誉重构、身份变革、组织制度设计、修辞策略和企业社会责任活动报告等多种形式的组织正当性策略运用也越来越丰富，一定程度上对制度环境和组织正当性关系形成正向调节作用。基于上述分析，提出以下两大研究假设：

假设 H3：企业资源禀赋特征对制度距离和"一带一路"沿线国家（地

区）中资企业正当性关系具有重要调节作用，但调节方向不确定。

假设 H4：企业战略管理行为对制度距离和"一带一路"沿线国家（地区）中资企业正当性关系具有重要调节作用，但调节方向不确定。

4.2.3 企业关系网络对制度距离和组织正当性的中介影响

跨国企业处于三种复杂的网络关系中，一是政府之间形成的外交关系网络，二是母公司和海外子公司构成的网络，三是海外子公司在东道国的市场网络（张红娟等，2015）。外来者劣势下的制度隔离会带来网络协调困难并增加治理成本（李梅和余天骄，2016）。海外子公司之间通过网络关系特别是研发网络进行资源共享和信息传递，应对东道国遭遇的政治文化冲突和其他不确定性风险，降低获取组织正当性的成本。基于网络视角的研究认为，国内外市场网络关系是国际化的必要条件，与外商企业存在更多联系的企业有利于对外投资（Du et al.，2021）。处于网络中的企业能够与合作伙伴共同创建一个潜在的知识库，从而使中资企业能够从超越自身组织边界的信息获取中受益（Johanson & Vahlne，2009），这种关系网络可以产生信任度的积极信号效应，即企业在网络中的地位提高了与新合作伙伴交易的可信度（Jensen，2008）。利用海外社交和商业网络的能力对于企业的国际竞争越来越重要（Gaur er al.，2018），商业网络使企业能够获得国外市场的战略信息，筛选商业机会，评估国家和商业风险，并实施相应的对外投资战略（Al－Laham & Souitaris，2008）。为了获取网络利益，企业凭借"在一个或多个相关网络中站稳脚跟"来巩固自身地位并获取组织正当性，巩固企业在东道国的网络关系有助于应对在陌生市场中面临的挑战（Forsgren，2016；Johanson & Vahlne，2015）。增加母国政府代表机构与东道国政府的接触频率，可帮助中资企业拓展东道国政治、商业等社会关系网络。在组织正当性危机发生时，借助母国高层政府或涉外政府代理机构形成的关系网络开展政治谈判或沟通交流，可以改善与东道国政府的关系，也可以通过企业社会责任活动或媒体网络宣传，运用适当的语言修辞技巧，改变东道国利益相关者的认知和评价标准（Oparaocha，2015）。

　　企业正当性战略管理行为的合理运用，可以有效降低信息不对称和关系障碍引发的组织正当性危机。解决信息不对称的正当性战略主要包括三类：一是制度调研，即中资企业在"走出去"之前，事先加强对东道国制度环境的调研，加强制度学习；二是制度规避（区位选址），即中资企业在选择东道国时，尽量选择与母国在地理、制度或文化相近的国家进行国际投资，避开制度文化差距较大的国家（地区）；三是国际化进入模式选择，结合不同特征的东道国制度环境，中资企业选择直接进入或委托代理等不同模式进入东道国（Chan & Makino，2017）。直接进入模式是指中资企业以来源国组织身份或品牌形象直接在东道国设立销售（服务）中心或新设制造（研发）基地，不借用第三方中介平台的模式。委托代理模式则是借助东道国市场主体或第三国组织中介机构，以合资、参股、跨国并购等方式进入东道国（段茹和李华晶，2019）。这种进入模式有利于淡化"外来者"身份的缺陷，通过代理组织的声誉或品牌获得组织正当性（Francisco，2021）。一般来说，跨国制度距离引发的信息不对称越严重，中资企业选择委托代理模式进入，更有利于提高组织正当性。降低关系障碍引发的组织正当性危机战略主要包括三类：一是本土化战略，即中资企业的海外子单元，尽量实行东道国自治或人力资源本土化，减少内部管理成员的文化认知冲突（武亚军，2009）；二是商业关系网络战略，即中资企业尽量与东道国商业机构（供应商、客户或竞争者）加强联系，建立良好关系（包群和但佳丽，2021）；三是非政府组织关系网络战略，即中资企业与东道国的非政府组织加强联系，建立良好关系（刘存福，2019）。如企业参与履行各种社会责任从而提高自身声誉，通过身份变革战略获得东道国相关行业或品牌质量认证，成为国际主流非政府组织的会员等（Fang & Chimenson，2017），在此基础上深入探讨被调节的中介效应。海外市场的制度限制会影响中资企业的战略（Hsu et al.，2015），积极实施战略管理的企业会努力通过制度协调、语言修辞、文化适应等方式建立与东道国之间的网络关系，增强组织正当性。企业正当性战略不强的企业只关注本企业的绩效，忽视正当性战略的实施，拓展关系网络的意愿不强，与东道国市场主体支架的交流不通畅，正当性水平不高。企业即使制定了正当性战略，由于企业成员对正当性战略缺乏支持和认同，不能将企业战略转化为主动的经营理念和行为，导致企业正当性表现较差。基于上述分析，进一步提出以下假设：

假设 H5：企业关系网络对制度距离和组织正当性具有中介影响。

假设 H6：企业正当性战略正向调节企业关系网络和组织正当性关系。

4.3　实证方案设计

根据前面的理论背景和研究假设，进一步明确实证关系模型、样本数据来源以及相应的变量指标测度。

4.3.1　实证模型构建

考虑到数据可获得性，本书重点探讨以下变量之间的理论关系模型（见图4-1），通过设立多层次计量回归方程模型，重点考察正式和非正式制度距离、企业关系网络资源、企业国际化经验、企业正当性战略等因素对"一带一路"沿线国家（地区）中资企业的组织正当性影响。

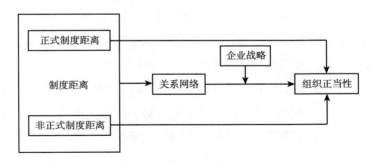

图4-1　变量之间的逻辑关系

下面的模型（4-1）检验正式制度距离对"一带一路"沿线国家（地区）中资企业正当性的影响；模型（4-2）加入企业正当性战略行为及其与正式制度距离的交互项，检验企业正当性战略对正式制度距离和组织正当性关系的调节作用；模型（4-3）检验非正式制度距离对"一带一路"沿线国家（地区）中资企业正当性的影响；模型（4-4）加入企业国际化经验及其与非正式制度距离的交互项，检验企业国际化经验对非正式制度距离和组织正当性关系的调节作用；模型（4-5）和模型（4-6）分别检验中资企业进入方式和行业属性差异背景下正式和非正式制度距离对组织正当性影响的差异性。

$$Y_i = \alpha_1 + \beta_1 S_i + \sigma_1 SCA_i + \lambda_1 A_i + \varepsilon_1 \qquad (4-1)$$

$$Y_i = \alpha_2 + \beta_2 S_i + \gamma_1 ST_i + \omega_1 S_i \times ST_i + \sigma_2 SCA_i + \lambda_2 A_i + \varepsilon_2 \qquad (4-2)$$

$$Y_i = \alpha_3 + \beta_3 H_i + \sigma_3 SCA_i + \lambda_3 A_i + \varepsilon_3 \qquad (4-3)$$

$$Y_i = \alpha_4 + \beta_4 H_i + \gamma_2 E_i + \omega_2 H_i \times E_i + \sigma_4 SCA_i + \lambda_4 A_i + \varepsilon_4 \qquad (4-4)$$

$$y_i = \alpha_5 + \beta_5 S_i + \gamma_3 ST_i + \omega_3 S_i \times ST_i + \sigma_5 SCA_i + \lambda_5 A_i$$
$$+ \delta_1 D_{i1} + \delta_2 D_{i2} + \delta_3 D_{i3} + \phi_1 T_i + \varepsilon_5 \qquad (4-5)$$

$$y_i = \alpha_6 + \beta_6 H_i + \gamma_4 E_i + \omega_4 H_i \times E_i + \sigma_6 SCA_i + \lambda_6 A_i$$
$$+ \theta_1 D_{i1} + \theta_2 D_{i2} + \theta_3 D_{i3} + \phi_2 T_i + \varepsilon_6 \qquad (4-6)$$

其中，Y_i 表示中资企业正当性指数，S_i 表示正式制度距离，ST_i 表示企业正当性战略行为，H_i 表示非正式制度距离，E_i 表示企业国际化经验。投资方式会影响中资企业正当性，企业进入东道国的方式主要包括四种，分别是设立海外营销中心、绿地投资、跨国并购、与当地企业或供应商合资建厂，这里引入虚拟变量 D_{i1}、D_{i2} 和 D_{i3} 分别反映企业国际化进入方式类型，其中 D_{i1} 表示设立海外营销中心，D_{i2} 表示绿地投资，D_{i3} 表示跨国并购。T_i 表示行业属性，高新技术企业取值为 1，传统制造业取值为 0。SCA_i 表示企业规模，用职工总人数来衡量；A_i 表示企业跨国经营时间。同时，在现有研究的基础上，构建以下计量模型，考察企业关系网络对制度距离和组织正当性的中介影响，以及企业正当性战略对企业关系网络和组织正当性的调节影响。

$$Y_i = \alpha_3 + \theta_1 ST_i + \phi_1 N_i + \omega_1 ST_i \times N_i + \delta_3 X_i + \varepsilon_3 \qquad (4-7)$$

$$N_i = \alpha_4 + \beta_3 S_i + \delta_4 Control_i + \varepsilon_4 \qquad (4-8)$$

$$N_i = \alpha_5 + \gamma_2 H_i + \delta_5 Control_i + \varepsilon_5 \qquad (4-9)$$

式（4-7）、式（4-8）、式（4-9）中，Y_i 表示企业正当性指数，N_i 为企业关系网络。同时，企业关系网络对组织正当性的影响受到企业正当性战略 ST_i 的调节，构建企业关系网络和企业正当性战略的交互项 $S_i \times N_i$ 来验证调节作用，Hi 为非正式的制度距离。控制变量 $Control_i$ 主要包括企业国际化人才占比 Int_i 和企业规模 Sca_i 等指标。

4.3.2 变量指标测度

4.3.2.1 正式制度距离

目前，学术界关于正式制度距离的衡量指标并不统一，存在多种指标体系，其中有世界银行每年发布的全球治理指标（WGI）、PRS 集团（Political Risk Services Group）所测量的国家风险指数以及美国和平基金会提供的脆弱国家指数（Fragile States Index）等。在以上的指标体系中，WGI 全球治理指标更为系统，并且能够很好地与非正式制度距离（文化距离、心理距离等）区分开，所以应用较为广泛。在本书中，正式制度距离用中资企业母国与东道国的全球治理指数（WGI）的差额绝对值取对数来表示。WGI 包含六个维度，分别是话语权与责任、政治稳定性与不存在暴力、政府效率、规制质量、法治、腐败控制，该指标数据从民主、政治和法律等维度对一国进行综合评分，在一定程度上反映了母国与东道国之间的正式制度距离。这一值越大，说明母国与东道国之间的正式制度距离越大。如果两国政治、规则和法律层面得分相近，企业面临的正式制度距离越小，意味着两国在政府政策、市场规则等方面的差异较小，企业突破正式制度距离进行市场开拓的成本越小。

4.3.2.2 非正式制度距离

参考相关研究文献，本书也采用文化距离来衡量非正式制度距离，两国非正式制度距离越小，双方的文化认同感越强。选用霍夫斯泰德指数（Hofstede，1983）衡量一个国家的文化特征。霍夫斯泰德指数包括 6 个维度：权力距离、不确定性规避、个人主义与集体主义、男性化与女性化、长期取向与短期取向、自身放纵与约束，每个国家的文化特征在 6 个维度均有相应得分，在此基础上借鉴古特和辛格（Kogut & Singh，1988）的计算方法，测算非正式制度距离见式（4-10）。

$$IF_i = \frac{\sum_{i=1}^{6}\left[\dfrac{I_{ij} - I_{ic}}{U_i}\right]}{6} \qquad (4-10)$$

其中，I_{ij} 代表投资目标国 j 的第 i 个纬度得分，I_{ic} 代表中国第 i 个文化纬度得分，U_i 代表第 i 个纬度得分的总方差。

对两国 6 个维度总分差的绝对值取对数，即得到两国非正式的制度距离。这一值越大，东道国和母国之间的文化差异越大。每个国家的文化特征在 6 个维度均有相应得分。

4.3.2.3　企业国际化经验

企业国际化经验主要是指企业拥有的国际化知识和能力，是非正式制度距离发挥作用的调节途径。本书选取问卷中"企业国际化经验丰富"等 6 个测量选项，采用因子分析法测算中资企业的国际化经验指数。

4.3.2.4　企业正当性战略

企业在东道国进行制度调研、区位选择和委托代理模式均可视为组织正当性战略，是正式制度距离发挥作用的调节途径，选取调查问卷中"企业对外投资之前对东道国展开详细调研"等 10 个问题，采用因子分析法测算中资企业正当性战略指数。根据问卷数据提取得到 3 个因子，3 个因子的 KMO 检验的 MSA 值为 0.800，巴特利特球度检验值为 375.594（df 为 45，p 值为 0.000）。在满足特征值大于 1 的前提下，使用正交方差最大法（Varimax）旋转提取出的因子解释了总方差的 73.229%，Cronbach's 的 alpha 值为 0.887，说明子量表的信度较好。

4.3.2.5　企业关系网络

企业国际关系网络包括母公司与子公司之间、海外子公司之间以及子公司和东道国政府、非政府组织之间的关系网络（Brouthers & Nakos，2005）。一方面，企业海外经营时间在一定程度上体现了企业对海外市场的了解程度，海外业务拓展时间越长，其形成的关系网络越有利于信息和资源共享，企业越能掌握海外市场的变化规律和政策倾向，从而更好地避免由于信息不对称造成的正当性缺失（Wang & Young，2013）。另一方面，海外分支机构如分公司、研究所等通过收集同类产品信息、主要竞争对手策略、当地市场需求新趋势以及当地管理部门推出的保护和限制性措施，从而采取相应的措施增加企业正当性，因此，本书用企业海外经营时间与企业国外分支机构的乘积测度企业关系网络指标。

4.3.3　数据来源说明

研究选取在"一带一路"国家（地区）有投资业务的跨国企业进行调查，企业年营业收入均在 20 亿元以上，并对国有企业和民营企业进行分类，国有企业问卷中，问卷设计体现出国家政策对企业战略的影响，民营企业问卷中，关注企业自身战略方向与国家战略之间的协调和统一。问卷填写人员均为对公司业务比较了解的中层及以上管理人员，根据中国商务部官方网站公布的对外投资企业名录，使用微信、E-mail、现场发放问卷、面谈、电话访谈等多种方式开展调研活动。调研期间，课题组成员分别赴上海、广州、青岛、深圳等城市进行实地考察，了解企业在"一带一路"跨国投资过程中的正当性问题及解决方案，同时对越南、印度、新加坡随机抽取样本进行问卷调查，问卷发放时间为 2019 年 2 月～2021 年 9 月，3 年收集的问卷数量分别是 107 份、171 份和 104 份，各年份调查企业无重复。为解决因时间点不同造成的回归误差，文章对绩效数据（经营成本、财务盈利绩效、创新绩效和成长绩效）进行处理，以 2019 年不变价格为基础消除进行平减。问卷调查表里面设置了企业国际化经验、企业关系网络、国别制度环境特征、企业正当性战略等相关指标的问卷测量选项（见附录 1）。根据问卷调查数据，运用 SPSS 软件进行因子分析，构建相关指标指数。

4.3.4　信度和效度检验

信度是表明衡量评价工具质量的重要指标，主要指测验结果的前后一致性程度，而效度是指一个测验或测量工具能真实地测量出所要测量的事物的程度，即有用性。Cronbach's α 信度分析用于研究定量数据（尤其是态度量表题）回答的可靠性和准确性，如果此值高于 0.8，则说明信度高。KMO 是做主成分分析的效度检验指标之一，如果此值在 0.9 以上，表示非常适合做因子分析；在 0.8 ~ 0.9 之间，表示很适合做因子分析；在 0.7 ~ 0.8 之间，表示适合做因子分析。经检验，组织正当性水平的 Cronbach's α 信度系、KMO 值、Bartlett 球形度检验均为符合要求，说明所分析的变量之间存在相关关系。本文样本量（280）是变量的 10 倍以上。由此可见，本书使用问卷调查结果具有极好的内在一致性和可行性，因此，可以开展下一步分析。

4.4　实证分析

4.4.1　样本描述性统计分析

表 4 - 1 列出了主要研究变量之间的相关系数矩阵，正式制度距离与中资企业正当性指数负相关，相关系数为 - 0.411（p < 0.01），代表文化认知（非正式制度距离）的霍夫斯泰德指数与中资企业正当性成负相关，相关系数为 - 0.240（p < 0.01）。企业正当性战略与组织正当性正相关，相关系数为 0.590（p < 0.05），组织正当性发挥作用的途径主要体现在企业正当性战略中，如果企业忽视东道国的政治经济制度和文化传统，其在东道国的经营行为势必缺乏正当性，从而引起企业成本上升和绩效下滑，甚至不得不退出东道国市场。企业国际化经验与组织正当性指数成正相关，相关系数为 0.682（p < 0.05）。由变量之间的相关系数可以看出，正式制度距离、非正式制度距离、正当性战略、国际化经验是影响中资企业正当性的关键因素，企业要实现利润最大化，应充分考虑组织正当性的影响。由于组织正当性不像财务指标一样可度量，它以双方关系良好、可接纳等隐性方式呈现，因此，发现影响中资企业正当性的关键因素并通过有效的方法提高组织正当性极其重要。

表 4 - 1   主要变量相关矩阵

变量	Y_i	S_i	H_i	ST_i	E_i	A_i	SCA_i
Y_i	1						
S_i	-0.411***	1					
H_i	-0.240***	-0.602**	1				
ST_i	0.590**	0.757**	-0.580**	1			
E_i	0.682**	0.611**	-0.544**	0.764**	1		
A_i	0.062**	-0.297*	0.418**	-0.257**	-0.092	1	
SCA_i	-0.10*	-0.169**	-0.048*	-0.036**	0.012	0.041*	1

注：$n = 280$，*、**、*** 分别表示在10%、5%和1%统计水平下显著。规模和企业年龄取自然对数。

由表 4 - 2 可见，企业关系网络和组织正当性战略与组织正当性呈显著正相关，相关系数分别为 0.161 和 0.590（$p < 0.05$）。组织正当性发挥作用的途径主要通过复杂的网络关系实现，跨国公司海外子公司之间以及子公司和东道国市场之间复杂的政治、经济关系加速信息的传递，有效避免了在东道国市场面临的正当性危机。企业战略的选择对组织正当性的实现具有积极作用。组织正当性会体现在日常的生产经营活动中，如果企业遵循东道国的政治经济制度和文化传统，其在东道国的经营行为势必拥有较强的组织正当性；反之，如果选址、市场等战略不当，会造成组织正当性缺失，从而引起企业成本上升和绩效下滑，甚至不得不退出东道国市场。正式制度距离、非正式制度距离与网络关系的相关系数分别为 -0.058（$p < 0.1$）和 -0.112（$p < 0.05$），也就是说，正式和非正式制度距离对于中资企业的网络关系资源拓展存在显著的阻碍作用。

表 4 - 2   主要研究变量相关矩阵

变量	1	2	3	4	5	6	7
1. 组织正当性	1						
2. 正式制度距离	-0.102*	1					
3. 非正式制度距离	-0.240*	0.212	1				
4. 企业关系网络	0.161**	-0.058*	-0.112**	1			

续表

变量	1	2	3	4	5	6	7
5. 企业正当性战略	0.590**	-0.003	-0.580**	0.335**	1		
6. 国际化人才占比	0.012	0.106	0.301**	-0.031	-0.139*	1	
7. 企业规模	-0.010	-0.057	-0.048	0.020	-0.036	0.024	1

注：n=280，*、**、*** 分别表示在10%、5%和1%统计水平下显著，双尾检验。

由变量之间的相关系数可以看出，中资企业与东道国之间的正式制度距离或非正式制度距离、企业网络关系资源和企业正当性战略均是影响组织正当性指数的因素。

进一步运用方差分析方法，对样本企业的海外区域分布、国际化进入方式和组织正当性关系进行检验，将结果列入表4-3。Levene检验F值为3.578（P=0.12>0.05），符合方差齐性假设。根据主体间效应检验结果发现：（1）海外区域效应A影响显著（F=12.441，p=0.000），即投资不同海外区域（东南亚、非洲等）的企业正当性水平差异比较显著，组织正当性相对较高的区域是西亚和欧洲，相对较低的区域是非洲和东南亚；（2）国际化进入方式效应B也非常显著（F=30.225，p=0.000），即国际化进入方式对企业的组织正当性有显著影响，其中合资建厂的平均组织正当性指数最高，其次是绿地投资，最低是跨国并购；（3）海外区域和国际化进入方式的交互效应A×B也十分显著（F=6.533，P=0.000），即投资目标海外区域和国际化进入方式存在交互影响关系。由于Eta2B（0.630）>Eta2A（0.519）>Eta2A×B（0.303），因此，国际化进入方式对组织正当性的影响最大。

表4-3　中资企业的海外区域分布和国际化进入方式与组织正当性指数关系

海外区域	组织正当性指数均值	国际化进入方式	组织正当性指数均值
东南亚	-0.126	海外营销中心	-0.044
西亚	0.763	绿地投资	0.049
非洲	-0.269	跨国并购	-0.121
欧洲	0.253	合资建厂	0.119
北美洲	0.116		

资料来源：由调查问卷资料整理获得。

4.4.2 计量回归分析

4.4.2.1 制度距离和中资企业正当性关系实证

本书首先对正式（非正式）制度距离和中资企业正当性之间的关系进行实证检验，并引入企业正当性战略和国际化经验两大调节变量及多个控制变量依次加入模型，采用调节路径分析法进行实证检验，结果如表 4 - 4 所示。由第 2 列可以看出，正式制度距离对中资企业正当性的影响系数显著为负（-0.009），即两个国家正式制度距离越大，中资企业在东道国的正当性越小，从而验证了假设 H1。由第 3 列可以看出，正式制度距离和企业正当性战略交互项的回归系数为 0.046，即企业正当性战略对正式制度距离和组织正当性的负相关关系起到调节作用，组织正当性因企业选址、布局谋划、进入方式等战略行为得到增强，证明了假设 H2。由第 5 列可以看出，非正式制度距离对中资企业正当性的影响显著为负（-0.065），即两国之间的文化认知差异越大，中资企业在东道国经营的正当性越低，双方之间的经济关系受到文化认知差异的阻碍，从而证明了假设 H3。第 6 列回归结果表明，当加入调节变量企业国际化经验及其与文化认知的交互项时，交互项系数显著为正（0.179），说明企业国际化经验通过增强东道国的文化认知增加了组织正当性，证明了假设 H4。一个国际化经验丰富的企业知晓如何使企业行为符合东道国的规范，并能通过与东道国政府、金融机构以及第三方组织形成良好的合作关系，进而更好地融入当地文化，增加组织正当性。

表 4 - 4 正式制度距离和非正式制度距离对中资企业正当性的影响

变量	Y_i		变量	Y_i	
S_i	-0.009 **	-0.017 **	H_i	-0.065 ***	-0.166 **
ST_i		0.730 ***	E_i		0.484 ***
$ST_i \times S_i$		0.046 **	$H_i \times E_i$		0.179 **
A_i	0.149 **	0.152 **	A_i	0.045 **	0.077 **

续表

变量	Y_i		变量	Y_i	
SCA_i	− 0.018 *	− 0.009 *	SCA_i	− 0.005 *	− 0.010 *
constant	− 0.018 **	− 0.141 **	constant	− 0.010 **	− 0.023 **
R^2	0.227	0.404	R^2	0.265	0.484

注：n = 280，*、**、*** 分别表示在10%、5%和1%统计水平下显著。

稳健性检验。在前面分析的基础上，采用问卷调查结果，通过因子分析法计算出正式制度距离 S_i'，并代替 WGI 来检验正式制度距离对中资企业正当性的影响，结果见表4-5第2列。制度距离对组织正当性的影响系数为 − 0.020，即两个国家正式制度距离越大，中资企业正当性越小，进一步证明了假设 H1。分别用中资企业的实用正当性 y_1、道德正当性 y_2 和认知正当性 y_3 作为被解释变量，探索正式制度距离和非正式制度距离对组织正当性的影响方向（非正式制度距离对中资企业正当性影响的检验结果略）。结果显示：正式制度距离和非正式制度距离对实用正当性影响均不显著，而对道德正当性和认知正当性影响均显著，即两国正式制度距离和非正式制度距离与商品、服务本身的自然属性关系不大，但是与东道国的道德和情感接受程度关系密切，双方制度距离越小，东道国在道德和情感认知方面对中资企业越容易认同。

表4-5　　　正式制度距离对中资企业正当性影响的稳健性检验 I

变量	Y_i	y_1	y_2	y_3	Y_i	Y_i
S_i'	− 0.020 ***	− 0.011	− 0.028 ***	− 0.014 ***	− 0.005 ***	− 0.025 ***
ST_i	0.768 ***	0.674 ***	0.811 ***	1.270 ***	0.759 ***	0.727 ***
$ST_i \times S_i$	0.018 **	0.033 ***	0.108 ***	0.025 ***	0.012 **	0.036 ***
A_i	0.144 **	0.056 **	0.227 ***	0.173 **	0.147 **	0.140 **
SCA_i	− 0.003 *	− 0.020 **	− 0.009 **	− 0.021 *	− 0.003 **	− 0.008 *
T_i					0.051 ***	
D_{i1}						− 0.078
D_{i2}						0.079 **

续表

变量	Y_i	y_1	y_2	y_3	Y_i	Y_i
D_{i3}						0.085
constant	-0.142**	-0.138**	-0.186**	-0.178**	-0.166**	-0.153**
R^2	0.399	0.238	0.450	0.417	0.403	0.424

注：n=280，*、**、***分别表示在10%、5%和1%统计水平下显著。

由表4-5可知，高新技术企业比传统制造业更容易获取组织正当性，影响系数为0.051，原因是中国高新技术企业"走出去"能够带动技术扩散和技术创新，更能受到当地政府和消费者欢迎。广泛转移到东南亚等国家的传统制造业，对当地环境、能源消耗等造成的影响比高新技术企业面临更多非正当性问题。相对于合资建厂，绿地投资更容易获取组织正当性，影响系数为0.079，而海外营销中心和跨国并购两种进入方式对企业正当性指数的影响不显著。可能的原因是，我国绿地投资多数聘请当地人经营，中方只派出少量的管理和技术人员，因此，在经营管理方式上更接近东道国的规则和传统，而并购、合资和海外营销点均涉及管理、产权和市场层面的博弈，双方短时期内很难形成完全的利益共同体。

由于本书使用的是截面数据，因此，可能会产生异方差问题，主要原因为：（1）模型设定误差，模型的设定主要包括变量的选择和模型数学形式的确定。模型中略去重要的解释变量常常会导致异方差，省去的解释变量会纳入随机扰动项中，而如果这些影响因素的变化具有差异性，则会对被解释变量产生不同影响。（2）测量误差，产生原因在于误差的长时间积累和误差随时间变化而不断变化。为此，在原有模型的基础上对变量取对数再次进行稳健性检验，结果如表4-6所示。

表4-6　　　正式制度距离对中资企业正当性影响的稳健性检验Ⅱ

变量	Y_i	y_1	y_2	y_3	Y_i	Y_i
S_i'	-0.016***	-0.012	-0.017***	-0.019***	-0.012***	-0.030***
ST_i	0.625***	0.554***	0.721***	0.669**	0.809***	0.664***
$ST_I \times S_i$	0.012**	0.041***	0.131***	0.121***	0.031**	0.042***

续表

变量	Y_i	y_1	y_2	y_3	Y_i	Y_i
A_i	0.081 **	0.057 **	0.309 ***	0.129 **	0.119 **	0.1620 **
SCA_i	− 0.001 *	− 0.026 **	− 0.113 **	− 0.120 *	− 0.012 **	− 0.010 *
T_i					0.023 ***	
D_{i1}						− 0.059
D_{i2}						0.062 **
D_{i3}						0.091
constant	− 0.211 **	− 0.332 **	− 0.186 **	− 0.297 **	− 0.165 **	− 0.176 **
R^2	0.419	0.309	0.450	0.375	0.442	0.338

注：n = 280，*、**、*** 分别表示在10%、5%和1%统计水平下显著。

制度距离对组织正当性的影响系数为 − 0.016，进一步证明了假设 H1。分别用中资企业的实用正当性 y_1、道德正当性 y_2 和认知正当性 y_3 作为被解释变量，探索正式制度距离和非正式制度距离对组织正当性的影响方向。结果依旧稳健：正式制度距离和非正式制度距离对实用正当性影响均不显著，而对道德正当性和认知正当性影响均显著，双方制度距离越小，东道国在道德和情感认知方面对中资企业越容易认同。高新技术企业比传统制造业更容易获取组织正当性，影响系数为 0.023，相对于合资建厂，绿地投资更容易获取组织正当性，影响系数为 0.062，海外营销中心和跨国并购两种进入方式对企业正当性指数的影响不显著。

4.4.2.2 企业关系网络对制度距离和企业正当性的中介效应检验

（1）主效应检验。根据模型（4-1）~模型（4-5）的设定，通过逐步线性回归法（Baron & Kenn，1986）检验正式制度距离、非正式制度距离对关系网络和组织正当性的影响，并将回归结果列入表4-7。由模型（4-1）和模型（4-2）可以看出，正式制度距离、非正式制度距离对关系网络的影响显著为负，回归系数分别是 − 0.006（P < 0.1）和 − 0.523（P < 0.1）。由模型（4-3）可以看出，正式制度距离、非正式制度距离对组织正当性的影响显著为负，回归系数分别是 − 0.005（P < 0.1）和 − 0.192（P < 0.1），

证明了假设 H1 和假设 H2，即：母国和东道国政治、经济、法律制度差异以及惯例、产品标准不同引起的正式制度距离越大，文化维度引发的非正式制度距离越大，中资企业越难在东道国获取正当性。

表 4 - 7　　　　　　　　　　　制度距离对组织正当性的影响

变量	关系网络		组织正当性				
	模型 (4 - 1)	模型 (4 - 2)	模型 (4 - 3)	模型 (4 - 4)	模型 (4 - 5)	模型 (4 - 6)	模型 (4 - 7)
正式制度	- 0.006 *		- 0.005 *		- 0.004 *		
非正式制度		- 0.523 *	- 0.192 *		- 0.107 *		
关系网络				0.500 **	0.560 **	0.369 **	0.420 **
组织战略						0.274 *	0.352 *
关系网络和组织战略交互项							0.140 *
国际化人才	0.082 *	0.156 *	0.136 *	0.086 *	0.049 *	0.117 *	0.072 *
企业规模	0.008	0.015	- 0.016	- 0.010	- 0.009	- 0.003	- 0.001
R_2	0.011	0.319	0.094	0.481	0.504	0.710	0.726

注：n = 280，*、**、*** 分别表示在 10%、5% 和 1% 统计水平下显著。

（2）中介效应检验。由模型（4 - 4）可以看出，关系网络对组织正当性的影响显著为正，系数为 0.500（P < 0.05），模型（4 - 5）在模型（4 - 3）的基础上加入中介变量，和模型（4 - 3）相比，正式制度距离、非正式制度距离对组织正当性的负向影响均有下降，分别为 - 0.004（p < 0.1）和 - 0.107（p < 0.1），关系网络对组织正当性的影响显著为正，影响系数为 0.560（p < 0.05），说明关系网络在正式制度距离、非正式制度距离对组织正当性的影响过程中均具有部分中介效应，从而证明了假设 H3。

进一步检验中介效应的鲁棒性，参照王和杨（Wang & Young，2013）的 Bootstrap 方法，设置随机抽样次数为 5000，结果见表 4 - 8。其中，模型（4 - 1）说明，正式制度距离对组织正当性的总效应为 - 0.0053，模型（4 - 3）说明，正式制度距离对组织正当性的直接效应为 - 0.0086，正式制度距离下关系网络对组织正当性的中介效应值为 0.0033，置信区间为 [0.0002，0.1503]。同理，非正式制度距离下关系网络对组织正当性的中介效应值为 0.0323，置信区间为［0.0152，0.0462］，置信区间均不包括0，说明正式制度距离、非正式制度距离通过关系网络对组织正当性的间接影响显著。

表4-8 关系网络中介效应模型的回归分析（标准化）

预测变量	模型 (4-1)	模型 (4-2)	模型 (4-3)	预测变量	模型 (4-4)	模型 (4-5)	模型 (4-6)
正式制度距离	-0.0053*	-0.0068*	-0.0086*	非正式制度距离	-0.1145*	-0.4631*	-0.1468*
网络关系			0.4884**	网络关系			0.5642**
R^2	0.1040	0.3045	0.4688	R^2	0.0574	0.2961	0.4895

注：模型（4-1）、模型（4-4）正式/非正式制度距离预测组织正当性；模型（4-2）、模型（4-5）正式/非正式制度距离预测关系网络；模型（4-3）、模型（4-6）正式/非正式制度距离和关系网络共同预测组织正当性。*、** 分别表示在10%和5%统计水平下显著。

（3）调节效应检验。为解决回归方程中的多重共线性问题，对企业战略和网络关系进行中心化处理，通过分层多元回归法检验企业战略对组织正当性的调节作用，结果见表4-7，其中，模型（4-6）把中介变量和调节变量同时放入模型，模型（4-7）在模型（4-6）的基础上加入关系网络和企业战略的交互项，交互项对组织正当性的影响系数为0.140（P<0.1），表明企业战略在关系网络和组织正当性的关系中起到了正向调节作用，积极的海外布局、选址等企业战略有利于企业加速通过网络关系获取组织正当性，从而验证了假设H4。

通过SPSSAU在线数据分析平台检验被调节的中介效应。将调节变量"企业战略"均值分别加减一个标准差得到高中低三组，检验不同企业战略水平下关系网络对组织正当性的中介作用，结果见表4-9和表4-10。对于正式制度距离，高企业战略下的中介效应显著，低企业战略下的中介效应不显著，其95%的置信区间分别为［0.004，0.012］和［-0.020，0.012］，当中企业战略提升到高企业战略水平时，关系网络对组织正当性的系数由0.004增加到0.006。关系网络95%的置信区间为［0.003，0.009］，说明企业战略水平越高，正式制度距离通过关系网络对组织正当性的影响越强，即存在被调节的中介效应。非正式制度距离下中介效应的回归结果与正式制度距离类似，高企业战略下的中介效应显著，低企业战略下的中介效应不显著，其95%的置信区间分别为［0.173，0.509］和［-0.542，0.224］，当中企业战略提升到高企业战略水平时，关系网络对组织正当性的系数由0.223增加到0.278。关系网络95%的置信区间为［0.026，0.304］，说明企业战略水平越高，非正式制度距离通过关系网络对组织正当性的影响越强，即存在被调节的中介效应，从而证明了假设H5。

表4-9　　　　　　　　　　调节中介效应（正式制度距离）

分组	Effect	SE	Boot LLCI	Boot ULCI
低企业战略	0.003	0.008	-0.020	0.012
中企业战略	0.004	0.007	0.002	0.010
高企业战略	0.006	0.005	0.004	0.012
关系网络	0.005	0.008	0.003	0.009

表4-10　　　　　　　　　　调节中介效应（非正式制度距离）

分组	Effect	SE	Boot LLCI	Boot ULCI
低企业战略	0.168	0.182	-0.542	0.224
中企业战略	0.223	0.133	0.114	0.237
高企业战略	0.278	0.108	0.173	0.509
关系网络	0.067	0.189	0.026	0.304

4.5　研究结论与展望

4.5.1　实证研究结论

本章基于"一带一路"沿线国家（地区）中资企业调查数据，对制度距离、企业关系网络、企业战略管理行为、企业资源禀赋（国际化经验）等影响因素和"一带一路"沿线国家（地区）中资企业正当性之间的关系进行实证检验，得出以下研究结论：

（1）正式制度距离和非正式制度距离均是影响中资企业正当性的关键因素。根据样本调查，47.1%的中资企业缺乏组织正当性。正式制度距离和非正式制度距离都对中资企业正当性产生负面影响。正式制度距离和非正式制度距离主要影响中资企业的道德正当性和认知正当性,对实用正当性影响不显著。此外,与东道国区位选择相比,跨国投资方式对中资企业正当性的影响更大。同时,企业正当性战略正向调节正式制度距离和中资企业正当性关系,企业国际化经验正向调节非正式制度距离和中资企业正当性关系。高新技术企业的组织正当性水平高于传统制造业中资企业,中资企业以绿地投资形式"走出去"更容易获得组织正当性。

(2)企业关系网络对制度距离和组织正当性关系发挥了部分中介作用。国际关系网络是母国和东道国信息传递的桥梁,企业通过关系网络可以找到制度类似的区域进行投资,也可以通过关系网络学习东道国的规范和惯例,并能有效规避制度距离带来的非正当性表现。现有制度理论强调外部环境对正当性的影响和企业主动适应外部环境的重要性,社会资本理论强调企业通过获得社会资本主动提升正当性,本书对现有理论基础进行拓展,实证检验企业关系网络在制度距离和组织正当性之间的中介作用。同时,企业正当性战略对企业关系网络和组织正当性关系具有调节作用。企业正当性战略是一种主动的正当性获取和非正当性规避行为,可以放大企业关系网络对组织正当性的正向影响,同时帮助企业通过恰当选址、语言修辞等具体方法寻找不同制度框架下协作共赢的空间,有利于企业更好获取组织正当性。

与现有研究从单一的国家制度距离层面寻找组织正当性形成机制不同,本书考虑了国家层面的制度因素和企业层面的战略因素,进一步从制度距离发生作用的途径——关系网络层面验证企业战略的调节作用,并从动态视角突出企业在获取组织正当性中的战略能动性。

4.5.2 研究局限与展望

首先,从样本的选择来看,本书选取了"一带一路"沿线国家(地区)中资企业样本,受国家层面的政策影响比较大,无法全面体现中国对外直接投资企业的特征,未来研究可增加样本范围,探讨不同所有制企业对外直接投资正当性差别和解决方案,对中资企业组织正当性的影响机理进行更全面的探索。其次,本章的研究方法采用问卷调查法,调查的对象是企业高管人员，对本企业组织正当性的评价偏高，未来可通过第三方机构或者东道国消费者视角更加客观地评价中资企业的组织正当性。最后，未来的研究可探索其他中介变量和调节变量对组织正当性的影响机理，为中资企业获取组织正当性提供更全面的依据。

| 第 5 章 |

"一带一路"沿线国家（地区）中资企业的组织正当性案例研究

本章主要运用扎根理论和纵向单案例研究方法，揭示"一带一路"沿线国家（地区）中资企业的正当性表现、影响因素、战略选择和国际化绩效。根据浙江吉利控股集团有限公司（以下简称吉利集团或吉利公司）的国际化实践，探讨母国和东道国制度逆差背景下 EMNEs 的海外创业时机选择、组织正当性与海外创业绩效的内在关系，构建"内外部时机—组织正当性—后发企业海外创业绩效"理论模型，提出中资企业需要把握市场、产业、技术、管理等内外部有利时机条件（发挥资源禀赋优势），通过适当的组织正当性策略提升企业国际形象，成功实现海外创业。根据万华实业集团有限公司（以下简称万华集团）的匈牙利跨国并购实践，探讨母国和东道国制度逆差以及东道国制度复杂性较高情境下，中资企业如何运用混合逻辑战略实现组织正当性动态平衡的内在机理及其过程实现机制，构建混合逻辑"动因—战略—效果"理论模型，提出中资企业要合理运用混合逻辑战略应对制度逻辑的国别冲突和治理竞争，促成跨国利益相关者的共赢合作格局。

5.1 制度逆差情境下吉利集团的组织正当性战略

本案例主要结合母国和东道国制度逆差以及东道国制度相对成熟稳定

（低制度复杂性）的双重情景，以吉利集团的海外创业实践为例，探讨"一带一路"沿线国家（地区）中资企业的海外创业时机选择、组织正当性管理和海外创业绩效的内在关系。

5.1.1 案例研究背景

浙江地处长江黄金水道和南北海运大通道交汇处，对外开放基础坚实，吉利集团、万向集团、华立集团、均胜电子等一批后发民营企业，通过绿地投资和跨国并购等方式积极进入欧洲、美洲市场进行海外创业，实现了境内外市场一体化和业务转型提升的"双突破"，成为本土跨国企业从"外来者""后来者"向"超越者"转变的典范。与此同时，中国多数企业仍处于价值链中低端，在技术、人才及市场等资源能力方面并不具备竞争优势，企业"小"而"新"缺乏外部信任，加之中国新兴市场"来源国形象"，致使这些企业在海外创业进程中往往存在正当性缺陷（Zimmerman & Zeitz，2002），面临"外来者""后来者"劣势以及制度逆差下的"来源国"劣势。根据业界发展实践及反馈发现，加速的技术革新以及复杂的国际经济市场环境交互作用孕育了企业创新发展的动力和机遇，同时，跨国公司母国与东道国之间存在的制度距离也使得后发企业海外创业面临更复杂的制度情境。本土跨国企业能否在多重情境叠加环境中成功突围海外市场，实现海外创业，一方面应充分考虑外部环境及组织条件基础，寻求从原国内市场轨道转至国际市场轨道的最佳时机（Shin，2017）；另一方面还需应对制度逆差情境下进入海外新市场中面临的组织正当性障碍，通过整合内外部资源实现价值重构（臧树伟和胡左浩，2017）。因此，基于制度逆差情境，如何选择进入海外市场的时机，构建新创企业正当性是本土企业海外创业中获取先动收益及不确定风险补偿的重要因素。基于此，本书以制度距离、时机选择和正当性理论为基础，通过案例研究方法，分析制度逆差情境下时机选择、组织正当性及海外创业绩效的内在联系，揭示后发企业海外创业的时机和发展规律。

5.1.2 理论文献回顾

5.1.2.1 后发企业海外创业时机选择相关研究

后发企业进入发达国家或地区开展创业，由于不具备技术市场等核心资源，往往需要通过"学习引进—转化创新—价值重构"路径逐步提升竞争力（臧树伟和胡左浩，2017）。随着后发企业海外创业实践发展，基于内外部"机会窗口"研究海外创业时机选择的活动逐渐兴起。部分学者研究提出海外创业存在市场需求、行业周期等时机选择，也有学者从市场、技术等外部时机视角解释在位者和追赶者之间的易位现象（刘洋等，2013）。市场机会阐释了后发企业利用市场需求的重大调整、消费偏好的不确定性以及市场竞争真空开展海外创业发展活动，技术机会指追赶者利用技术经济范式转变时机实施后发追赶（Lee & Malerba，2017）。另有学者从创新系统性角度提出时机选择包括需求、技术及制度等（Malerba，2002）。在此基础上，部分学者则认为，制度逆差情境下，后发企业能够顺利进入海外市场，离不开技术集成、自主研发、市场推广等内在能力支撑（徐雨森等，2014）。因此，新兴经济体海外创业是内外部时机匹配下组织内外部资源与知识结合的行动过程。

5.1.2.2 后发企业海外创业正当性相关研究

海外创业是企业打破既有内外资源均衡，从原业务轨道迁移至新轨道的动态过程，其本质是新组织建立又称为二次创业（长青等，2019）。因此，后发企业海外创业发展进程中蕴含更多不确定因素，也必然面临环境约束和资源缺陷等问题，如东道国法规制度是否包容企业等政治风险，企业经营及产品是否符合东道国习惯等商业风险。传统经济学研究大多从组织视角分析后发企业海外创业风险，例如，组织能力（Eisenhardt & Martin，2000）、组织特征（Hobday et al.，2004）及机会识别（郑刚等，2016）。组织正当性研究从企业"社会嵌入"属性视角解释非市场效率约束影响企业转型，例如，市场认可、公众接受、利益相关者矛盾冲突及消费习惯背离等（张玉利和杜国臣，2007）。随着经济一体化及技术市场变革加速，组织正当性成为贯穿企业海外创业成长全部过程的常态问题，创业初期和超越发展阶段"新进入者缺陷"尤为显著。

5.1.2.3　制度逆差情境下后发企业海外创业趋势及研究框架

综上研究，时机选择是后发企业海外创业的前置驱动因素，组织正当性获取是企业达成创业的中介条件。已有研究解析了产业链、市场及技术等外部时机与组织资源及能力等内部时机对产业追赶及组织创业的重要影响，形成了极具价值的理论见解，但在某些方面仍有待提升和拓展。例如，缺乏对制度逆差情境下海外创业特殊情境的讨论，未对内外时机交互影响进行深入探讨，也未考虑海外创业后发追赶过程中组织正当性因素。与此同时，近年来随着正当性逻辑对效率逻辑的补充，正当性的作用逐渐被学界重视，组织战略理论从被动适应转为主动获取正当性研究（Zott & Huy，2007）。一方面，正当性缺陷源自内外部利益相关者对组织价值的判定，组织常规及动态能力为企业正当性获取提供了条件；另一方面，制度逆差情境下，新兴经济体跨越外来者、后来者正当性门槛，企业有效整合内外部资源，获取先动及风险行动补偿，实现海外创业的成功。基于"情境—战略—结果"研究逻辑，本书构建制度逆差正当性视角下后发企业时机选择与海外创业框架（见图 5－1）。主要研究内容包括：（1）制度逆差背景下后发企业海外创业时机选择。本书从行业、市场和技术等分析外部时机，从企业基础能力和动态能力分析内部时机；（2）制度逆差背景下后发企业海外创业正当性获取机制。基于制度逆差特殊情境，选择适当的内外部时机，通过组织信誉、组织关系和组织成就等视角分析企业正当性获取；（3）后发企业海外创业发展规律。分析制度逆差下内外部时机匹配如何影响后发企业海外创业以及组织正当性在此过程中的中介作用，揭示后发企业海外创业的机制规律。

5.1.3　案例研究方法

5.1.3.1　研究方法选择

本书以后发企业海外创业为研究主线索，分析企业在制度逆差情境下如

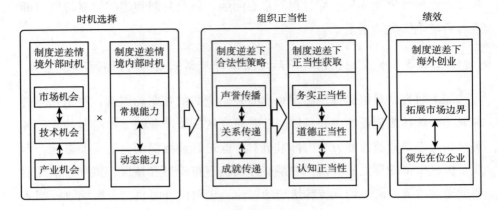

图 5 - 1　案例研究整体框架

何进行内外部时机选择以及海外创业的正当性获取机制。案例研究分析逻辑，恰好能解析组织 "为什么" 海外创业、 "如何" 选择海外创业时机及 "怎么样" 获取正当性等质性议题（Eisenhardt，1989；Yin，2014）。同时，正当性获取及企业海外创业是内外部时机叠加情境下的企业战略行动过程，纵向案例以组织发展时序提炼关键数据构建研究证据链，有助于归纳呈现后发企业海外创业战略逻辑。基于不同案例研究方法的应用逻辑，结合本书海外创业主线索的持续、动态、演进等特点，本书进一步选用单案例研究方法，以保证完整、全面呈现案例样本纵贯发展。

5.1.3.2　案例典型性

浙江吉利控股集团是浙江民营企业中的优秀企业，2016～2020 年连续 5 年 "浙江省民营企业百强榜单" 排名第一，享有良好声誉。吉利集团作为国内汽车企业 "走出去" 的先行者，面对在国际化进程中出现的正当性问题也能够有效解决，并且其国际化的速度、地位等方面都具有显著特征，具有丰富的研究价值。一是国际化速度快。在短短 20 年的国际化发展历程中，吉利集团通过海外并购实现研发、设计、采购、制造、营销等整个价值链的全球化以及管理结构、文化理念的全面提升，使其成为在全球汽车产业中影响最大的中国企业。吉利通过国际化战略，从准备阶段打好资金和技术基础，再到定位市场开展出口贸易以积累国际化经验。在不断地摸索中实施海外建厂与海外并购战略，由单纯的出口贸易向资本输出转变。2021 年《财富》世界 500 强排行榜中，吉利集团位列第 239，居行业之首。在中国企业联合会发布的 2020 年中国 100 大跨国公司排名及跨国指数中，吉利以其海外资产份额排名第 17，跨国指数达到 41.62%。二是国际扩张范围广。从收购英国锰铜公司到成为戴姆勒集团最大股东，吉利的海外扩张之路不断向全球延伸。在全球研发中心方面，吉利已经完成了 4 个全球研发中心和 4 个造型中心的建立，以促进异域文化与中国传统美学的正确结合，让吉利创造成为被中国和西方消费者认可的产品。在全球采购方面，收购沃尔沃和 DIS 扩大了吉利的采购范围，获取了与全球供应商合作的机会，同时借助 CMA 基础模块架构和 VOLVO 全球统一的制造体系和质量标准使产品质量获得肯定。在全球制造布局上，吉利除了国内基地外，在海外建厂如白俄罗斯、印尼、欧洲地区，使吉利汽车遍布全球。在全球销售方面，吉利汽车主要出口东欧、中东、非洲、大洋洲等 60 多个国家和地区，建立了 400 多家销售和服务网点，使消费者享受到吉利汽车优秀的销售和售后服务。三是制度逆差组织正当性获取显著。吉利集团国际化是新兴经济体跨国公司进入英国、澳大利亚、德国等发达经济体的成功典范。吉利在海外创业进程中，先后收购 DSI、沃尔沃等行业冠军企业，在此期间，公司为克服制度逆差情境下外来者、后来者及来源国劣势，采取与当地企业进行合作开展资源整合等制度同构做法，顺利获取当地市场的认可和接受。如在收购沃尔沃的过程中，吉利与沃尔沃实行并行战略，很好地解决了品牌之间的矛盾，顺利进入当地市场，减少贸易壁垒。

5.1.3.3 案例数据采集和编码过程

吉利是众多民营企业之一，属于非垄断上市公司，具有良好公开信息。研究团队能够有效保障获取开展研究所需的相关资料，具有持续研究可行性。案例研究相关资料主要来自调研访谈及公开资料。基于研究单位与案例企业合作便利，研究获取大量一手资料，主要方式有开展实地调研、借阅公司档案以及进行半结构化访谈等。二手资料主要通过学术期刊、上市公司公报、主流媒体报道及企业官网等途径获取间接数据。基于数据信度和效度要求，项目团队严格执行研究计划方案，通过多部门、分组交叉等方式收集企业数据，及时整理案例材料形成资料库，可信度控制办法如表 5 - 1 所示。同时，建立"三角证据链"提升研究信度（Eisenhardt & Graebner, 2007）。此外，数据分析中首先初筛剔除模糊不准确信息，然后通过"试编码—讨论—再编码"数据处理方式，对原始资料贴标签归类，再进行概念化处理提炼形成研究主要构念。

表 5 - 1   案例研究效度控制措施

效度类型	含义	存在问题	解决措施
描述效度	对外在可观察到的现象或事物进行描述的准确程度；所描述的事物或现象必须是具体、可见、可闻的	资料错误或不完整	多种方法收集多重证据资料，采用三角验证方法印证
解释效度	研究者了解、理解和表达被研究者对事物所赋予的意义的"确切"程度	未充分了解采访者观点，或对采访者内容有主观判断	同上，避免自身偏见或预设立项
理论效度	研究理论及研究结果是否能真实反映研究现象	忽略或未收集矛盾的资料，或未考虑研究现象可能的原因	注意寻找矛盾证据及负面案例，运用对比分析方法
推论效度	研究结果可以在样本范围之外的同类事物推论	小场景、个体调研，未使用随机方式抽样	质性研究价值在于针对特定研究情境，外部推论通常显得并不重要
评价效度	对研究结果的价值判断是否确切，或基于个人经验对现象有"前设"	研究者个人经验痕迹明显，研究结论太片面，不具普遍性	多参考类似或相关研究，三角验证，尽可能消除主观差异

5.1.3.4 案例国际化阶段划分

根据公司的上市公司年报以及公司网站等公开资料梳理，结合吉利集团发展不同阶段的特点，公司国际化进程大致可分为国际化准备、国际化初期和国际化深化三个阶段（见图 5 -2）。（1）国际化准备阶段（1996 ~ 2004年）。吉利集团成立于 1996 年，公司逐渐走入规模化。1997 年，吉利收购德阳监狱汽车厂进入汽车市场。起步阶段公司定位低成本战略，以其价格优势占领国内市场，使吉利自主品牌进入民众的视线。吉利在创业初期以"要造

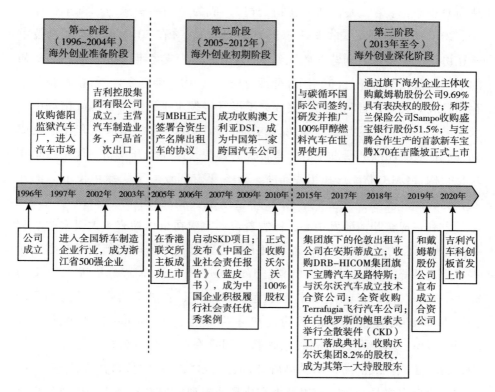

图 5 - 2　案例企业发展历程及关键事件

老百姓买得起的车"为创业目标，在进口车价格高昂的 90 年代，吉利汽车的出现满足了百姓对汽车的需求，公司产品销量不断增加。基于本土市场的迅速积累发展，吉利积极寻求海外市场，2003 年首批轿车出口海外，让世界认识了来自中国的轿车品牌。（2）国际化初期阶段（2005～2012 年）。随着吉利汽车在世界各大车展中崭露头角，影响力不断扩大。2005 年，吉利在香港成功上市。为加快国际化步伐，吉利利用资本市场的优势和经验开启连续并购。2006 年，吉利与英国锰铜公司（MBH）签署合资生产名牌出租车的协议，并与其合资创办上海英伦帝华公司，专门生产伦敦出租车，打开了英国市场。随后 2007 年，吉利在乌克兰启动 SKD 项目，加快海外建厂。同年发布《中国企业社会责任报告》（蓝皮书），成为中国企业积极履行社会责任优秀案例。2009 年，为获得先进的技术，吉利成功收购澳大利亚变速器制造商 DSI（全球第二大自动变速箱公司），成为中国第一家跨国汽车企业公司。2010 年，吉利正式收购沃尔沃 100% 股份，并在 2012 年正式签署技术转让协议。同年，吉利营业收入约为 1500 亿元，成为唯一进入世界 500 强的中国民营汽车企业。（3）国际化深化阶段（2013 年至今）。科技是企业生存和发展的关键，吉利集团一直致力于提升科技水平，努力在国际市场中寻求发展，形成自己的品牌竞争力。吉利于 2013 年联合沃尔沃汽车在瑞典成立吉利控股集团欧洲研发中心，整合优势资源，专注于开发新一代中级车模块化架构（CMA 平台）和相关部件。2015 年吉利致力于"绿色技术"的开发，与碳循环国际公司签约，研发并全球推广 100% 甲醇燃料汽车。2017年，吉利建成杭州湾研发中心，标志着吉利完成在全球拥有 4 大研发中心和4 大造型中心的布局。同年，吉利旗下的伦敦出租车公司在英国考文垂安斯蒂成立，收购宝腾汽车、路特斯、Terrafugia 飞行汽车公司及沃尔沃集团8.2% 的股权，成为其第一大持股股东。2018 年，吉利集团收购戴姆勒股份公司 9.69% 具有表决权的股份，和芬兰保险公司 Sampo 收购盛宝银行51.5% 股份。2019 年，吉利和戴姆勒公司宣布成立合资公司。通过多年努力，吉利建成三级产品梯队的品牌布局，沃尔沃品牌定位最高端豪华品牌，其次为全新自主品牌领克，以及大众化品牌吉利。2020 年，吉利于科创板首发上市。

5.1.3.5 案例核心构念

（1）后发企业海外创业。海外创业是企业突破原有市场边界，从国内市场拓展至国外市场。作为新兴市场国家创新崛起的主要力量，中资企业海外创业是突破资源困境、产业周期效应及价值链低端锁定的重要路径，也是充分利用内外部时机领先在位企业的特殊路径（吴晓波等，2019）。基于海外创业相关研究，本书将后发者海外创业绩效表现归纳为市场突破和领先在位企业。（2）制度逆差下的时机选择。恰当时机是后发企业进入海外新市场、获得社会认同、收获市场利润回报的重要前因（长青等，2020）。基于组织市场和社会属性，时机来源于外部环境和内部条件，制度逆差下后发企业海外创业时机选择是组织内外部时机最佳匹配选择（徐雨森等，2014）。外部

"机会窗口"影响因素主要包括市场、技术、产业及政策等维度（臧树伟和胡左浩，2017），考虑到产业包含政策因素，本书将外部时机分为市场、技术和产业。基于学者们对组织特征、资源及能力等不同因素的探讨，结合时机要素内涵，本书认为，内部时机构成要素包括组织常规能力及动态能力。（3）组织正当性。正当性来源于利益相关者、政府及公众对组织信念的认同，也是组织结构存在的重要基础。关于正当性的构成，从组织视角分为内部和外部正当性，外部正当性涉及社会、政治及商业等多领域，是正当性战略的重点（Desa & Basu，2013）。正当性绩效有实务（企业层）、道德（法规层）和认知（公众层）三个层次，正当性获取也随层次迁移难度加大（Suchman，1995），目前也是研究中应用较为广泛的观点。根据不同社会情境以及组织资源结构基础，本书基于组织视角正当性战略研究（Zott & Huy，2007），认为，后发者可通过组织声誉、关系及成就传递等途径获取提升企业组织正当性。

5.1.3.6 数据编码

后发企业海外创业是企业突破市场边界、二次创业以及提升竞争优势的动态过程，在此过程中受内外部时机和组织正当性等因素的综合影响。本书基于扎根理论对案例样本海外创业起步、发展到成熟深化发展全过程的全部语料转化文字数据进行编码，再对数据归纳缩编提炼形成副范畴、主范畴，进而构建本书研究框架及理论模型。（1）基于"情境—战略—结果"组织战略逻辑，将语料数据贴标签，整理形成时机选择（A）、组织正当性（B）和海外创业绩效（C）三个一级编码，累计数据条目262条。（2）进行数据渐进编码，根据原始语料关键信息提炼归纳至初始范畴（副范畴），例如，新兴汽车市场爆发，性价比产品供需失衡等作证数据提炼市场需求机会范畴。充分识别数据范畴性质直至饱和，共20个副范畴。（3）整合归纳初始范畴提炼出主范畴，例如，市场需求成长、需求偏好动态及市场分层清晰度等初始范畴整合为后发企业海外创业的市场时机范畴。具体编码结果如表 5－2 所示。

表 5 - 2　　　　　案例数据编码、关键词及引据条目

核心	主范畴	初始范畴	关键词及引据条目
制度逆差下外部时机	市场机会	市场需求增长	市场爆发；需求起步；性价比等（11）
		需求偏好变化	消费惯性；自发需求；创造性需求等（7）
		市场需求细分	低端市场；高端市场；普通型需求；专业型需求等（9）
	技术机会	技术迭代加快	技术升级；技术转化；技术突破；技术颠覆等（12）
		创新模式变革	创新网络；合作；竞合；开放式创新等（10）
		技术获取难度	学习；引进；转化；融合；技术边界等（8）
	产业机会	产业发展前景	产业结构；产业供求均衡再调整；产业转型等（9）
		产业链分工	配套企业；原材料供应；客户；研发中心；经销商等（10）
		产业知识流动	知识引进；知识交流；知识溢出；知识创造等（7）
制度逆差下内部时机	基础能力	组织团队认知	知识基础；知识学习；反思等（11）
		组织运营管理	产品开发；质量管理；营销体系；运营体系等（9）
		组织文化建设	愿景；使命；核心价值；企业精神；管理方针等（13）
	动态能力	动态机会识别	扫描；筛选；分析；评价等（9）
		核心资源整合	拼凑；组合；置换；联结；桥联等（15）
		组织价值重构	变革；创新；突破；转型等（11）
正当性获取战略	组织声誉传递	核心领导声誉	经验；诚信；荣誉；印象管理等（15）
		组织团队声誉	品牌建设；商誉管理；公益行动；公共宣传等（26）
	组织关系传递	组织关系密度	经销商；品牌影响力；配套供应商；战略联盟等（14）
		组织关系质量	合作依存；竞合共存；开放技术创新；复杂网络等（7）
	组织成就传递	组织有形成就	组织团队；营销网络；生产基地；复合式提供等（9）
		组织无形成就	核心技术；专利技术；品牌；商标符号；商誉等（16）
海外创业绩效	拓展市场边界	市场扩张	海外市场；多元化战略等（14）
	领先在位者	市场领先	技术前沿；品牌提升；市场控制权等（18）

5.1.4　案例发现

5.1.4.1　制度逆差下后发企业海外创业的外部时机选择

制度逆差情境下，企业海外创业是新产品和技术进入市场的二次创业行为，也是新行业市场供求平衡的再调节过程（长青等，2020）。选择适当时机进入，能够适度规避外来者、后来者劣势，缓解来源国形象问题，整合优势资源，提升政治、商业资源创新收益，为企业带来利润回报，收获市场份额及社会认可。不同类型外部时机影响作用异质性，不同时期企业的应对策略也存在差异。国际市场调整及消费需求变化等共同影响为外来者、后来者作用提供市场机会。后来者洞察市场细分层次，利用市场短暂"真空"与在位企业同一起跑线竞争（Mathews，2002）。随着全球汽车市场的快速发展，给吉利海外发展提供了直接机会。

　　吉利在国际化早期，首先锚定新兴市场，相比较发达的欧美市场，北非、南美、东欧及俄罗斯等地区和国家汽车供应能力有限，市场竞争压力相对较小。与此同时，这些地区的产品技术认证标准相对较低。吉利集团精确确定市场定位，率先进入准入门槛较低的地区，其次逐步扩展至东欧及俄罗斯市场，以出口的方式初次进入国际市场，取得了成功。2008 年美国次贷危机影响下，变速箱制造商 DSI 公司（全球排名第二）面临运营危机。吉利集团迅速抓住时机，成功收购 DSI 公司，掌握了自动变速箱领域自主知识产权。随着企业对国际市场适应性提高，吉利集团于 2010 年通过并购方式，借助沃尔沃汽车的技术实力和品牌影响力带动企业综合发展，促进企业产品质量提升和吉利的成长壮大。近年来，科技革命、产业变革、商业重塑加速，汽车产业作为全球性产业、制造业之王，面临严峻的生存威胁与挑战，加快推进了企业间的合作。在此背景下，吉利布局海外研发中心，企业国际化步入深化发展阶段。

　　案例研究发现，海外创业初期阶段，后发企业技术、市场、品牌等核心资源不足，可借助外部时机以市场置换技术接近前沿技术，以国内市场置换国外市场突破地域边界，以市场置换品牌突破认知边界（刘洋等，2013）。海外创业深化发展阶段，随着企业核心资源冗余带来的竞争优势逐渐积累，后发者往往另辟蹊径开发显著不同的毁灭技术，重新构建传统核心技术与互补技术的关系，颠覆传统技术范式（Taylor & Helfat，2009）。与此同时，后发企业主动把握产业生命周期，克服路径依赖，超前创新探索，抢占新领域主导设计"话语权"（Klochikhin，2012；应瑛等，2018）。

　　基于理论基础及案例研究，本书提出：制度逆差情境下，外部市场、技术及产业时机交互出现,有助于促进后发者突破市场边界,实现海外创业(见表5-2)。

5.1.4.2 制度逆差下后发企业海外创业的内部时机选择

后发者海外创业是内部时机对外部时机的成功应对,离不开对技术、市场等外部时机认知,以及对内外部资源的拼凑、整合到重构。后发企业研究也提出,制度逆差情境下企业能力内部时机因素在后发企业海外创业发展中的重要性(Miao et al.,2018)。后发者海外创业是组织团队形成统一使命愿景、实现核心价值的行动,文化建设能力有助于打破组织现有的规范流程及行为惯例,提升组织成员对于未知风险的偏好程度和接纳程度,进而降低后发企业在制度逆差情境下国际化战略决策中的阻力(Cavaliere & Lombardi,2015)。吉利公司成立以来,长期重视技术积累和引进培育创新人才,不断加大研发投入等,提高产品的技术含量。企业发展进程中,吉利集团重视国际化人才培养,从国外招聘人员,挑选高级企业工作人员到国外学习。面临国际市场机遇,企业拥有相对成熟的国际化人才储备,为后续步入国际市场在竞争中占据一席之地奠定了扎实基础。随着国际市场的逐渐打开,吉利在全球成立研发中心,借助集团的资本投入开发先进技术,实现了吉利全球4大研发中心和4大造型中心的布局目标。

案例研究发现,企业运营管理能力有助于企业提升产品开发、质量管理、市场反馈、业务模式等组织效率,实现持续价值创造,打造核心竞争优势,占据海外创业优势和主动。同时,后发者以动态能力识别市场、技术、产业稍纵即逝的有利机会(Guo et al.,2018),寻找海外创业新的机会窗口。后发者摒弃原有的思维习惯、业务流程和治理模式进行价值重构(Lee & Malerba,2017),借助开放创新机制和竞合互补机制获取增补关键资源,进而突破资源稀缺障碍,通过技术许可、研发合作(应瑛等,2018)等方式整合换道所需技术资源,以此形成差异化竞争优势。

基于理论基础及案例研究,本书提出:适当的内部时机,使企业能够迅速应对变化作出市场反应,有助于实现海外创业(见表5-3)。

表 5 - 3　　　　　　　案例企业海外创业不同阶段内外部时机编码证据

阶段	机会窗口	测度变量	案例编码证据
海外创业准备	制度逆差外部时机	市场时机技术时机产业时机	新兴市场汽车消费稳步增长；欧美发达国家汽车市场竞争激烈；汽车生产技术快速发展，生产成本有效控制；普通汽车准入门槛较低，消费市场潜力巨大等
	制度逆差内部时机	常规能力动态能力	企业管理能力日渐成熟，为国际化发展储备人才国际化；构建企业组织管理体系；企业积极长期关注海外市场，国际化业务能力逐渐提升；创业团队洞察能力、创新能力较强；团队成员工作经验引导组织学习等
	外部时机×内部时机		组织常规能力×学习能力×市场、产业机会
海外创业发展	制度逆差外部时机	市场时机技术时机产业时机	新兴市场汽车消费市场爆发；汽车消费结构单一转向多元；欧美金融危机企业增长乏力；汽车企业核心技术快速发展；布局全球生产网络；并购沃尔沃提升高端汽车制造核心技术等
	制度逆差内部时机	常规能力动态能力	质量管理、品牌管理逐步完善；构建企业文化建设体系；通过技术引进转化探索自主创新；以并购等方式拓展海外创新网络整合核心资源等
	外部时机×内部时机		组织常规能力×转化能力×市场、产业机会
海外创业深化	制度逆差外部时机	市场时机技术时机产业时机	高端汽车市场平稳；新能源汽车快速崛起；全球科技与产业变革、商业重塑加快；掌握高端汽车生产拥有多项专利技术；传统技术与新能源新技术融合趋势涌现等
	制度逆差内部时机	常规能力动态能力	形成完善现代企业治理机制；企业文化传递企业精神；全面推进品牌战略；创新能力提升；以（并购）资本市场重构资源等
	外部时机×内部时机		组织常规能力×重构能力×市场、技术及产业机会

5.1.4.3　后发企业海外创业中组织声誉传递策略获取组织正当性

团队声誉象征行为旨在表达组织符合社会意义，团队声誉传递能够改变外界对组织的合法水平的感知（Zott & Huy，2007），也是克服新进入缺陷获取社会及市场正当性的重要手段。案例资料中团队核心领导人及组织团队声誉数据极为丰富，充分论证了吉利集团对组织声誉的重视。

吉利成立初期，创始人李书福提出"造老百姓买得起的车"，并以此为信念，在创业团队的努力下逐渐打开市场大门。2003 年吉利汽车销往海外，2005 年吉利集团成功在香港上市，借助资本市场，公司加快了进入国际市场的步伐。2007 年，吉利掌门人李书福在宁波宣言中正式提出改变低价战略，转向 "技术先进、品质可靠、服务满意、全面领先" 企业发展理念。公司快速成长发展的同时，李书福也先后荣获 "浙商年度风云人物" "中国 25 大功勋品牌人物" "中国民营企业自主创新十大领军人物" "中国十大慈善家" "2006 中国汽车十大风云人物" "中国汽车品牌自主创新功勋人物" "2010 中国最具影响力企业领袖" 等荣誉称号，比利时国王阿尔贝二世授予李书福皇室最高荣誉的 "利奥波德骑士勋章"。随着绿色、节能等发展观念渐入人心，吉利正式提出清洁能源行业发展理念，与康迪、新大洋等合作生产乙醇汽车。随着国际市场经验日渐丰富，公司先后收购 DSI、沃尔沃等汽车领域知名品牌，掌握了变速箱、发动机制造等汽车制造关键核心技术。与此同时，企业通过品牌战略，提升吉利的国际影响力和综合实力。

研究发现，制度逆差情境下后发企业海外创业进入新市场，东道国市场及消费者对公司产品和技术缺乏了解，来源国形象等也成为产品海外销售的阻力，因此，组织声誉印象能弥补市场信息不对称（Huy，2002）。组织正向信息传播，有助于形成社会认知，缓解新进入正当性缺陷（杜运周等，2015；苏晓华等，2015）。例如，创业者个人的市场经验、机会判断捕捉、社会关系网络等声誉，有助于建立东道国市场及消费者信心获得实务正当性（Dacin et al.，2007）。再如，组织团队通过公益、参观、参与及公关等策略传递企业社会责任能获取道德正当性及认知正当性（田志龙和高海涛，2005）。

基于理论基础及案例研究，本书提出：制度逆差情境下提升组织团队声誉，有助于获取组织正当性（见表 5 - 3）。

5.1.4.4 后发企业海外创业中组织关系传递获取组织正当性

制度逆差下，东道国市场及消费者往往难以顺利接受外来者及后来者。研发合作、战略联合及开放式合作等组织关系行动，有助于企业与东道国权威机构等建立联结，也是弥补正当性缺陷获取隐形知识和信息的关键（张化尧等，2018）。研究发现，制度逆差背景下，外来者增加关键合作关系密度，有助于提升网络密度、提升知识异质性及信息多元化。吉利集团作为外来者和后发者一直重视社会、商业关系构建企业创新网络，获取海外创业成长发展所需的核心资源。

公司成立之初，吉利利用摩托车生产商的网络关系，收购德阳监狱汽车厂进入汽车行业，模仿学习汽车研发。基于企业资本实力积累，公司成立汽车研究院，邀请韩国大宇汽车前副总裁作为技术顾问指导"自由舰"研发，重点突破提升变速箱、发动机等核心零部件研发技术。之后，吉利入股英国锰铜公司，随后合资建立上海英伦帝华，和同济大学共建"吉利—同济汽车工程研究院"。2007 年与康迪、新大洋等合作，2009 年收购澳大利亚 DSI，2010 年吉利收购沃尔沃轿车，随后公司设立博士后科研工作站。2017 年成立领克汽车合资公司、吉利—沃尔沃技术合资公司，先后收购宝腾和路特斯两家汽车公司，2018 年与戴姆勒出行组建合资公司，2020 年成立 Smart 品牌全球合资公司。吉利控股集团旗下主要资产包括沃尔沃汽车、宝腾汽车、路特斯汽车、伦敦电动汽车及吉利集团战略投资的新能源汽车共享出行服务平台曹操专车等。2021 年，先后宣布与百度组建智能电动汽车公司，以及与"代工巨头"富士康科技集团组建合资公司，之后与腾讯签署合作协议，加快智能汽车生态布局。

研究表明，企业国际化起步阶段，后发企业与新增的合作企业，通过多维交互建立竞合联结关系，引进外部知识并与内部知识融合弥补自身资源劣势，探索形成更多互补技术（孙金云等，2018）。国际化深化发展阶段，后发者基于现有核心知识优势，建立跨产业链联结，探索形成新互补技术，实现价值重构。此外，由于专业性、隐性知识信息非均衡分布，提升合作关系质量能为后发者带来更有价值信息（彭伟等，2018）。后发企业海外创业进程中推出的新产品或服务往往超出现有市场认知及理解习惯，容易遭遇"新进入门槛"（马蔷等，2015）。一方面，外来者、后发者与当地企业的合作关系质量能够帮助企业建立市场信任，加速利益关系人认同；另一方面，外来者拓展与产业链上下游企业纵向联系，建立战略联盟，有助于提升企业网络中心地位（孙金云等，2018），能够为后发者带来新核心技术。

基于理论基础及案例研究，本书提出：制度逆差情境下，提升组织关系质量，有助于获取组织正当性（见表 5 - 4）。

表 5 – 4　　案例企业海外创业不同阶段组织正当性获取策略编码证据

阶段	策略	测度变量	案例编码证据
海外创业准备	声誉传递	创始人组织团队	多年同类行业工作经验，熟悉相关市场、技术和业务；创始人在当地耳熟能详；企业重视打造本土品牌汽车；以价格为百姓谋福祉等
	关系传递	关系密度关系质量	与摩托车供应商建立多年联系，依靠个人社会关系为公司拉业务；模仿和改制夏利汽车车型；模仿富康推出"美日"两厢车；从日本购买设备及生产线；为钢琴企业生产配件等
	成就传递	直接成就间接成就	入选汽车生产企业产品名录公告；获批得到轿车生产资格；国内第一家取得轿车生产资格的民营企业；实现量产，进入中国汽车企业 10 强等
海外创业发展	声誉传递	创始人组织团队	发表《宁波宣言》；荣获"浙商年度风云人物""中国 25 大功勋品牌人物""中国民营企业自主创新十大领军人物""中国十大慈善家""2006 中国汽车十大风云人物""中国汽车品牌自主创新功勋人物""2010 中国最具影响力企业领袖"；比利时国王阿尔贝二世授予李书福皇室最高荣誉的"利奥波德骑士勋章"等
	关系传递	关系密度关系质量	邀请韩国大宇汽车前副总裁作为技术顾问指导"自由舰"研发；与康迪和新大洋合资创建公司；入股英国锰铜公司，随后合资建立上海英伦帝华；和同济大学共建"吉利—同济汽车工程研究院"；收购世界排名第二的澳大利亚变速器制造商 DSI 的全部股权；收购沃尔沃轿车的全部股权等
	成就传递	直接成就间接成就	首家香港上市的民营汽车制造企业；跻身财富世界 500 强企业榜单；上榜《福布斯》中国百强企业名单；连续 7 年进入中国企业 500 强，连续 5 年进入中国汽车行业 10 强，被评为首批国家"创新型企业"以及首批"国家汽车整车出口基地企业"等
海外创业深化	声誉传递	创始人组织团队	李书福入选"人民企业社会责任年度人物"；创办企业的同时成立了 4 所大专院校；实施光彩吉利教育资助行动、吉利未来人才基金助学工程、设立专项基金帮助贫困学校改善环境、资助贫困学生实现大学梦想等
	关系传递	关系密度关系质量	布局海外研发中心；与沃尔沃合资打造高端品牌领克；收购马来西亚宝腾与英国路特斯，获得超级跑车制造技术；成立吉利新能源商用车公司 GCV；入股德国戴姆勒公司，开展新能源领域的合作；控股盛宝银行；与航空科工、中国电信战略合作；成立 Smart 品牌全球合资公司；吉利—百度组建智能电动汽车公司；与富士康组建合资公司；携手腾讯；与 Faraday Future 签订框架合作协议等

阶段	策略	测度变量	案例编码证据
海外创业深化	成就传递	直接成就 间接成就	19 届亚运会汽车服务官方合作伙伴；推出全球首个电动汽车开源架构；获得中国汽车行业动力总成技术领域最高荣誉的"中国汽车工业科技奖"；成为国内最大民营汽车制造商；"浙江省民营企业百强榜单"排名第一，是浙江唯一销售额跨入 3000 亿元的跨国企业的代表等

5.1.4.5　后发企业海外创业中组织成就传递策略获取组织正当性

制度逆差背景下，外来者的组织成就传递是客观正当性的呈现，即通过企业负载各种关键信息符号（Zott & Huy，2007），为东道国的外部利益相关者价值评判提供充分证据。根据组织成就正当性获取效果，有获取正当性的直接成就传递，例如，提供产品及服务等。也有获取正当性的间接成就，例如，是否拥有专业认证、拥有专利、品牌商标等（Tornikoski & Newbert，2007）。

吉利集团进入汽车行业初期，通过模仿学习开始生产自主品牌汽车。1998 年推出第一款汽车"豪情"；1999 年又推出新款"美日"轿车；2001 年成为国内首家具有轿车生产资格的民营企业，公司有四款车型登上国内汽车企业产品名录；2002 年推出第一款三厢轿车"优利欧"。企业步入国际化发展阶段，吉利通过入股、合资、收购等方式，与英国锰铜公司、同济大学、康迪、新大洋等建立合作联系，收购澳大利亚 DSI、沃尔沃轿车等系列举措，在技术合作、资本市场双重力量推进下国际化进程显著加快，企业国际影响力也快速提升。在此期间，公司通过国家 3C 认证；JL4G18 发动机通过行业鉴定，获得 2 项专利成果；图形商标被认定为我国驰名商标，吉利被评为"国家级企业技术中心"与"省级高新技术研究开发中心"。2012 年当年申请专利 3039 项，截至 2020 年，吉利的专利总量有 2 万余项，拥有 32 项核心技术。2012 年，吉利集团首次进入世界财富 500 强，并连续 10 年获此荣耀。2017 年以来，吉利汽车连续 4 年夺得中国品牌乘用车销量第一，2020 年，吉利汽车累计销量达 1320217 辆。

研究发现，企业成长是大量、持续资源的投入过程（蔡莉和单标安，2013），也是组织成就传递的过程。组织成就作为"参照信息"，成为后发企业与东道国利益关系人沟通的载体,东道国市场及公众以后来者市场表现进行评判,化解认知隔阂获取正当性。与此同时,后发企业传递组织成就,能够帮助建立进入新市场的情感信任,有助于突破后外来者、后来者在能力和资源约束海外创业,主导新领域行业标准,获取行业规范的话语权(李雪灵等,2011)。

基于理论基础及案例研究,本书提出:制度逆差情境下传递组织成就,有助于获取组织正当性(见表5-4)。

5.1.4.6 制度逆差下后发企业海外创业路径

制度逆差情境下,后发企业海外创业沿着"准备—初创—深化发展"的轨迹,谋求跨区域发展。基于海外市场制度、市场、技术等叠加特殊情境(苏敬勤等,2017),后发企业海外创业将面临更为复杂的资源困境,例如,制度逆差下来源国形象、海外创业的"新进入者"特征,致使后发企业容易遭遇更艰难的正当性陷阱,成为影响企业重构价值的制约因素(张玉利和杜国臣,2007)。同时,后发企业还面临现有资源冗余而新资源不足问题(何小刚,2019)。因此,海外创业是组织内外部时机的适当选择,通过开展正当性策略,提升组织资源行动能力,拓展市场边界和提升国际市场势力的过程。制度逆差情境下,内外部时机选择是后发企业海外创业的前因,正当性获取是组织实现海外创业的中介变量,组织资源行动能力发挥重要调节作用。海外创业准备阶段,企业利用内外部时机,提升组织正当性拼凑资源和信息,实现产品国际化。海外创业初期,企业通过加强公益宣传等声誉传递、增强关系密度质量等方式,强化整合资源效率拓展业务地域边界,顺利推动企业进入国际市场。海外创业深化阶段,企业通过更高层次正当性传递,提升企业认知正当性,实现企业的深化发展。后发企业海外创业及正当性获取规律如图5-3所示。

5.1.5 研究结论与展望

5.1.5.1 案例研究结论

本书运用纵向案例研究方法,基于扎根理论探究机会窗口的前置影响和

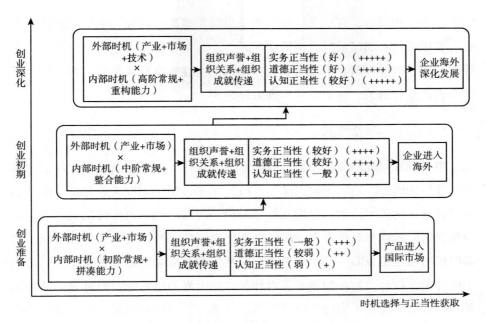

图 5 - 3 正当性获取与后发企业海外创业

组织正当性的中介作用，揭示了制度逆差情境下，后发企业如何选择适当时机推动企业海外创业发展。具体研究结论是：（1）内外部时机交互匹配共同影响后发企业海外创业。首先，制度逆差情境下企业外部时机构成因素（市场时机、技术时机和产业时机）间的不同匹配，对后发企业海外创业产生不同影响。市场时机与产业时机交互影响，能够降低创业不确定风险，有助于后发者突破市场边界，成功实现海外创业。市场、技术和产业时机交互匹配，有助于后发者化解资源及能力风险，突破技术和业务边界，实现海外创业的成功。其次，制度逆差情境下，内部时机构成因素（常规能力与动态能力）交互匹配，有助于提升组织学习和资源行动效率，进而促进后发企业海外创业。最后，外部时机与内部时机并非孤立存在，内外时机交互影响匹配形成后发者最佳破窗机会。内部时机合理匹配外部时机，有助于后发企业降低先动风险（李雪灵等，2011），进而实现海外创业。（2）组织正当性是后发企业海外创业的重要中介变量，不同正当性策略作用不同。组织声誉传递构成要素有创始人声誉和组织团队声誉，两者交互影响，有助于提升道德正当性和认知正当性。组织关系传递构成要素有关系密度和关系质量，增强组织关系密度和质量，有助于提升实务正当性和道德正当性。组织成就传递策略有直接成就和间接成就，两者交互影响，有助于后发者全面提升实务正当性、道德正当性和认知正当性。充分发挥正当性策略交互作用，帮助后发者整合资源重构价值，进而成功实现海外创业。

5.1.5.2　理论贡献

本书重点研究制度逆差特殊情境下时机选择、组织正当性与后发企业海外创业行动间的关系，主要贡献是：（1）本书分析了制度逆差背景下海外创业时机选择的关键因素。分别从外部时机、内部时机、内外时机交互等不同视角探讨时机选择与后发企业海外创业行动间的关系，揭示了外部时机、内部时机对后发企业海外创业的影响，以及外部时机与内部时机交互共同作用于海外创业行动。初步构建涵盖内外部时机因素的后发企业海外创业战略决策理论模型，弥补了当前理论研究孤立分析外部时机和内部时机，明确了内外部时机内在关系，进一步深化后发企业海外创业时机选择研究。（2）基于"情境—战略—结果"研究逻辑，研究分析制度逆差海外创业时机选择、组织正当性与后发创业绩效的内在联系。在时机选择影响后发企业海外创业框架中，引入组织正当性中介变量，分析不同正当性策略作用效果，初步构建"内外部时机—组织正当性—后发者海外创业绩效"理论模型，进一步完善后发者海外创业分析框架。

5.1.5.3　实践启示

基于案例研究，我们通过分析制度政策、市场、技术等不同类型机会窗口对企业国际化的影响，揭示机会窗口、组织合法性对后发企业国际化的影响机制，进而总结提出企业国际化的经验启示。

一是我国经济持续增长和庞大市场规模吸引全球关注，越来越多的中国公司开始进入更为完善、发达的市场，通过国际化战略提升技术实力和品牌优势迅速建立起国际市场优势地位（臧树伟和李平，2016）。为应对制度逆差来源国劣势以及东道国发达企业的强大竞争压力，我国的后发企业可深入研究内外部时机特征，增强时机选择能力，为企业顺利突破海外创业"新入者"门槛做好充分准备。例如，提升产品质量，开展标准化生产等。由于国内外对于汽车产品的生产标准不同，国外对于进口的要求更加严格，吉利集团为应对产品质量问题，通过一系列措施提升技术水平，使产品满足国外标准。吉利通过并购的方式，借助被收购公司的技术水平提升科技创新能力，促进产品质量提升和自身的有机成长壮大。再如，合规化经营，承担社会责任。吉利集团始终坚持诚信经营，致力于打造符合商业道德和合规经营的国际企业形象。吉利于 2014 年正式启动公司合规体系建设项目，并着眼于企业合规文化建设使员工树立坚定信念，为强化合规经营打下良好的思想基础。同时，从经济、法律、道德、慈善四个方面积极承担社会责任。经济方面，吉利以国际标准构建世界级品质，促使企业全球化的发展；法律方面，吉利遵守各国的法律法规，在法律允许的范围内进行生产经营活动；道德方面，公司对标国际环境保护要求，积极打造绿色职能出行方式；慈善方面，自主开发"吉利公益"平台，建立精准扶贫零部件分装工厂，扩大高等院校在精准扶贫项目地区招生规模，联合社会资源帮助弱势群体等。

二是中国企业由于参与全球市场竞争的时间不长，因而在核心技术积累方面与国外企业差距较大。后发企业应重视组织正当性对海外创业行动的影响，企业必须通过适当正当性策略提升社会和公众认知，营造有利于企业海外创业成功的市场条件。如树立品牌形象。吉利通过树立品牌形象，其国际化企业文化也深入人心。吉利集团追求的全球化企业文化是一种跨越国界、跨越民族、跨越宗教信仰的企业文化。吉利在面对不同国家的文化时，以接受的态度尊重他国文化，努力求同存异，建立能包容多种文化的企业文化，使各个地区员工产生认同感，吸引众多企业与吉利合作，使吉利国际化迈向新的阶梯。

5.2　制度复杂性情境下万华集团的组织正当性战略

本案例主要结合东道国高制度复杂性情境，以 2009～2018 年万华实业集团有限公司（以下简称万华集团）的跨国并购为例，探讨"一带一路"沿线国家（地区）中资企业基于组织正当性内外平衡管理的混合逻辑战略及其过程实现机制。

5.2.1　案例研究背景

随着"一带一路"建设的推进，不少中资企业在东道国致力于本土化就业、环保治理和产业园区建设等社会责任活动，通过声誉重构和社会意义构建缓解外来者或来源国劣势（魏江等，2020）。随着时间的推移，有些中资企业实现了商业和社会价值的共赢创造，例如，华立集团在泰国投资的工业园区实现了对自身商业品牌和东道国经济就业的双向促进作用（陈衍泰等，2021）。但是也有不少中资企业陷入了双重价值创造"顾此失彼"的困境。上述表明，企业国际化战略需要关注组织正当性的联动效应和动态平衡问题（Zhang et al.，2018）。跨国企业主动遵从东道国制度环境有助于获取外部正当性，但相关战略行动也可能损害自身商业利益而引发内部正当性危机（魏江等，2016；Marano et al.，2017；魏江和王诗翔，2017；程聪等，2017）。同样，跨国企业过度坚持自身商业逻辑也容易触发东道国外部正当性危机（彭长桂和吕源，2016）。因此，如何从全局和动态视角关注企业正当性管理需求，仍是当前跨国企业关注的焦点。

相比单一的制度同构思想（Dimaggio & Powell，1983），混合逻辑（hybrid logic）（Battilana & Dorado，2010）战略更适合解决多种竞争性制度逻辑的共存问题（Friedland & Alford，1991；Greenwood et al.，2011；Thornton & Ocasio，1999；Thornton，2004；Thornton & Ocasio，2008；Dunn & Jones，2010），更具战略主动性和冲突回旋空间。现有文献提出的组织结构耦合、身份变革、话语修辞、社会责任脱耦、资源协同、制度创业（创新）等后发跨国企业正当性战略（魏江和杨洋，2018；周常宝等，2020；杜健等，2021；刘娟和杨勃，2021；王益民和王友春，2021；程聪，2020；鲁文禅，2019），本质上都属于混合逻辑思想。但是，现有文献也存在一些研究局限。一是对跨国制度逻辑竞争的复杂性和多维性认识不足。现有文献主要关注跨国企业如何运用混合逻辑战略响应母国和东道国的制度逻辑双元冲突（魏江等，2016；魏江和王诗翔，2017；程聪等，2017；魏江和杨洋，2018；杜健等，2021），很少兼顾东道国多重制度逻辑的治理目标竞争及其引发的组织正当性平衡挑战。例如，中国电力投资集团在缅甸修建的密松水电站工程获得东道国中央政府许可和支持，但却遭遇东道国地方势力阻扰而中途搁浅（鲁文禅，2019）。二是对跨国企业的混合逻辑战略研究场景不够丰富。现有的混合逻辑文献大多将东道国市场准入阶段和海外子公司发展阶段视为相对独立的制度场景，聚焦场域或组织内部的组织正当性需求（魏江等，2016；魏江和杨洋，2018；周常宝等，2020；杜健等，2021），忽略了组织正当性战略的联动效应。后发企业特有的来源国劣势（魏江等，2020）、制度（身份）落差（魏江和杨洋，2018）和集团化管理（Kostova & Zaheer，1999）特征，往往使其面临更为复杂的跨国制度逻辑竞争特征，具有丰富的研究场景。

本书试图运用纵向单案例研究方法，从多重制度逻辑竞争和兼容视角，实例化（instantiation）解读后发企业在国际化不同阶段遭遇的组织正当性压力来源及其逻辑混合动因，揭示后发企业选择的混合逻辑类型、方式、状态及其过程转化机制，在此基础上构建基于组织正当性动态平衡的后发企业混合逻辑战略模型，研究贡献主要体现两点：一是拓展对后发企业跨国制度逻辑竞争的内涵认识，归纳出制度逻辑国别冲突和治理竞争双维概念，揭示不同维度的制度逻辑混合机理差异，为后发企业响应外部制度期望同时坚持自身逻辑底线的平衡战略思维提供决策参考。二是深化后发企业在国际化不同阶段的混合逻辑战略动因、方式及其动态转化机制的认识，突破现有文献聚焦单一制度场景和静态研究方法局限，丰富跨国制度情境下的混合逻辑理论。

5.2.2　理论文献回顾

新制度主义理论强调组织对内外制度环境的适应性，关注规制、规范和认知正当性（Dimaggio & Powell，1983）。组织战略理论侧重组织与内外利益相关者的资源依赖关系，强调组织战略主动性，关注实用正当性、道德正当性和认知正当性（Suchman，1995）。社会心理学理论强调组织正当性的过程评价机制，探讨多元评价主体和评价对象之间的跨层交互影响机制，区分宏观（集体）正当性和微观（个人）正当性（Bitektine & Haack，2015）。制度逻辑视角是新制度主义理论的增生和发展（Thornton & Ocasio，1999；Thornton，2004；Thornton & Ocasio，2008）。制度逻辑可以分为逻辑手段和目标两大层次，前者关注制度规则和行动决策过程，后者关注制度实践的产出结果和价值目标（Greenwood et al.，2011；Thornton & Ocasio，1999；Thornton，2004；Thornton & Ocasio，2008；Dunn & Jones，2010）。单一国家内部存在多层次制度系统（政府、市场、社区、公司等），分别对应不同的逻辑目标和手段，多重制度逻辑存在互补兼容但又相互竞争的治理关系（Greenwood et al.，2011）；不同国家由于历史文化渊源或制度进化差异，制度逻辑往往也存在国别差异（Kostova & Zaheer，1999），形成竞争冲突或互补兼容关系。20 世纪 90 年代以来，多重制度逻辑竞争和兼容理论的兴起和发展，为后发跨国企业正当性管理提供了新的理论视角。

5.2.2.1 后发跨国企业获取组织正当性的战略动因

很多学者从跨国制度距离、资源依赖关系、企业国际化目标和阶段特征等多个角度，探讨后发企业获取组织正当性的战略动因（Kostova & Zaheer，1999；魏江和杨洋，2018；周常宝等，2020；杜健等，2021；刘娟和杨勃，2021；王益民和王友春，2021；程聪，2020；鲁文禅，2019）。

在国际化进入阶段，后发企业天然携带的商业行为惯例（母国印记）往往与东道国制度环境格格不入，容易引发外部正当性危机。后发企业对东道国的资源依赖程度越强，越需要响应东道国利益相关者期望（杜健等，2021）；母国和东道国制度距离越大，后发企业在东道国的信息不对称和沟通障碍（Kostova & Zaheer，1999）、组织身份落差（魏江和杨洋，2018）、来源国劣势（魏江等，2020）、企业社会责任缺失（Marano et al.，2017）等问题越严重，越需要加强外部正当性管理。此时，后发企业的组织正当性战略聚焦于东道国生存底线，重点关注如何获得东道国市场合法地位、更快融入东道国制度环境、降低外来者和来源国劣势等（Zaheer，1995；魏江等，2016；魏江和王诗翔，2017；程聪等，2017；魏江等，2020）。

在国际化进入后阶段，后发企业跨越东道国外部正当性阈值并在海外设立基地，海外子公司的组织正当性成为关注焦点。海外子公司的生存发展离不开母国总部和东道国场域的双重资源依赖，需要共同响应母国和东道国利益相关者期望。很多学者分析了制度距离、资源依赖对称性、逻辑决策主导权等因素对海外子公司的组织正当性焦点选择影响（魏江等，2016；魏江和王诗翔，2017；程聪等，2017；魏江和杨洋，2018；周常宝等，2020；杜健等，2021）。制度距离越大，集团总部和海外子公司的内部管理文化冲突越激烈，越需要加强内部正当性管理（程聪等，2017）。海外子公司对母国总部的资源依赖程度越大，管理制度和文化理念越倾向于向母国靠拢，对东道国资源依赖越强，越倾向于实现东道国外部正当性（杜健等，2021）。

上述研究揭示了后发企业在国际化不同阶段获取组织正当性的战略动因和关注焦点差异，但是研究场景相对独立，忽视了组织正当性的跨阶段联动效应。事实上，组织面临的场域制度逻辑竞争和外部正当性危机往往会映射到组织内部，转化为内部正当性挑战（Besharov & Smith，2014）。实践中，后发企业开拓海外市场既离不开组织内部的资源支持，也需要东道国利益相关者的认可和合作。因此，需要从全局和动态平衡视角深化后发跨国企业的组织正当性战略研究。

5.2.2.2 后发跨国企业获取组织正当性的战略管理

跨国企业采取制度规避、遵从或反抗等单一同构战略无法兼顾企业内外部正当性的双重需求。混合逻辑是指组织结构或行动决策组合了两种或两种以上的制度逻辑元素（Battilana & Dorado，2010），包括制度脱耦、妥协和创业（操纵）等多种战略思想（Marquis & Lounsbury，2007；Ramus et al.，2017；Smets & Jarzabkowsk，2015；Pache & Santos，2010；Pache A. C.，Santos，2013；Santos et al.，2015；徐凤增等，2021；Gottlieb et al.，2020；Perkmann et al.，2019）。混合逻辑能够同时响应母国和东道国的制度逻辑期望，缓解组织内外部正当性失衡问题。

（1）后发跨国企业的混合逻辑战略选择。现有文献主要区分了结构型混合（Structural hybrids）和组合型混合（blended hybrids）两大类型（Greenwood et al.，2011；Ramus et al.，2017；Pache & Santos，2010；Pache & Santos，2013；Santos et al.，2015；Gottlieb et al.，2020；Perkmann et al.，2019）。

结构型混合的特征是组织引入外部竞争性逻辑元素（向外混合），同时将外来逻辑和原生逻辑在组织内部实行区间隔离，保留不同逻辑的决策独立性（Greenwood et al.，2011）。后发企业在应对跨国制度逻辑竞争时，往往采取组织结构耦合（魏江等，2016）、谈判合作空间（程聪，2020；Gottlieb et al.，2020）、企业社会责任脱耦（王益民和王友春，2021）等相关策略，都属于结构型混合特征。例如，王益民和王友春（2021）提出，后发企业采取母国社会责任脱耦战略应对母国和东道国的制度逻辑竞争。组合型混合的特征是将组织内部多重逻辑实现不同程度的"组合嫁接"或"交互协作"（向内混合），形成新的主导逻辑，并贯彻到整个组织内部（Greenwood et al.，2011；Perkmann et al.，2019）。企业选择身份变革（魏江和杨洋，2018）、跨境资源协同（陈衍泰等，2021）、选择性耦合（Pache & Santos，2013）、交互混合逻辑（程聪，2020）、正式化交互协作（Ramus et al.，2017）等策略，本质上都属于组合型混合战略。程聪（2020）归纳了后发企业总部和海外子公司涌现的"结构混合逻辑""交互混合逻辑"等多种逻辑决策状态；刘娟和杨勃（2021）揭示了不同制度情境下后发企业海外子公司如何运用制度同构和制度创业的组合搭配响应跨国制度双元冲突。相关研究从逻辑本质视角对多样化的组织正当性策略进行分类识别，但现实中后发跨国企业面临的跨国制度逻辑竞争类型和特征各不相同，如何结合特定情境选择适合的混合逻辑战略，目前仍缺乏针对性研究。实践中，后发跨国企业遭遇的跨国制度逻辑竞争类型、特征和冲突程度并非一致。现有文献主要关注后发企业如何响应商业逻辑（Commercial logic）的国别冲突（魏江等，2016；魏江等，2020；魏江和王诗翔，2017；魏江和杨洋，2018；杜健等，2021），很少同时关注东道国商业逻辑和社会逻辑（Social logic）的治理竞争。

（2）逻辑混合程度和组织正当性管理效果。有学者从组织内部多种逻辑的兼容性和中心性角度，归纳出四种混合逻辑状态，并认为，竞争型混合组织的逻辑兼容性最低，内部正当性压力最大，单一主导型混合逻辑的内部正当性压力最小（Besharov & Smith，2014）。结构型混合有助于组织投射外部多元利益相关者的制度期望，获取外部正当性（Pache & Santos，2013；Besharov & Smith，2014），但该模式也容易引发新的内部正当性挑战，包括组织整体逻辑合成困难、资源分配张力等（Dunn & Jones，2010；Greenwood et al.，2011；Besharov & Smith，2014；Ramus et al.，2017；Perkmann et al.，2019）。组合型混合本质上打破了多重逻辑的治理边界，有助于推动不同逻辑资源互补协作和价值共享创造（Shepherd et al.，2019；肖红军，2020），促进内部正当性。但该模式也容易引发组织身份模糊、行动边界不清晰等新的外部正当性挑战（Dunn & Jones，2010；Greenwood et al.，2011；Perkmann et al.，2019）。佩尔克曼等（Perkmann et al.，2019）从组织原生逻辑和外来逻辑混合视角归纳出"局部子单元组合型混合 + 整体结构型混合"的折中混合模式，有利于克服单纯结构（或组合）型混合带来的组织内外部正当性失衡问题，但是相关研究局限在单国别制度情境，以静态观察为主，对跨国企业的混合逻辑战略选择及其动态过程机制研究仍较为匮乏。

5.2.3　研究方法设计

5.2.3.1　方法选择

本书试图从多重制度逻辑竞争和兼容视角，结合典型企业的跨国并购整体进程，探讨后发企业如何运用混合逻辑战略实现组织正当性内外平衡的过程机制（见图 5 - 4），强调案例情境和过程描述的动态性，需要对案例对象进行长时期的跟踪考察，因此，采用纵向单案例研究方法比较合适（Yin，2012；李平和曹仰锋，2012）。

5.2.3.2　案例选择

本书采用理论抽样原则（Yin，2012；李平和曹仰锋，2012），选择万华实业集团有限公司作为案例企业，主要基于以下原因：（1）案例企业嵌入的跨国制度情境和组织特征符合研究要求。万华集团是中国一家地方国有控股公司，成立于 1989 年（闫国栋，2014）。跨国并购前，万华集团上市子公司（烟台万华）在海外设立多个基地，但在全球最大的 MDI 消费市场（欧洲）仍缺少布局。并购对象 BorsodChem Zrt（以下简称 BC 公司）位于匈牙利，成立于 1949 年，是当时中东欧最大的 MDI 和甲苯二异氰酸酯制造商。2006

年，BC 公司被英国私募基金 Permira（以下简称 P 基金）收购，2009 年陷入债务危机（闫国栋，2014；张晓涛，2018）。万华集团经过多方曲折的并购谈判，于 2011 年收购 BC 公司并承诺开发 BC 公司所在的产业园区（以下简称海外园区），扩大东道国投资和就业（张晓涛，2018）。2016 年海外园区被中国列为境外经贸合作区。作为典型的后发企业，万华集团跨国并购既融入中西方两大制度环境，又组合了商业逻辑和社会逻辑等混合元素，符合本案例研究要求。（2）案例研究时间跨度较长，满足纵向单案例研究的动态性和场景丰富性等要求。万华集团自 2009 年 5 月制定跨国并购决策，到 2011 年 3 月实现全面并购，再到 2018 年境内外母子公司成功合并和整体上市，期间经历了组织正当性缺失、获取、修复和增强等变化过程，时间跨度长，研究层次丰富。（3）符合理论抽样的典型性原则。万华集团并购 BC 公司是当时中国在中东欧投资规模最大的并购项目，被西方主流媒体誉为中资企业国际化标杆，符合案例的典型性和启示性特征（Yin，2012；李平和曹仰锋，2012）。

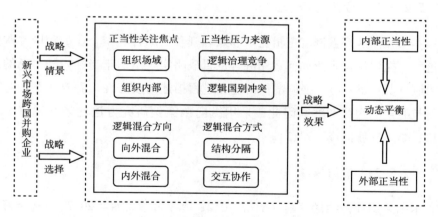

图 5 - 4　后发跨国并购企业的组织正当性平衡战略研究框架

5.2.3.3　数据采集和分析

（1）数据采集。本案例研究资料遵循"三角验证"要求，多渠道采集一手和二手资料，确保资料的有效性和可信度（Yin，2012；李平和曹仰锋，2012），具体如表 5 - 5 所示。

表 5 - 5 资料来源

数据来源	采访对象	整理文字（万字）	编码类别
一手资料	集团并购团队和管理人员	1.7	A
	集团子公司和母国贷款银行管理人员，匈牙利员工和当地公众等	1.4	
二手资料	企业宣传档案资料、上市公司重大事项公告、招股说明书、社会责任报告、园区招商引资公告等	3.8	B
	境内外主流媒体新闻报道、企业高层公开采访视频、第三方机构研究报告和学术论文等	5.7	C

资料来源：笔者整理归纳而得。

案例资料一手资料主要通过实地调研和人员半结构访谈获取，2011 年以来多次走访案例企业及其子公司，参加企业并购经验座谈会，通过人员访谈和电话（微信）采访，主要了解案例企业在跨国并购谈判阶段遭遇的跨国制度冲突情境、多方利益相关者诉求、阻力和谈判进展情况，以及并购后整合阶段母子公司关系评价和等级管控情况、管理文化冲突、海外子公司和园区制度变革、生产经营情况等信息，相关编码记录为 A。二手资料来自官方文件、内部档案、媒体报道和学术研究论文，主要通过万华集团、上海证券交易所、中国商务部、中国驻匈牙利大使馆、中国一带一路网、中国知网等官方网站获取。其中，案例上市子公司年报和重大事项公告、园区招商引资公告等官方文件相对权威可靠，能够作为一手资料的重要佐证和补充，相关编码记录为 B。同时，本书收集了大量关于案例企业跨国并购的境内境外主流媒体报道（评论）、公司高管和多方利益相关者的公开采访视频等资料，充分展示跨国并购进程中多方利益相关者博弈过程，有助于分析不同制度逻辑利益代表的行为态度，相关编码记为 C。

（2）案例逻辑的实例化解读。首先，根据跨国并购的时间顺序，对案例研究资料进行排序整理，识别与本研究核心构念相关的关键性事件（见图 5 - 5）。其次，根据案例研究数据资料，对照社会层面制度逻辑的理想类别元素（根隐喻、战略基础、规范基础等）（Thornton et al.，2012；Thornton et al.，2020），识别出本案例研究的核心利益相关者，归纳与本案例研究相关的四大社会层面制度逻辑和九大实例化逻辑（见表 5 - 6 和表 5 - 7）。其中，市场逻辑是规范商业交易的基础性逻辑，以利润最大化为导向，强调自利、效率、成本和公平交易关系（Thornton et al.，2012）；国家逻辑关注再分配机制和公共福利最大化，通过立法和科层管理实现组织（个人）行为决策理性调节（Friedland & Alford，1991；Thornton，2004；Thornton et al.，2012）；社区逻辑是基于某种共同使命或利益诉求的联盟共同体，以情感、忠诚和共同价值为规范基础（Friedland & Alford，1991；Marquis & Lounsbury，2007；Besharov & Smith，2014）；公司逻辑主要规范组织内部等级管理和权力分配原则，追求企业规模效率和成员利益最大化（Thornton et al.，2012；Thornton et al.，2020）。市场逻辑和公司逻辑统称为商业逻辑，社区逻辑和国家逻辑统称为社会逻辑（Pache & Santos，2013；Smets et al.，2015；Ramus et al.，2017）。

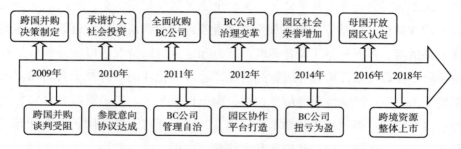

图 5 - 5   案例企业正当性管理动态历程和关键事件

表 5 - 6   并购谈判时期制度逻辑实例化解读

制度逻辑类型	市场逻辑	市场逻辑	国家（政府）逻辑	社区逻辑
实例化逻辑	●万华并购逻辑	●P基金交易逻辑	●政府监管逻辑	●债务重组逻辑
根隐喻	交易	交易	再分配机制	共同边界
正当性来源	股价 ●提高企业商业价值	股价 ●提升股权投资声誉和商业价值	民主参与 ●提升东道国公共福利	信任互惠和意愿统一 ●提升债务重组成员共同利益
身份来源	无个性的 ●股份制商业企业	无个性的 ●股权投资基金	社会与经济阶层 ●东道国政府部门	情感，自我满足感和地位 ●公司债务重组联盟
战略基础	增加效率利润 ●通过并购提升效率利润	增加效率利润 ●通过股权交易提升投资利益	增加公共供给 ●通过并购监管维护东道国公共利益	维护共同利益 ●共同挽救 BC 公司维护债务成员利益

续表

规范基础	自利 ●关注自身商业利益	自利 ●关注自身投资收益	公众利益 ●关注东道国国家福利	群体成员 ●关注债务成员共同利益
控制机制	行业分析师 ●聘请行业专家组建并购谈判团队	行业分析师 ●聘请投行顾问防御并购	立法执行 ●外资并购法律条款	行动能见度 ●债务成员对并购的共同行动

资料来源：根据文献和案例描述对照分析而得（带 "●" 表示核心类别元素的实例化解读）。

表 5－7   并购后整合时期制度逻辑实例化解读

制度逻辑类型	公司逻辑	公司逻辑	国家逻辑	社区逻辑	国家逻辑
实例化逻辑	万华整合逻辑	BC 公司管理逻辑	东道国政府园区开发逻辑	BC 园区治理逻辑	母国跨境园区认定逻辑
根隐喻	等级制度	等级制度	再分配机制	共同边界	再分配机制
正当性来源	企业的市场地位 ●提升集团整体市场地位	企业的市场地位 ●提升 BC 公司市场地位	民主参与 ●提高园区社会福利	互惠、信任和意愿统一 ●提高园区环境治理	民主参与 ●提高国家开放实力
身份来源	科层中的角色 ●集团总部	科层中的角色 ●集团子公司	社会与经济阶层 ●东道国政府部门	情感，自我满足感和名誉 ●园区及周边社区成员	社会与经济阶层 ●母国政府部门
战略基础	增加企业规模 ●通过跨境资源整合提升集团规模	增加企业规模 ●保持运营独立提升 BC 公司规模	增加公共供给 ●通过园区开发促进东道国就业和税收	维护共同利益 ●优化园区环境维护社区成员利益	增加公共供给 ●推动母国优势企业 "走出去"
规范基础	公司雇佣 ●关注集团对子公司的管控效率	公司雇佣 ●关注 BC 公司管控效率	公众利益 ●关注东道国社会福利	群体成员 ●关注园区及周边成员共同利益	公众利益 ●关注母国企业国际化规模
控制机制	组织文化 ●母国集团管理文化	组织文化 ●东道国企业管理文化	立法执行 ●东道国产业园区管理法规	行动能见度 ●达成社区治理共识	立法执行 ●母国跨境园区认定考核法规

资料来源：根据文献和案例描述对照分析而得（带 "●" 表示核心类别元素实例化解读）。

（3）案例编码和阶段划分。首先用最接近原意的语言，将案例原始资料进行贴标签和初始概念化，形成关键词；其次将相似含义的关键词进一步归纳升级，形成一级概念；根据一级概念的相同类别或属性，进一步提炼形成二级主题（核心构念）；根据二级主题类别属性，再进行维度整合，形成主范畴（Yin，2012；李平和曹仰锋，2012）。通过反复比对和理论迭代，最终形成本案例数据结构图（见图5－6）。从结果看，案例编码关键词主要聚焦在混合逻辑动因、战略和效果三个层面。根据核心构念发生变化的关键特征，将本案例研究划分为"并购谈判（2009～2011年）"和"并购整合（2012～2018年）"两大阶段（见表5－8）。

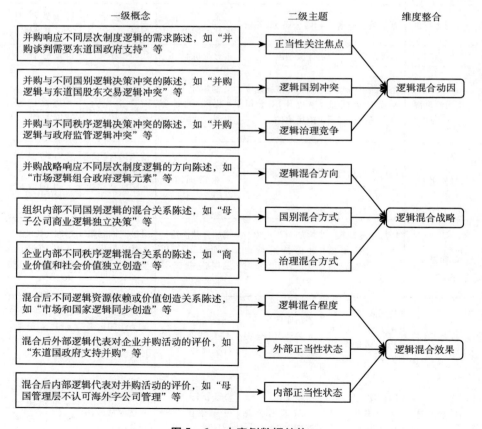

图5－6　本案例数据结构

表 5 - 8　　　　　　跨国并购不同阶段案例企业的正当性战略情境特征

研究阶段	战略主体	正当性关注焦点	逻辑治理竞争特征	逻辑国别竞争特征
谈判阶段 （2009~2011 年）	万华集团	集团并购需要东道国场域利益相关者认可	集团商业逻辑与场域社会逻辑竞争	市场逻辑国别竞争
整合阶段 （2012~2018 年）	BC 公司及其所在园区	海外子公司需要集团内外利益相关者认可	集团内部商业逻辑和社会逻辑竞争	公司逻辑国别竞争

资料来源：根据案例资料整理归纳分析而得。

5.2.4　案例发现

5.2.4.1　并购谈判时期案例企业正当性战略选择

（1）并购谈判过程描述。2009 年初，BC 公司遭遇金融危机和经营困境，引发债务危机。大股东（P 基金）联合公司管理层和主要债权人（当地银行财团）成立债务重组联盟，初步协商达成债务重组方案。2009 年 5 月，万华集团派出专业团队开展并购谈判但遭到 P 基金阻扰。万华集团借助外部智库力量，迅速从国际市场买入 BC 公司大量夹层债，获得原定债务重组方案否决权。此时，东道国和西方主流媒体涌现一系列不实报道，质疑万华集团并购行为正当性，东道国政府动用外资并购禁止条款，当地银行财团集体抵制其国际融资需求（张晓涛，2018）。

为了推进并购目标，万华集团通过中国驻东道国大使馆向东道国政府传递真实并购意图，并承诺扩大东道国投资和就业。东道国政府开始转变态度，通过媒体公开表达支持万华集团并购，大股东 P 基金和银行财团也与其重启谈判，允许其成为 BC 公司少数股股东。

2010 年初，万华集团以追加注资为条件，重新提出实质性控股意图，再次引发债务重组成员质疑和抵制。此时，万华集团加强与 BC 公司中小股东和管理层协商谈判，承诺并购后对 BC 公司加大技术和资本投资，保留原管理层和员工自治。经过多次谈判和承诺履行，万华集团于 2011 年 2 月实现控股 BC 公司（闫国栋，2014）。

（2）并购场域制度逻辑竞争和结构型混合战略选择。并购谈判阶段，案例企业的混合逻辑动因、战略和效果编码如表5-9所示。

表5-9　　　　　　　　　　　并购谈判时期案例企业的混合逻辑战略

维度整合	二级主题	一级概念	案例信息引用
动因： 外部正当性管理压力	组织响应场域逻辑需求	"并购需要交易对象大股东认可""并购谈判需要东道国政府支持""并购需要债务重组成员表决同意"等	万华管理人员："跨国并购能缩短3~4年的审批时间，同时获得欧洲市场通道和销售团队以及有经验的员工队伍……"（A） 万华管理人员："并购首先要与大股东（P基金）开展股权交易谈判……并购需要当地政府部门审查同意……他们（P基金）跟我们谈判前，已经与当地银行财团初步达成了重组方案……"（A）
	组织与场域逻辑国别冲突	"母国和东道国市场交易理念冲突""母国和东道国市场交易惯例冲突"等	P基金代表媒体声明：亚洲投资者的行为是充满敌意的……未来3到4年内没有计划出售BC公司控股权……（C） BC公司原管理层声明：收购消息引起了公司内部的不确定性，主要是万华未透露此次收购的目的……（C） 国外媒体报道：万华从英美投资者手中购买了大量夹层债务……通过若干中国香港投资基金完成……（C）
	组织与场域逻辑治理竞争	"市场逻辑和社区逻辑冲突""市场逻辑和政府逻辑冲突"等	P基金代表声明：我们曾对债权人（债务重组成员）承诺过，不能将BC公司置于危机境地……（C） 当地银行财团（债务重组成员）媒体声明：支持目前管理层（P基金指派）正在进行的债务重组计划…重组完成后继续支持其管理BC公司……（C） 万华管理人员："当时匈牙利总统特使紧急约见我们大使馆商务参赞，质问我们想干什么……"（A）
战略： 结构型混合	组织逻辑向外混合	"市场逻辑组合政府逻辑元素""市场逻辑组合社区逻辑元素"等	万华管理人员："通过媒体声明我们的战略投资者身份……通过大使馆向匈牙利政府沟通……承诺对他们经济复苏和就业提供帮助……"（A） 万华管理人员："我们声明并购会给公司带去新技术和资本，保留他们（原管理层）的工作岗位……"（A）
	商业逻辑跨国隔离	"母子公司商业逻辑决策独立"	万华管理人员：集团留任了原P基金聘任的管理层，国内只派一名CFO，BC公司董事长虽然由母国高管兼任，但每季度仅象征性去开一次董事会……（A）
	商业和社会逻辑独立治理	"市场逻辑和政府逻辑区间隔离"	万华管理人员：集团通过间接控股，在东道国设立园区开发子公司……（A）

维度整合	二级主题	一级概念	案例信息引用
效果： 正当性外强内弱	混合逻辑程度低	"商业资源存量分配""商业和社会价值独立创造"	并购协议：万华集团承诺对 BC 公司加大商业设备资金投入……承诺开发 BC 公司所在园区，加大园区公共基础设施投资……（B）
	外部正当性获取	"东道国政府支持并购""债务重组成员同意并购""大股东同意出售股权"等	万华管理人员："匈牙利政府开始转变态度，同意我们收购计划……"（A） 匈牙利主流媒体：支持万华收购，万华收购完全按照市场化运作，符合国际资本市场规则……（C） 债务重组协议条款：万华全部收购 P 基金及其合作伙伴持有的 BC 公司股权……（B）
	内部正当性缺失	"母公司不认可海外子公司管理""跨境子公司同业竞争""海外子公司管理层抵制母公司文化"等	万华管理人员："BC 公司独立经营，我们无法推进跨境资源整合……"（A） 万华管理人员："我们在烟台万华上市之初就作出同业竞争禁止的承诺……"（A） 国内媒体：2011 年 BC 公司亏损 1.5 亿欧元……外籍 CEO 聘期未到就提出辞职……核心员工开始流失……（C）

资料来源：根据案例资源整理归纳而得。表中 A、B、C 分别代表不同的资料来源，具体参见表 5-5 的文本说明。

谈判阶段，案例企业并购行动得到母国集团总部大力支持，但遭遇东道国并购场域的外部正当性危机，选择混合逻辑战略的动因主要有三点：一是组织响应场域利益相关者需求。案例企业并购目标需要获得东道国政府和并购对象大股东等政策和交易许可。二是组织遭遇并购场域市场逻辑的国别冲突。案例企业并购行为惯例和东道国市场逻辑出现国别竞争。案例企业的组织身份落差及大量买入并购对象次级债等行为，引发欧洲主流媒体对其并购动机和战略意图的误解，并上升为并购行动对立。三是组织并购行为面临东道国商业逻辑和社会逻辑的治理竞争，表现为案例企业（关注并购成本效率）、并购对象大股东（关注投资声誉和利润回报）、东道国政府（关注国家经济安全和就业）、债务重组成员（避免 BC 公司破产）等不同逻辑目标（见表 5-9）。

为了兼顾自身国际化目标和东道国场域利益相关者的期望，案例企业采取的结构型混合战略有三个方面：一是选择向外混合，多次调整自身并购逻辑手段，将东道国政府逻辑和债务重组成员逻辑目标纳入并购协议承诺，包括负责开发 BC 园区，允许并购后 BC 公司自治等。二是采取社会逻辑和商业逻辑独立治理的混合方式，设立海外收购公司并间接控股 BC 公司（商业逻辑），同时单独设立园区开发子公司（社会逻辑），一方面履行对东道国政府和债务重组成员承诺，另一方面保护母国集团的身份独立性，规避新逻辑实践（开发 BC 园区）对集团整体经营带来不确定性风险。三是采取商业逻辑国别隔离的混合方式，母国总部和 BC 公司分别遵循原有商业逻辑，主要是履行谈判承诺，响应海外子公司对案例企业（制度逆差来源国）的身份隔离诉求。

案例企业的结构型混合战略兼顾了母国和东道国利益相关者的正当性诉求，但主要以向外妥协为主，战略效果呈现三大特征：一是组织获得东道国外部正当性。案例企业通过结构型混合战略，最终获得东道国政府、并购对象管理层和债务重组成员等多元利益相关者认可，实现海外并购目标。二是组织内部的逻辑混合程度较低。结构型混合的本质是多重逻辑分隔自治，案例企业集团内部多重逻辑决策相互隔离，形成资源分配竞争，逻辑兼容性较低。三是组织出现新的内部正当性危机，表现为母国总部和海外子公司管理层相互不认可、跨境资源整合受阻、海外子公司部分员工离职等现象，无形中增加了外部正当性获取成本，组织正当性整体呈现"外强内弱"状态（见表 5 - 9）。

5.2.4.2 整合时期案例企业的正当性战略管理

（1）并购整合过程描述。并购后整合时期，由于中西方公司文化差异，BC 公司管理层极力阻止母国总部向其输出生产管理理念，同时 BC 公司出现较大亏损，公司 CEO 和部分核心员工出现辞职现象。为了推进跨境资源整合，2012 年集团总部向 BC 公司输出母国高管人员。在新管理层推动下，BC 公司开展了系列业务经营和治理制度变革（张晓涛，2018）（见表 5 - 10）。2014 年 BC 公司出现盈利，2017 年销售收入进一步增长，财务费用大幅下降，当地员工对公司的认同感持续增强。2018 年万华集团通过母子公司反向式吸收并购实现整体上市，BC 公司转化为母国上市公司的垂直子公司，跨国资源整合能力进一步提升。在园区开发上，母国总部委托 BC 公司负责园区开发，形成两大子公司"共同决策"和"资源双向流动"的治理模式（见表5-10）。这一时期，东道国"向东开放"战略与母国"一带一路"倡议高度契合，园区被当地政府列为产业规划基地，享受东道国税收、土地等政策支持，园区环境大大改善，多次获得东道国授予的"企业社会责任"荣誉奖章。2016年，园区进一步被母国列入国家级境外经贸合作区，获得配套资源支持。与此同时，园区投资规模、就业岗位、税收收入和入驻企业数量都显著增加。

表 5 – 10   并购整合时期 BC 公司的制度逻辑变革

变革主体	典型做法
BC 公司	为解决同业竞争问题，集团委托母国上市公司托管 BC 公司，后来派出母国高管担任 BC 公司重要职位
	全面梳理整合跨境信息系统，引入母公司"精益管理"和"成本控制"等先进生产管理理念，重新设计生产业务组织流程，推进生产工艺改造和技术升级
	全面变革公司管理制度，在保留员工薪资福利待遇基础上，推行母公司"评先进、师傅带徒弟、按照绩效分配收入奖励"等激励制度；引导工会成员参与公司管理；结合中西方做法，加强安全生产和环保管理
	结合中西方商业理念，重新制订 BC 公司发展计划，重塑企业核心价值观；组建跨境员工学习交流平台，举办中西方家庭日，增进共情理解
BC 园区	集团委托 BC 公司主导园区开发，实行"共同决策"和"资源双向流动"；园区招商引资优先考虑 BC 公司的化工产业配套需求，BC 公司员工为园区入驻企业提供法律、财务、IT 支持等专业性支持；园区与地方政府达成战略合作协议，并与东道国投资促进局达成合作协议，为园区新进投资者提供"一站式"服务；园区与母国和东道国银行签订《战略合作协议》，为园区企业提供融资保险配套咨询等服务
	BC 公司统筹建设园区公共设施，引进国际高标准的安全生产和环保管理体系；投资重建园区合作区医疗中心，为园区周围群众提供体检、急救等服务；园区设立"社区开放日"，加强与周边公众沟通交流，促成东道国与母国合作办学和人才培养；BC 园区列入东道国产业规划基地和母国跨境经贸合作区

资料来源：根据案例资料整理归纳。

（2）组织内部层面的制度逻辑竞争和组合型混合战略选择。整合阶段的逻辑混合"动因 - 战略 - 效果"编码如表 5 - 11 所示。

表5-11 **并购整合阶段的混合逻辑战略编码**

维度整合	二级主题	一级概念	案例引用
动因:内部正当性管理压力	子单元响应组织内外逻辑需求	"并购战略推进需要跨境资源整合""海外子公司发展依赖母公司资源支持"等	万华管理人员:"没有海外制造基地就无法成为欧洲主流供应商……整体上市前,跨境资金、技术、市场、信息等资源共享方面均存在严格限制……这不利于上市公司整体战略的实施,也桎梏了BC公司发展速度和规模……"(A) 万华管理人员:"当年BC公司亏损不断扩大……悲观情绪蔓延,核心员工开始流失……"(A)
	组织内部逻辑国别冲突	"公司经营惯例国别冲突""公司管理文化国别冲突"等	万华管理人员:"整合初期,BC公司原高管对我们公司文化和管理机制极为陌生,双方工作始终难以协调……"(A) 万华管理人员:"跨国业务流程、运作模式和企业文化等都有差异……欧洲员工薪资待遇比我们国内高……当地的工作习惯是到点走人,受到法律保护……国外分工明确细致,国内主要靠员工创造性地工作……"(A)
	组织内部逻辑治理竞争	"公司逻辑与政府逻辑冲突""公司逻辑与社区逻辑冲突"	万华管理人员:"BC公司需要追加设备投资……园区开发也需要加大公共设施投资……"(A) 万华管理人员:"BC公司毕竟是化工企业,周边市民和员工对园区生产安全、环保、职业卫生等问题心存疑虑……"(A)
战略:组合型混合	子单元逻辑内外混合	"子公司组合母公司商业逻辑元素""子公司商业逻辑组合社会逻辑"等	万华管理人员:"新管理层对BC公司进行大幅度的制度改革……把万华经验逐渐植入到BC公司……"(A) 万华管理人员:"园区建设和招商引资优先满足BC公司产业配套需求……"(A) BC公司管理层:"我们愿意依托现有条件发挥桥梁作用,吸引更多中国企业来欧洲发展……"(C)
	商业逻辑跨国组合	"子公司业务经营和治理制度植入母公司逻辑元素""中西方融合的企业价值观重塑"等	万华管理人员:"引入国内精益制造等管理举措,像国内企业一样请工提合理化建议,评先进、师父带徒弟……"(A) 万华管理人员:"我们尊重BC公司已形成的企业文化和地处东欧的社会政治习俗……同时也把万华在国内好的经验复制过来……"(A) 万华管理人员:"通过文化融合这一最高境界整合,切实有效地使BC公司员工树立起新的企业核心价值观……"(A)

续表

维度整合	二级主题	一级概念	案例引用
战略： 组合型混合	商业逻辑和社会逻辑交互协作	"商业和社会逻辑资源双向流动""双重身份塑造""商业和社会逻辑分工协作"等	集团委托 BC 公司负责园区开发和招商引资……（B） BC 公司员工对入驻园区企业提供法律、财务、IT 支持、能源贸易、项目审批等专业性支持……（B） 万华管理人员：园区曾引入奥地利一家化学公司，其核心业务能够降低 BC 公司的环保处理成本……（A） 在园区保证就业人数的前提下，当地政府从 2014 年起，实施营业税退还的优惠政策……（B）
效果： 正当性内外增强	混合逻辑程度高	"商业和社会价值同步创造"等	2017 年 BC 公司利润超过 4 亿欧元……累计为当地政府缴纳税金超过 1.2 亿欧元……2018 年园区实现总产值 18 亿欧元，直接创造就业岗位约 5600 个……（B） BC 公司新管理人员："经过一系列融合、创新和改革，今天的 BC 公司已经从基因上成为万华的一分子……"（C）
	内部正当性获取	"母公司认同海外子公司""子公司员工认同母公司管理理念"等	万华管理人员："BC 公司 2017 年业绩井喷，财务管理费用大幅下降……整体上市后，跨国资源整合能力大大提升……"（A） BC 公司员工："中国企业充满远见与开拓精神，为公司制定了远大的目标和具体实施的步骤……我们城市很多家庭生计都与 BC 公司相关，如果不是万华，几千个家庭就要失业……"（C） BC 员工和部分高管在当地孔子学院学汉语……（B）
	外部正当性增强	"东道国周边社区认同园区治理""东道国政府认同园区治理""母国政府支持园区发展"	2012 年，BC 园区荣获"匈牙利企业社会责任奖"，2017 年被匈牙利经济部授予"最佳社会责任雇主奖"……（B） 东道国媒体："这个被很多匈牙利人遗忘掉的企业正成为匈牙利效益最好的企业之一——"（C） 东道国投资贸易局："万华的到来，不仅使匈牙利最大的化工企业焕发了生机和活力，而且带动了当地就业……"（C）

资料来源：根据案例资源整理归纳而得。

　　并购后整合阶段，组织正当性关注焦点从场域转向组织内部，混合逻辑战略动因包括三点：一是子公司响应组织总部逻辑的需求。并购后海外子公司持续亏损难以为继，需要母国总部资源支持；母国总部推进跨境资源整合也需要海外子公司管理层的配合。二是组织内部出现公司逻辑的国别冲突，体现为母国总部管理制度、经营理念和领导风格受东方商业文化影响深厚，海外子公司管理层和员工则大多来自欧洲本土，一直接受西方商业文明熏陶，双方互不认可。三是组织内部面临商业和社会逻辑的治理竞争，主要表现为母国总部（关注集团整体商业效益）、海外子公司（关注公司商业效益）、东道国政府（关注 BC 园区就业和税收）、东道国周边社区（关注社区治理安全）等多重逻辑目标竞争（见表 5 - 11）。

为了响应多重制度逻辑期望，案例企业海外子公司层面采取组合型混合战略，即：一是采取内外混合的方向策略，调整 BC 公司的生产经营和治理管控制度，将集团总部和东道国场域利益相关者的多重逻辑目标纳入 BC 公司的经营逻辑手段。二是实行公司逻辑的国别组合策略，一方面变革 BC 公司管理层团队，引入母国高管人员，缓解母子公司管理层文化隔阂；另一方面通过新管理层"自上而下"的公司逻辑变革（企业核心价值观重塑）以及员工"自下而上"的逻辑协调机制（允许海外员工提出合理化建议等），逐步将母公司的商业逻辑元素植入海外子公司，同时部分保留 BC 公司的原有逻辑元素，塑造中西方融合的新公司逻辑并贯彻到整个公司运营（见表 5 - 10 和表 5 - 11）。三是推进组织内部商业逻辑和社会逻辑的交互协作。园区开发子公司和 BC 公司之间实施交叉管理制度，将 BC 公司商业逻辑元素植入园区开发子公司（社会逻辑）。BC 园区利用身份混合（园区被认定为东道国政府产业规划基地和母国跨境经贸合作区）引入双边政府资源，通过园区环保安全等治理制度变革引入周边社区逻辑资源，最终形成商业逻辑、政府逻辑和社区逻辑人员共同入驻园区办公，多种逻辑资源分工协作和价值共创的格局（见表 5 - 10 和表 5 - 11）。

这一阶段，案例企业采取海外子公司层面的组合型混合和母子公司层面的结构型混合并存模式，组织正当性管理效果增强（见表 5 - 11），即：一是集团内部实现内部正当性。母子公司通过公司逻辑的国别组合，提升了集团经营效率和员工凝聚力，获得母子公司双向认可。二是案例企业在东道国的外部正当性增强。海外子公司的经营管理制度改革，响应了双边政府、集团总部、周边社区等多方利益相关者期望。三是海外子公司层面的逻辑混合程度高（见图 5 - 7）。并购后子公司（BC 公司）组合了母国总部和东道国的核心商业逻辑元素，有利于同时达成母子公司的商业逻辑目标，国别兼容性增强。

园区开发子公司同时组合了母国和东道国的商业和社会逻辑元素，实现了跨国别、跨制度秩序的多重逻辑互补协作和价值同创。整体上，通过两阶段混合逻辑战略的动态切换和组合运用，案例企业整体逻辑混合程度从低到高，组织正当性呈现"外强内弱"到"内外同步增强"的动态变化格局（见图5-7）。

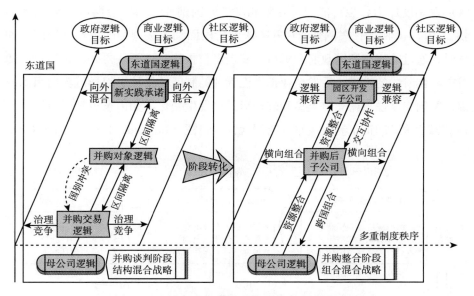

图5-7　案例企业正当性管理的混合逻辑转化过程

5.2.4.3　后发跨国企业正当性管理的混合逻辑转化模型

上述案例采用跨国并购情境展开研究，但其国际化阶段变化和跨国制度逻辑竞争特征同样适合其他类型的跨国组织模式。因此，本书发展了跨国制度情境下后发企业基于组织正当性动态平衡的逻辑混合"动因—战略—效果"理论框架（见图5-8）。

（1）混合逻辑的战略动因及其影响因素。国际化不同阶段，后发企业正当性关注焦点从外部场域转向组织内部，呼应了后发企业国际化目标和阶段特征（Zhang et al.，2018）、资源依赖关系（杜健等，2021）等因素对组织正当性战略焦点选择的影响观点，同时还需要从制度逻辑的国别冲突和治理竞争两个维度深入分析，即：国别冲突主要表现为母国和东道国的商业逻辑手段差异，包括商业行为惯例和理念冲突，强调跨国企业行为决策实践的正当性。治理竞争主要表现为商业逻辑和社会逻辑的价值目标竞争，更关注跨国企业行动结果的正当性。制度逻辑的国别冲突和治理竞争，是引发后发企业内外正当性失衡的逻辑根源，也是后发企业采取混合逻辑战略的主要动因。但是，东道国多重制度逻辑的治理竞争，对后发企业是一把"双刃剑"，既形成制度压力，也可能成为化解制度逻辑国别冲突的机会窗口（刘娟和杨勃，2021）。例如，案例企业在并购谈判阶段面临无法调和的市场逻辑国别冲突时，通过响应东道国政府逻辑目标实现声誉重构，进而获得外部正当性。随着国际化阶段的推进，后发企业正当性管理的制度场景从组织场域转向组织内部，跨国制度逻辑的竞争类型和表现形式也发生变化，如市场逻辑竞争转为公司逻辑竞争，印证了制度逻辑的跨层次影响特征（Besharov & Smith，2014）。

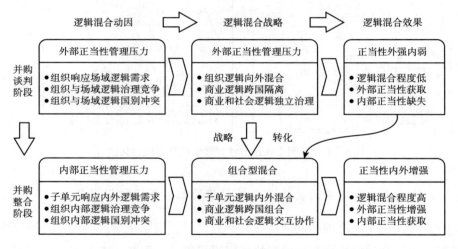

图5-8 后发跨国企业正当性平衡管理的混合逻辑转化模型

（2）混合逻辑战略实施及其动态转化机制。后发企业的组织正当性平衡管理并非同步实现，需要结构型和组合型混合战略的动态切换和组合搭配。国际化进入阶段，后发企业和东道国利益相关者的制度逻辑竞争主要反映在外部场域，缓解冲突的主要方式是商业谈判（市场逻辑手段）。后发企业的来源国劣势往往使其在商业谈判中处于弱势地位（妥协方），需要调整自身逻辑实践（向外混合）获取外部正当性。此时，后发企业大多采取结构型混合战略，商业逻辑的国别隔离可以迎合东道国商业利益相关者的身份隔离诉

求 (魏江和杨洋, 2018)。商业逻辑和社会逻辑的治理隔离可以保持后发企业原有的身份独立性, 规避新逻辑实践对其原有逻辑目标的使命漂移或风险冲击 (Greenwood et al., 2011)。国际化进入后阶段, 后发企业在东道国建立子公司, 场域逻辑竞争开始转化为集团内部的逻辑竞争, 海外子公司的逻辑变革决策主导权从市场谈判转为等级管控 (公司逻辑手段)。此时, 结构型混合战略的负面效应开始凸显, 容易引发内部正当性危机。伴随母子公司资源依赖关系的转变, 占据资源优势的一方 (如案例母公司) 容易掌握组织逻辑变革的决策主导权, 实施组合型混合战略。但是, 不同维度的逻辑混合条件和机理有所区别, 商业逻辑的国别混合主要体现 "逻辑手段替代" 特征, 主要原因是作为商业企业, 跨国母子公司的逻辑目标 (追求经济效率利润) 相对一致, 当逻辑手段出现差异时, 后发企业往往采取 "商业效率优先" 标准进行筛选 (魏江等, 2020), 用商业效率高的逻辑手段代替效率低的逻辑手段, 有助于提升集团整体商业竞争力, 实现内部正当性。BC 公司在并购后的逻辑国别组合中, 多次提到母国经验 "植入" "复制" 等词汇, 体现了这一特征 (见表5–10 和表5–11)。商业逻辑和社会逻辑的混合则更多体现 "不同逻辑手段和目标的交叉匹配" (Ramus et al., 2017) 特征, 主要原因是商业逻辑 (追求商业价值) 和社会逻辑 (追求社会价值) 属于不同制度秩序, 逻辑目标存在显著差异。两种逻辑混合需要后发企业找到一种共享型商业实践, 逻辑行动结果能够同时达成商业和社会逻辑目标, 因此, 需要两种逻辑资源的共同投入和互补协作 (Shepherd et al., 2019; 肖红军, 2020)。BC 园区在管理制度改革中, 提出 "在园区保证一定就业人员数量前提下享受当地政府的税收优惠或返还政策" "多种逻辑人员在园区分工协作和共同办公" 等规则设计, 体现了这一特点 (见表5–10 和表5–11)。

(3) 混合逻辑的战略实施效果。国际化不同阶段, 后发企业通过结构型混合和组合型混合的联动转换和组合搭配, 最终形成 "整体结构型混合 + 局部子单元组合型混合" 的混合逻辑战略, 有利于实现组织正当性内外失衡到同步增强的平衡目标。但是组合型混合战略主要局限在海外子公司层面, 没有推广到整个跨国集团, 主要目的是保持跨国集团的主导逻辑 (商业逻辑) 清晰 (Perkmann et al., 2019), 避免引发身份模糊、使命漂移等组织正当性新挑战。

5.2.5　研究结论与展望

本书旨在探究后发跨国企业如何运用混合逻辑战略实现组织正当性内外平衡的过程机理。案例研究表明，后发跨国企业正当性管理需要跨越组织场域和组织内部两大制度场景，面临制度逻辑国别冲突和治理竞争双向挑战，组织正当性压力呈现"外部到内部"的动态转变过程。国际化进入阶段，案例企业通过结构型混合战略，有助于推动东道国外部场域多重逻辑元素在后发企业内部"耦合共存"，获取外部正当性，但也容易促发内部正当性危机。国际化进入后阶段，组合型混合战略的进一步运用，有助于推动跨国别甚至跨制度秩序的多重制度逻辑目标和手段在海外子公司层面实现组合协作，实现组织正当性内外平衡。

5.2.5.1　本书研究的理论贡献

（1）从制度逻辑双维竞争和国际化多阶段视角拓展后发跨国企业的组织正当性战略理论。现有组织正当性文献侧重探讨后发企业如何运用混合逻辑战略应对制度逻辑的国别竞争（魏江等，2016；魏江等，2020；魏江和王诗翔，2017；魏江和杨洋，2018；杜健等，2021；王益民和王友春，2021），但无法解释跨国企业如何同时应对东道国内部不同制度秩序的逻辑治理竞争。本书一是突破了跨国制度逻辑竞争的单一维度局限，从国别冲突和治理竞争双向维度分析后发跨国企业的组织正当性压力来源及其逻辑混合动因，归纳后发企业实现组织正当性内外平衡的逻辑混合机理，提出商业逻辑的国别组合有利于实现组织内部正当性，商业逻辑和社会逻辑的治理组合有助于提升组织外部正当性，但两种逻辑混合机理存在差异等观点；二是突破单一制度场景研究局限（魏江和杨洋，2018；程聪，2020；杜健等，2021；王益民和王友春，2021），综合外部场域和组织内部两大制度层次，关注跨层次的制度逻辑竞争、兼容和混合转化特征，丰富了相关理论。

（2）从组织正当性动态平衡视角深化后发跨国企业的混合逻辑战略选择理论。本书从组织正当性的动态平衡视角，实例化揭示结构型和组合型混合战略在不同国际化阶段发挥的组织正当性平衡作用及其搭配组合原理，突破了现有组织正当性管理文献侧重单一制度情景和静态研究等的局限。同时，印证了后发跨国企业内部同样存在"整体逻辑结构型混合 + 局部子单元组合型混合"的混合逻辑状态（Perkmann et al.，2019），但是相比单国别混合组织理论，后发企业海外子公司层面的混合逻辑状态更加复杂，呈现"国别混合"和"治理混合"的双重特征，丰富了相关理论。

5.2.5.2　本书研究的实践意义

（1）为后发企业识别并应对跨国复杂制度情景下的组织正当性危机提供方法论指导。本书研究结论有助于后发企业从制度逻辑的国别冲突和治理竞争双向维度识别东道国的组织正当性压力来源，形成组织正当性动态平衡管理的战略思维。后发企业需要结合自身国际化目标和阶段特征、资源依赖关系等因素，明确不同时期组织正当性管理的战略重点。国际化进入阶段，需要加强东道国制度调研，从公司、市场、社区、国家等多个层面深化对东道国制度文化环境的认识，关注母国和东道国制度惯例差异及其产生的逻辑根源，有针对性地防范或缓解外部正当性危机。国际化进入阶段，后发企业则需要秉承内部和外部正当性动态平衡的战略原则，既要坚持自身商业逻辑底线，同时也要合理把握东道国多重制度逻辑兼容的机会窗口，统筹兼顾，相机抉择，运用混合逻辑思想实现多方利益相关者的价值共创。

（2）为后发跨国企业的组织正当性动态平衡战略实施提供决策参考。本书案例研究揭示了制度逻辑的结构型和组合型混合战略在后发企业国际化不同阶段的选择动因、方式、优缺点及其过程实现机制，为后发跨国企业的组织正当性平衡战略实践提供参考借鉴。特别是集团内部"整体逻辑结构型混合 + 局部子单元组合型混合"的混合制度设计，为当前"一带一路"沿线国家（地区）中资企业同时响应母国和东道国的商业逻辑和社会逻辑期望、实现跨国价值共创格局提供战略启示。

5.2.5.3　本书研究的局限性与展望

本书从制度逻辑视角，采取纵向单案例研究方法，探讨双重制度情境下后发企业基于组织正当性动态平衡的混合逻辑战略选择机理及其过程实现机制，有一定的理论创新性。但是，本书案例研究根据后发企业跨国并购情景推导得出的跨国制度逻辑竞争和混合特征及其组织正当性战略思路，是否具有普适意义或推广价值，仍需大量样本实证检验。此外，针对当前"一带一路"沿线国家（地区）企业面临的复杂制度环境，如何从制度逻辑视角深化后发跨国企业的组织正当性动态平衡战略模型构建，提炼更多的共性因素，形成更加系统的战略选择理论框架，也是未来有待深入研究的方向。

5.3 制度顺差和制度复杂性情境下交控科技的组织正当性战略

本书案例研究主要以北京交控科技股份有限公司（以下简称交控科技）开拓"一带一路"市场为例，探讨 EMNEs 面临母国和东道国制度顺差以及东道国制度复杂性等双重情景下，开展组织正当性管理的战略动因、方式及其过程实现机制。

5.3.1 案例研究背景

随着"一带一路"建设的深入，中资企业进入东南亚、非洲、拉美等经济相对落后国家（地区）的投资贸易规模和体量持续上升。作为典型的 EMNEs，中资企业（DM）进入欠发达经济体（UM）往往面临"制度顺差"情景，东道国政治经济法律制度规则不完善、不健全甚至不透明，容易让中资企业陷入信息不对称、制度学习困难、制度标准不明确等困境，基于制度逆差情景的组织正当性战略可能在新的制度情景下"水土不服"甚至"失效"。与此同时，欠发达经济体东道国内部往往伴随"制度复杂性"，受西方殖民历史或外来文化等多种影响，"一带一路"沿线不少国家（地区）的制度秩序不太稳定，制度变革相对活跃，东道国政府、社区、公众以及代表发达国家理念和价值观的国际第三方机构等多重利益组织交织在一起，宏观制度系统多元复杂，种族、宗教、语言和文化信仰体系趋于分化，政权更替、地区战乱和武装冲突频发，社会规则、规范和政策经常发生变更，本土保护主义、民主中心主义、双边或多边政治外交分歧等制度文化冲突时有发生，不同利益群体对中资企业的组织正当性诉求或评价标准有可能相互矛盾甚至互不相容。

本书试图结合第 2 章的理论框架，从"制度顺差"和"制度复杂性"双向维度入手，运用纵向单案例研究方法，探讨中资企业在"国别制度双元冲突"和"多重制度治理竞争"情景下应对东道国组织正当性危机的战略动因、方式及其过程实现机制，在此基础上构建 EMNEs 正当性管理模型，研究贡献主要体现在以下两点：一是拓展制度环境对 EMNEs 正当性影响的作用机制认识，揭示制度顺差和制度复杂性双向情景下 EMNEs 正当性危机表现和形成机理，区分 EMNEs 应对制度顺差和制度复杂性不同情景的战略选择差异，为中资企业缓解"一带一路"新制度文化摩擦提供决策参考；二是从组织资源禀赋和战略管理双向维度深化 EMNEs 正当性管理的理论认识，突破现有文献聚焦资源或战略等单一维度的组织正当性管理分析框架，从资源禀赋和战略管理双向维度探讨其对制度环境和组织正当性的调节影响，丰富相关理论。

5.3.2　理论文献回顾

根据第 2 章的理论分析，制度环境对 EMNEs 正当性具有基础影响，组织资源禀赋和战略管理对制度环境和 EMNEs 正当性关系具有中介或调节影响。前面两大案例研究侧重探讨"制度逆差和低制度复杂性"以及"制度逆差和高制度复杂性"两大制度环境特征，本书案例研究进一步探讨"制度顺差和高制度复杂性"情景。

制度顺差型东道国往往属于弱产权保护和执法机制，缺乏稳定透明可靠的信息采集机制和传递渠道，政治、法律、金融等制度具有较大的不确定性，地区之间存在市场割裂或文化差异（North，1990；Luo & Tung，2007），因此，往往也伴随高制度复杂性。科斯托娃和扎西尔（Kostova & Zaheer，1999）较早关注到西方发达经济体跨国公司进入欠发达经济体（制度顺差）以及东道国内部存在多重制度秩序治理竞争（制度复杂性）情景下的组织正当性危机表现、成因及其后果，认为，东道国（印度）中央政府和地方社区势力对待西方农业种子引入的理念差异和制度逻辑冲突，引发了西方跨国公司进入当地市场的组织正当性评价分歧，同时，西方跨国公司事先缺乏对东道国非正式制度文化的认识和了解，最终不得不黯然退出东道国市场。相关研究关注到发达国家跨国公司嵌入制度顺差和制度复杂性的战略情景，但是缺乏对EMNEs 的相关研究。

　　国际化进入阶段，母国和东道国的制度顺差越大，东道国制度缺失越严重，跨国公司对东道国政策、法律、规范、习俗、商业惯例、产品标准等信息了解渠道越少，信息不对称越严重，制度学习障碍越大（Kostova，2008；Li，2008；Marano et al. ，2017）。国际化进入后阶段，制度顺差越大，跨国公司母公司和海外子公司之间的组织治理制度规则和理念差异也越大，容易引发母子公司员工和管理层的不理解、不信任甚至关系抵制，增加组织内部正当性危机（李雪灵和万妮娜，2016）。因此，跨国公司采取制度同构战略，通过输出母国先进制度并应用于东道国市场有利于弥补制度缺失带来的组织正当性风险。当跨国公司面临 EM—UM 制度情境时，母国经济相对发达，东道国制度缺失或相对落后，有利于跨国公司规避直接的来源国劣势等负面影响，在东道国利益相关群体中形成正面印象，进而对其产品（服务）质量、安全标准和公司信息披露等微观行为进行"有利的制度归因"，增进关系信任，提高组织正当性水平。来源国正面形象背景下，跨国公司拥有的母国制度优势，更容易在东道国得到应用和推广，以改变东道国利益相关者认知，实现母国制度输出（杨勃和刘娟，2022）。但是，欠发达经济东道国的国别内部制度环境相对动荡，跨国公司容易遭遇东道国制度不稳定带来的组织正当性标准频繁变化及其引发的安全保障等考验，而且在东道国制度缺失背景下，国际主流媒体或非政府组织可能通过舆论引导影响跨国公司在欠发达经济东道国的组织正当性评价，形成间接的来源国劣势。东道国制度复杂性越高，制度逻辑竞争越激烈，制度变革越活跃，跨国公司遵从东道国制度文化的难度越高，制度同构战略越容易失效，制度创业（创新）战略机会越多。

因此，组织战略管理可以改变制度环境对跨国公司正当性的影响程度，发挥调节作用，但是制度同构和制度创业（创新）等战略选择和实施效果，同样受到组织资源禀赋特征的影响。跨国公司内部管理制度文化、拥有的海内外关系网络、国际化经验和创新能力建设等资源禀赋优势，一方面直接影响制度环境带来的信息不对称、制度学习障碍和来源国形象，另一方面也通过影响组织战略管理的能力，进而影响组织正当性管理效果。

综上所述，制度顺差和制度复杂性对跨国公司正当性的影响机制可以表述为：（1）制度顺差—信息不对称/信息渠道不足—制度学习沟通障碍/关系信任障碍—降低组织正当性水平；（2）制度顺差—正面来源国形象/间接的负面来源国形象—声誉溢出/关系信任障碍—提高或降低组织正当性水平；（3）制度复杂性—多重利益相关者制度逻辑竞争—东道国利益相关者管理难度增加—降低组织正当性水平。同时，组织资源禀赋和战略管理对制度环境和组织正当性关系形成重要调节影响。但是，上述理论文献归纳和逻辑演绎大多基于发达国家跨国公司应对制度顺差和高制度复杂性情景的研究，对EMNEs 如何应对制度顺差和高制度复杂性双向情景的研究文献目前仍非常匮乏，对其过程作用机制的揭示也相对不足，因此本书试图深化相关领域的理论研究。

5.3.3 研究方法设计

5.3.3.1 方法选择

本书试图结合中资企业开拓"一带一路"市场的典型案例，探讨制度顺差和制度复杂性双重情景下 EMNEs 正当性危机成因及其管理思路，侧重研究情境和过程描述的动态性，因此采用纵向单案例研究方法比较合适。

5.3.3.2 案例选择

本书采用理论抽样原则，研究对象及其所处的国际制度环境需要满足以下三大基本条件：（1）制度顺差。根据第 2 章的理论分析，制度顺差是指EMNEs 嵌入的东道国经济发展水平相对母国更落后，东道国制度更不健全，制度缺失严重或规则不透明。本书主要探讨中资企业进入比母国经济和制度更落后的"一带一路"沿线国家（地区）情景。（2）制度复杂性。基于第2章的制度复杂性概念，本书探讨 EMNEs 进入制度政策相对不稳定，东道国内部存在多重制度逻辑竞争，制度变革比较活跃的东道国制度情景，不同制度裁判对 EMNEs 正当性评价、利益诉求或制度行动要求有时相互冲突甚至互不相容。（3）EMNEs 正当性。有别于现有文献探讨发达国家企业进入新兴或欠发达经济体的制度顺差情景，本书主要探讨 EMNEs 进入制度顺差国家（地区）情景。相比发达经济体跨国企业，EMNEs 的母国制度仍不够完善，在国际主流社会中仍存在负面来源国形象，在东道国可能形成间接来源国劣势。基于上述筛选原则，本书主要选择北京交控科技股份有限公司参与的越南河内轻轨建设项目展开案例研究。

选择上述案例事件作为研究对象，主要基于以下原因：（1）符合理论抽样的案例典型性和制度情境要求。作为典型的 EMNEs，交控科技及其所在的中国高铁产业链联盟成员都成长于新兴经济体制度环境，同时，又积极拓展东南亚、西亚和拉美等经济发展相对落后、制度不太健全的"一带一路"沿线国家（地区），符合母国和东道国的制度顺差情景；同时，东道国越南属于非发达经济体，东道国经济和制度相对母国落后，东道国内部制度环境相对动荡，多种种族、宗教、语言、文化交织林立，西方发达国家的制度文化和价值观在当地有较大渗透力和社会影响力，国内利益群体纷繁复杂，制度变更相对活跃，制度复杂性高，符合本民书案例研究要求。交控科技是总部位于中国北京的一家轨道交通信号系统服务公司，为中国高铁制造总承包商提供产业配套支持。交控科技参与的母国高铁产业链联盟，越南项目总承包商是中国中铁集团，属于我国轨道交通领域的龙头企业，也是中国高铁产业链"走出去"代表企业。根据案例资料分析，2011 年中国中铁集团联盟获得越南河内轻轨项目建设订单，2022 年该轻轨项目正式通过验收并开通运行，中间经历了十多年时间，时间跨度较长，高铁企业遭遇的各类组织正当性危机具有案例典型性。（2）符合理论抽样的启示性原则。我国高铁产业链属于技术相对领先、具备技术海外输出实力，同时也是开拓"一带一路"市场的主力军，进入的东道国大多面临制度顺差和制度复杂性双重情景，遭遇的组织正当性危机具有较强代表性，越南轻轨建设工程属于国家"一带一路"倡议的重点工程，符合案例的启示性特征。

5.3.3.3 数据采集和分析

（1）数据采集。本书案例研究资料同样遵循"三角验证"要求，多渠道采集一手和二手资料，确保资料的有效性和可信度，具体如表 5 - 12 所示。

表 5 - 12　　　　　　　　　　案例研究资料来源

数据来源	采访对象	整理文字（万字）	编码类别
一手资料	案例企业中高层管理人员	2.8	A
二手资料	案例企业内部档案资料、上市公司重大事项公告、招股说明书、社会责任报告等	5.4	B
	境内外主流媒体新闻报道、案例企业高层公开采访视频、第三方机构研究报告和学术论文等	4.7	C

资料来源：笔者整理归纳而得。

案例资料一手资料主要通过实地调研和人员半结构访谈获取，2019 年以来通过调研访谈和线上视频会议等方式，重点访谈交控科技的中高层管理人员，了解案例企业和联盟成员在"一带一路"沿线国家（地区）遭遇典型组织正当性危机的事件起因、表现、处理方式以及处理效果等内容，相关编码记录为 A。二手资料来自内部档案、官方文件、媒体报道和学术研究论文，内部档案资料主要由案例企业管理人员提供，官方文件通过交控科技、中国中铁集团等官网及其所在的证券交易所网站、中国商务部、中国一带一路网等官方网站获取。其中，案例上市公司年报和重大事项公告等官方文件相对权威可靠，能够作为一手资料的重要佐证和补充，相关编码记录为 B。同时，本书收集了大量关于上述案例企业及其联盟成员在"一带一路"市场遭遇组织正当性危机的境内外主流媒体报道（评论）以及案例联盟成员高管等公开采访视频资料，相关编码记录为 C。

（2）案例信息编码和阶段划分。本案例同样采用扎根理论方法，对交控科技参与的越南河内轻轨建设案例原始资料进行全面信息编码，案例信息主要挖掘交控科技及其联盟总承包商中国中铁六局集团在越南遭遇的各类组织正当性危机表现、成因、战略选择及其实施效果，根据关键词提炼一级概念，然后形成核心范畴（二级主题），最后通过维度整合形成主范畴，通过反复比对和理论迭代，形成案例数据结构表（见表5-13）。从研究结果看，案例编码关键词主要聚焦在制度环境、资源禀赋、组织战略管理三类组织正当性影响因素及其战略实施效果（见表5-13）。

表 5-13 案例数据结构

维度整合	二级主题	一级概念	关键词
制度环境对组织正当性影响	母国和东道国制度落差	母国和东道国制度规则差异；母国和东道国制度理念差异；东道国制度缺失或透明度	母国和东道国的产品标准差异；母国和东道国的知识产权保护制度差异；母国和东道国的工程审批制度差异；母国和东道国的企业社会责任制度差异；母国和东道国政治外交矛盾；母国和东道国的政府服务理念差异；母国商业和东道国社区的文化理念差异；母国企业和国际主流企业的管理理念差异；母国制度比东道国制度先进；母国制度相比东道国或国际主流制度不够成熟；东道国缺乏本土制度标准；东道国制度规则不明确；东道国政府管理流程不清晰等
	东道国制度复杂性	东道国制度稳定性；多重制度逻辑竞争性；东道国制度变革活跃度	东道国政局不稳定；东道国利益相关者、国际同行竞争者和母国利益相关者制度逻辑竞争；东道国中央政府和地方社区制度逻辑竞争；东道国社区和商业客户制度逻辑竞争；东道国政策频繁调整等
资源禀赋对组织正当性影响	组织关系网络	母国关系网络；海外关系网络	组建母国产业链联盟；与国际知名品牌企业合作"走出去"；赢得东道国客户信任和正面宣传等
	组织能力	组织创新能力；组织管理能力	企业持续创新满足多方利益诉求；企业使命和核心价值观重塑；企业管理文化融合西方哲学理念等
战略管理对组织正当性影响	战略目标	母国制度主导；东道国制度主导；跨国制度混合	坚持母国标准输出；母国标准本土化；母国标准国际化；主动融入国际化价值体系；国际化共鸣；合作共赢；共同价值创造等

续表

维度整合	二级主题	一级概念	关键词
战略管理 对组织正 当性影响	战略行动	制度同构； 制度创业（创新）	母国标准应用到东道国市场；加强母国制度文化在东道国的宣传沟通；主动学习模仿东道国或国际主流制度；母国制度加入东道国制度元素；母国制度加入国际主流制度元素；母国、东道国和国际主流制度元素混合；参照国际价值体系修改母国标准；母国商业制度融入国际社会责任理念等
	战略效果	产品形象和商业竞争力变化 道德信任和情感支持变化	获得国际订单；项目成本低于国际同行；母国技术匹配东道国客户需求；东道国项目成功竣工运行；产品质量优于国际同行；企业形象被东道国社区和公众认可；海外客户要求加强合作；国际品牌影响力提升等

资料来源：根据案例资料的信息编码和整理归纳分析而得。

5.3.4　案例发现

5.3.4.1　制度环境对组织正当性的影响

越南河内轻轨建设工程是中国中铁六局集团作为总承包商获得的国际订单，案例企业交控科技作为工程联盟参与方，主要通过母国产业链抱团方式"走出去"。2011 年该项目工程开始在东道国动工建设，但是起步阶段并不顺利，案例企业和联盟成员多次遭遇东道国正当性危机并引发项目建设中断或停工。组织正当性危机主要表现为"间接的负面来源国形象""东道国行政管制或处罚制裁""东道国政府换届引发项目合规风险""当地民众和环保人士质疑和抵制"等。例如，受西方国际主流媒体的宣传误导，中国高铁技术在越南民众心中存在"负面产品形象"，即相对法国和日本等发达经济体同行竞争者，中国高铁产品形象相对落后，形成"间接的来源国劣势"。

根据表 5 - 14 的案例编码分析，案例企业引发组织正当性危机的制度归因可以解释为两大因素：一是母国和东道国的制度顺差，二是东道国的高制度复杂性。制度顺差主要表现为国别制度差异以及东道国制度的不健全。跨国制度差异包括正式制度（显性制度规则条款）和非正式制度（隐性制度文化理念和价值观）两个方面。正式制度差异主要表现为母国和东道国高铁建设标准不一致，知识产权保护规则差异以及高铁建设资质认定和审批流程差异等。非正式制度差异主要表现为案例企业对东道国利益相关者的高铁建设诉求、理念、价值观等认识不足，对当地民众和客户心理的不熟悉、不理解甚至意见分歧。东道国制度不健全包括制度规则缺失或不透明，例如，东道国负责高铁建设的资质认定和审批管理部门众多，但是管理部门对项目审批流程或操作规则没有作出明确规定或者规则不够清晰，加上当地政府服务理念薄弱，越南轻轨工程经常因为东道国土管、环保、安全等不同行政部门的资质许可管理矛盾而停工。

表 5 – 14　　　　　　　制度环境对组织正当性影响的案例信息编码

二级主题	一级概念	关键词	部分案例信息引用
母国和东道国制度顺差	母国和东道国制度规则差异	母国和东道国知识产权保护制度差异；母国和东道国产品标准差异；母国和东道国工程服务制度差异；母国和东道国的企业社会责任制度差异等	管理人员访谈："中资企业实施的行业标准往往高于国际标准，需要付出更高的创新成本"……（C） 管理人员访谈："我们联盟到越南、巴西等国家工程投标时，经常出现技术品质和投标成本都高于东道国客户需求情况，当地客户没有太多资金采用高新技术，更希望采取技术相对低级但成本低廉的产品"……（A） 管理人员访谈："我国轨道交通领域的中小企业大多申请的是国内专利，自主技术主要将其他行业的基础技术应用到本行业领域的集成创新模式，在海外业务拓展时容易遭遇国际同行竞争者的'专利狙击'……虽然专利能获得母国知识产权保护但在东道国往往不被承认"……（A） 媒体报道：越南政府一直挑刺，对合同条款提出疑问……越南的建筑工程需要的证书不止一张，这涉及交通、卫生、环保、消防、公共安全和劳工等多个部门，当地政府缺乏服务意识，需要建设企业自己去申请……（C） 公开采访视频："公司要'走出去'，不是简单看这个企业做得有多大，更多的是 ESG（环境、社会和公司治理）问题，社会责任的问题，这方面如何跟国际化共鸣，得到大家共同认可更关键……更多可能是本地化的问题，怎么样管理和面对劳工等问题，可能是大的阻碍"……（C）

续表

二级主题	一级概念	关键词	部分案例信息引用
母国和东道国制度顺差	母国和东道国制度理念差异	母国和东道国的政府服务理念差异；母国商业和东道国社区的文化理念差异；母国企业和国际主流企业的管理理念差异等	公开采访视频："当地客户希望我们能不能在社区做一些有关地铁的培训，讲一些课，让老百姓们知道地铁怎么运行，遇到问题的时候怎么避让，怎么降低风险，如果我们不了解西方的管理哲学和管理文化，很难做出来"……（C） 管理人员访谈："中国企业在越南建设的铁路遭遇当地民众质疑'中国人连铁路都修不直'……（A） 公开采访视频："越南民族相对单一，民族团结，自尊心比较强，与中国存在政治外交方面的矛盾，主要是历史渊源和领土问题"……（A） 管理人员访谈："公司业务员在东道国开拓市场遭遇各种问题或困难时，如果没有在母国总部接受过国际化制度文化理念、价值观体系以及操作规范标准等培训，员工往往容易陷入迷茫和孤单境地，缺乏解决问题的方向指引和战略指导"……（A）
	东道国制度不健全	东道国制度标准缺失；东道国制度规则不清晰；东道国不同管理部门对工程审批制度要求不一致；东道国中央政府和地方社区的征地管理制度标准不一致等	公开采访视频："很多'一带一路'国家并没有自己的标准，而是直接引用欧洲、美国标准等作为本国标准"……（C） 媒体报道："一开始越南希望日本公司来建设高铁……要求中国企业采取法国标准而不是中国标准建设高铁项目……如果项目完全采用中国标准，那么海外用户就会很担心这种面临只有中国一个供应商的局面"……（C） 管理人员访谈："工程开始启动时，发现当地政府征地任务还没有完成，需要投资者去解决沟通和审批事宜"……（A） 管理人员访谈："我们在越南开展招投标时，越南当地客户出现对中国电脑采购质量不信任问题，要求中国出售的电脑所有部件提供技术或配置参数，严格审查"……（A）
东道国制度高复杂性	东道国制度不稳定	东道国政局不稳定；民族保护主义；多方势力对政府政策制度争论反抗等	公开采访视频："高铁建设受到民众和媒体的不公平报道、攻击以及国内政治压力的影响"……（C） 媒体报道：越南内部政治力量错综复杂……高铁建设受到民众和媒体的质疑以及国内政治压力的影响……项目建设中断，许多越南媒体带着民族主义情绪纷纷来找中国企业麻烦，建设项目被迫推迟……（C）

二级主题	一级概念	关键词	部分案例信息引用
东道国制度高复杂性	东道国制度变革活跃	政策频繁调整；制度规则经常修订；东道国政治换届引发政策不连续等	媒体报道：无缘无故地被勒令停工，今天是环保局，明天是消防局，轮流找毛病……在舆论的压力下，河内政府也有些不知所措……证件全部暂停办理，已经办理的证件全部不算，必须重新办理……（C）
	多重制度逻辑竞争	东道国中央政府和地方社区制度逻辑竞争；东道国社区和商业客户制度逻辑竞争；东道国利益相关者、国际同行竞争者和母国利益相关者制度逻辑竞争等	管理人员访谈："越南文化受西方殖民影响较大，西方势力在当地有较大影响力，对中国产品的误导宣传容易引发民众反抗"……（A） 管理人员访谈："越南土地制度私有化，我们高铁建设的通电设备绕过当地居民社区领空时，当地居民以侵犯其隐私权为由发起法律诉讼，导致工程暂停"……（A）

资料来源：根据案例资源整理归纳而得。表中 A、B、C 分别代表不同的资料来源，具体参见表 5-12 的文本说明。

　　制度顺差引发案例企业在东道国信息不对称和制度学习障碍，项目招标和建设阶段都屡次遭遇东道国利益相关者的产品质疑或合作关系抵制，引发认知正当性危机。随着东道国项目建设的推进，制度顺差导致的国别制度冲突从规则内容逐渐上升到制度理念和价值观层面，案例企业和联盟成员经常无法理解东道国制度规则背后隐含的理念和价值观，导致母国输出的高铁创新产品无法匹配东道国市场需求，例如，母国研发的高铁信号系统技术先进而创新成本高，但是东道国客户更希望使用技术等级相对较低的产品以降低制造成本，出现实用正当性危机。与此同时，东道国也因为不熟悉中国高铁技术理念而引发很多认知误解，比如，东道国公众曾质疑中国联盟把铁轨建设得弯弯扭扭，但实际上是母国先进技术的本土化应用，有利于减少震动。由于历史原因，东道国很多高铁标准直接引用欧美国家标准，与中国标准存在显著差异，在西方媒体的宣传误导下，东道国民众对中国高铁企业形成"间接的负面组织形象"，即相对法国和日本企业，中国高铁企业的组织形象比较落后，引发道德正当性危机和认知正当性危机。同时，母国企业高铁技术大多通过跨行业专利集成获得自主研发成果并受到国内知识产权保护，但在制度相对缺失和不透明的东道国，这类高铁知识产权容易在东道国不被承认甚至遭遇国际同行竞争者的"专利狙击"。东道国制度不健全同样容易引发信息不对称和制度学习困难，母国企业的商业活动容易陷入"无章可循""无法可依"甚至"无所适从"等状态，继而引发合规风险。

东道国的高制度复杂性主要表现为东道国制度不稳定、制度变革活跃以及多重制度逻辑竞争。作为新兴发展中国家，东道国越南国内政治力量错综复杂，中央政府、地方政府、社区、民众和国际第三方机构等多方制度秩序代表对高铁建设的实用正当性或道德正当性评价标准并不统一，例如，"高铁要采取哪国标准""高铁设计关注便利性、质量安全还是价格""高铁建造成本如何控制"等，相关问题存在较多分歧和争论，多重制度逻辑竞争激烈，中资高铁联盟成员响应东道国多样化制度需求的难度增大。同时，东道国制度变革十分活跃，很多高铁政策"朝令夕改"，让联盟成员"无所适从"。随着东道国政治换届等制度环境变化，东道国内部政治力量更加复杂动荡，政府、社区、民众和国际同行竞争者等多方利益代表对中国高铁建设的道德正当性评价存在不同标准，例如，"中国高铁技术是否环保""高铁征地是否损害社区利益""高铁建设资金使用是否合理"等，多重制度逻辑冲突引发组织正当性评价标准不一致，案例工程多次被迫中断，建设周期不断延长，直到 2022 年案例工程才正式竣工运行。表 5 - 14 反映了制度环境对组织正当性影响的案例编码过程。

上述分析表明，制度环境是案例企业引发组织正当性危机的基础原因。相比制度逆差情景，案例企业进入制度顺差国虽然不存在直接的来源国劣势，但是由于西方发达国家利益群体的制度文化渗透、媒体宣传误导以及东道国制度的不稳定性，案例企业仍遭遇"间接的来源国劣势"。同样，制度顺差主要通过信息不对称、制度学习障碍、信任关系障碍以及间接的负面来源国形象等途径影响案例企业正当性获取。相比制度稳定情景，东道国的高制度复杂性引发东道国多重利益相关者对案例企业正当性评价标准或利益诉求的不一致，案例企业响应或管理东道国多元利益相关者的难度和成本增加，从而出现组织正当性危机。

5.3.4.2 战略管理对组织正当性的影响

根据表 5 – 15 的案例编码分析，案例企业通过战略管理调节制度环境对组织正当性的负面影响。战略管理主要表现为战略目标、战略行动和战略效果三大方面。针对东道国制度不健全同时母国制度相对先进情境下的组织正当性危机，案例企业和联盟成员的战略目标是母国制度主导，战略行动采取内向型制度同构，即将母国制度标准输出并应用到东道国市场，并利用东道国客户网络加强母国制度文化的海外宣传和沟通，增进东道国利益相关者对母国制度的正确认知，减少来源国歧视和误解。例如，案例企业参与的东道国轻轨项目建设，一开始当地公众希望实施法国标准，案例企业联盟通过与东道国本土企业合作项目招标，让本土企业加强母国标准的宣传和沟通，很大程度上缓解了信息不对称、制度学习障碍和间接的来源国劣势。针对母国制度相对落后同时母国和东道国制度（国际主流制度在东道国渗透）出现竞争情景，案例企业和联盟成员的战略目标是东道国或国际主流制度主导，战略行动主要采取外向型制度同构，即主动改造母国制度，融入东道国或国际主流制度元素，积极承担社会责任，加强本土化管理，实现母国制度国际化。针对母国、东道国或国际主流制度竞争而且不同制度各具优势的情景，案例企业和联盟成员的战略目标是混合跨国制度文化，将母国、东道国或国际主流制度元素混合并形成新的制度标准，战略行动上选择制度创业（创新），通过打造新的制度环境，实现多方利益目标协同。例如，案例联盟成员在东道国高铁产品创新设计中，更加注重母国先进制度标准与东道国客户、社区和政府等制度文化理念融合，同步响应和满足多方利益诉求，赢得母国总部、东道国客户、东道国政府和公众等多方群体支持。针对国际化初期海外管理人员缺乏国际制度文化摩擦应对经验和战略指导方向迷失等现实困境，案例企业实施了企业总部管理制度创业战略，即案例企业聘请国际管理咨询机构团队，融合中西方管理哲学思想，为案例企业打造一套遵循国际理论框架及标准的、具有交控基因与特质的企业愿景、宗旨、使命、文化及价值观体系（以下简称"PMV&CV"），新的组织使命和核心价值观塑造，为案例企业海外员工的日常工作和战略决策提供了方向引领，减少了跨国人员之间的制度文化理念冲突。战略管理效果主要表现为"产品形象和商业竞争力提升"和"道德信任和情感支持增加"两大方面，其中，制度同构和制度创业（创新）战略减少了制度顺差和制度复杂性带来的信息不对称、制度学习障碍以及间接来源国劣势，提高了案例联盟高铁产品的实用正当性并在东道国获取道德正当性和认知正当性，最终推动案例项目在东道国的顺利竣工。表 5 - 15 反映了战略管理对组织正当性影响的案例编码过程。

表 5 - 15　　　　　　　战略管理对组织正当性影响的案例信息编码

二级主题	一级概念	关键词	部分案例信息引用
战略目标	遵从单一国别制度文化	遵从东道国制度文化；坚持母国制度文化；融入国际主流制度文化等	公开采访视频："要了解各个国家的政策和决策程序……一定要去了解东道国采用什么样的标准和规范……在轨道交通这些 To B 行业中，必须得满足其他国家的一些特殊要求，就是在国际标准的情况下，他有他自己的标准，有自己的验证机构和测试环境"……（C） 高管采访视频："社会责任如何跟国际化共鸣，得到大家共同认可，其实是重要的关键点……这些国家需要我们去帮他们做建设，修地铁，但更多的是希望，我们修的地铁符合他们的文化，也希望我们在那个地方给当地的社会提供更多的方便和服务"……（C） 公开采访视频："不同的客户需求差异非常大……从客户角度出发，有针对性地解决他们的需求，从而建立信任关系……要注重 ESG（责任投资）问题，如何与国际化共鸣，得到大家共同认可……需要做更多的本地化，包括本地化的人员，本地化的管理理念，融入国际价值的体系"……（C）
	混合跨国制度文化	母国和东道国制度融合；母国、东道国和国际主流制度融合等	管理人员访谈："很多'一带一路'国家并没有自己的标准，而是直接引用欧洲、美国标准等作为本国标准，因此，强制海外市场执行中国标准是不现实的，应注重建立符合国际标准的国内标准化体系，为'走出去'奠定基础"……（A） 公开采访视频："中国标准国际化，一定要放在国际的环境里，将中国的企业技术标准尽量与国际主流标准进行对接融合，与国外客户多沟通交流，形成共同理解和共识，以国际标准为底线，再增加中国标准元素"……（C） 公开采访视频："需要更多的耕耘沉淀，从管理理念和为人类社会创造价值的观念上、从带动地方经济发展的角度去融合企业自身的战略目标"……（C）

续表

二级主题	一级概念	关键词	部分案例信息引用
战略行动	制度同构	母国制度应用于东道国市场并加强宣传沟通（内向型制度同构）；学习模仿东道国或国际主流制度实行本土化管理（外向型制度同构）等	公开采访视频："我们要了解各个国家的政策……一定要去了解东道国采用什么样的标准和规范……必须得找到满足其他国家的一些特殊要求，就是在国际标准的情况下，他有他自己的标准，有自己的验证机构和测试环境"……（C）
			公开采访视频："中国企业'走出去'要深入了解国外项目的招投标模式、项目模式、本地合作开展方式等，充分掌握国际规则，通过对国外竞争对手、当地市场的深入分析，结合自身的竞争优势，有针对性地制定符合实际的技术解决方案和商务推广方案，提高国外投标的参与度"……（C）
			媒体报道：轻轨项目秉承"管理国际化、用工本土化"的原则，对当地的人、机、材等各类资源进行整合，大到项目管理模式，小到机械配置，努力做到因地制宜……（C）
			公开采访视频："建立需要一个长期的过程，需要国外客户对你有更多的信任、认知和接受。我们的竞争对手都是西方老牌公司。如何赢得客户的信任是我们努力的方向"……（C）
			公开采访视频："中国企业'走出去'，首先应充分了解并尊重各国的思想、文化、习俗、宗教信仰和法律法规。同时，也应充分考虑和认识到海外市场对中国产品的实际需求程度……轨道交通企业'走出去'，不仅要了解母国标准和国际主流标准，还要了解东道国的特殊需求标准，比如东道国特有的验证机构和测试环境"……（C）
	制度创业（创新）	母国制度加入东道国或国际主流制度元素；母国、东道国和国际主流制度元素混合形成新制度；母国商业制度理念加入国际社会责任意识；跨国管理文化融合；因地制宜；共同理解和达成共识等	公开采访视频："地方保护主义和全球贸易壁垒时期，需要依靠深层次的合作。首先是文化价值观要保持国际范式，通过聘请国外高校或研究机构开展企业和文化管理咨询，打造新的企业文化愿景使命，与合作方保持价值观一致有利于促进双方合作……PMV&CV融合了中西方管理文化思想，是彰显企业特征与基因的旗帜"……（C）
			公开采访视频："交控集团做的CBDC系统，融合了中国标准和欧美标准，开发出新的国际化版本"……（A）
			公开采访视频："中国企业只有接轨国际标准，建立符合国际标准的国内标准化体系，才能真正实现行业在不同市场的兼容性，打破准入门槛"……（C）
			公开采访视频："大家知道地铁线路，一号线跑不到二号线，二号线跑不到三号线，所以在换乘的时候来回靠人去换乘，这是一个历史难题，原来法国巴黎、美国纽约都在试图把这个工作做到标准化，我们能不能跟澳大利亚和其他的一些国家进行合作，这个过程其实就是中国标准怎么做到国际化的过程，而不是直接把中国标准，直接搬过来，推到其他国家去"……（C）
			公开采访视频："我们在一次国际展会上发布了CBDC的国际版本标准，把中国的标准与欧美相结合和海外的一些地铁公司结合起来，使得我们好于海外，很多人都在寻求跟我们的合作，赢得了众多海外公司青睐"……（C）

二级主题	一级概念	关键词	部分案例信息引用
战略效果	产品形象和商业竞争力提升	减少信息不对称；提高产品国际竞争力；改善间接的负面产品形象；获得东道国商业客户认可等	公开采访视频："当时跟法国和德国等企业竞争，越南地铁线我们开通时间最早，从目前运行情况看，这个表现也是最好的"……（A） 公开采访视频："通过针对国外地铁业主需求的服务，可以增强国外客户的软实力，不单单是简单的项目和产品，更关注深层次的客户需求，在技术、产品、标准、文化和场景方面和客户需求更加深入地融合"……（C） 公开采访视频："在'一带一路'大环境下，中国企业所具有项目运营、资源集成创新以及产业链的优势是其他国际竞争对手所不能比拟的，如果不考虑其他因素，对国外项目来说，中国企业是最佳选择"……（C）
	道德信任和情感支持增加	增进海外合作；改善间接的负面组织形象；实现共同价值创造；获得东道国政府和公众认可等	管理人员访谈："我们的产品跟当地用户绑定，给他们带来共同价值"……（A） 媒体报道：该轻轨项目高质量的装备赢得了越南业主的一致认可，进一步提升了"中国制造"在越南的知名度……中国是高铁和地铁技术的领导者，很多国家都向中国购买轻轨列车……（C） 媒体报道：中国修建的轻轨为当地带去诸多便利，技术更是比日本靠谱……中国的报价是所有国家中最低的，越南采用中国轻轨技术，能节省大笔资金……这条路线的开通，对完善河内城市路网功能，缓解交通压力，促进区域经济发展有重要意义……（C）

资料来源：根据案例资源整理归纳而得。表中 A、B、C 分别代表不同的资料来源，具体参见表 5 - 12 的文本说明。

上述分析表明，案例企业的战略管理对制度环境和组织正当性关系具有重要调节作用。例如，案例企业的制度同构战略可以促进母国或东道国先进制度文化的跨境应用推广，增进跨国制度文化的双向学习、理解、尊重并增进相互信任和学习模仿，减少信息不对称，改善间接来源国劣势。制度创业（创新）战略则通过混合母国和东道国先进制度元素，构筑新的制度文化，有利于同步响应多元利益相关者诉求，缓解东道国制度不稳定带来的异质性利益相关者管理难度，促进共同价值创造，实现实用正当性、道德正当性和认知正当性。

5.3.4.3　资源禀赋对组织正当性的影响

根据表 5 - 16 的案例编码分析，案例企业的资源禀赋对制度环境和组织正当性关系也具有重要调节作用。资源禀赋主要表现为组织关系网络和组织能力两大因素。组织关系网络对案例联盟成员的组织正当性发挥正向调节作用，主要表现为母国关系网络和海外关系网络的双向拓展。例如案例企业依托母国高铁产业链联盟抱团"走出去"，很大程度上降低了其独自应对东道国制度学习障碍和成本等风险。案例企业依托中国香港铁路股份有限公司等国际知名品牌企业"走出去"，对其海外声誉和品牌形成正向溢出，很大程度上缓解了"间接来源国劣势"。案例企业借助东道国合作企业或海外高校关系网络加强母国高铁标准的正面宣传和沟通交流，重新塑造组织管理文化，有利于减少信息不对称和来源国偏见。案例企业发挥持续创新能力优势，融合跨国制度文化理念，对母国高铁信息系统进行持续创新改造，坚持母国高铁先进制造理念的同时，为东道国客户创造"人机交互""数据统计"等功能更强、操作更便捷、服务体验更优的软件辅助功能，获得母国总部和东道国客户等多方利益相关者认可，提高了制度创业（创新）战略效果。案例企业融合中西方管理哲学理念打造新的组织使命和核心价值观体系，为其海外员工提供了高屋建瓴的战略思想引领和行动决策指导，帮助其更好地理解并融入国际价值体系，提高制度同构战略效果。表5-16反映了资源禀赋对组织正当性影响的案例编码过程。

表5-16　　　　　　　　资源禀赋对组织正当性影响的案例信息编码

二级主题	一级概念	关键词	部分案例信息引用
组织关系网络	母国关系网络拓展	参与母国产业联盟减少制度学习障碍；依托国际知名品牌企业"走出去"，减少间接来源国劣势等	公开采访视频："我们可以和国有企业联合起来，共同'走出去'，初期阶段更多地为国有企业、国有经济做我们专业上细分领域的补充"……（C） 公开采访视频："跟着国家整体的战略，利用国家的场景，利用大市场的场景，使得产品逐步成熟稳定起来，具备'走出去'基础"……（C） 公开采访视频："交控科技与香港地铁集团合作开发应用新技术，交控科技提供新技术，并依托香港地铁集团的国际品牌影响力和海外客户市场资源联合'走出去'，将新技术进行场景应用实验，然后占领整个行业技术的领先"……（A） 官方文件：为满足国际铁路市场需求，2019年交控科技联合上游企业香港铁路有限公司、北京交通大学、香港理工大学、港铁学院五方成立香港轨道交通创新研究院，以攻克先进的共性核心技术和搭建技术研发平台……（B）

二级主题	一级概念	关键词	部分案例信息引用
组织关系网络	海外关系网络拓展	拓展东道国商业关系网络；利用东道国客户加强母国制度正面宣传沟通；参与国际创新联盟网络等	管理人员访谈："赢得东道国客户谅解，让客户加强宣传沟通，赢得当地民众支持"……（A） 官方文件：2021 年交控科技和香港铁路有限公司、埃福瑞股份有限公司设立合资公司，充分发掘和利用各方在各自领域的优势资源，整合各方资源积极推广列车障碍物智能检测系统技术的海内外市场商业化应用，实现优势互补、合作共赢……（B）
组织能力	持续创新能力发挥	持续创新满足多方利益诉求；持续创新满足客户辅助服务功能需求等	管理人员访谈："交控科技在应对其他国家竞争对手时，为越南地铁需求方合作开发更加快捷的人机交互界面或增加控制系统附加功能，在国际竞争中获得优势，让技术成果'走出去'"……（A） 公开采访视频："我们通过创新一些科技产品，特别是人工智能产品，比如把我们的信号控制系统跟当地用户绑定，能够给他们带来共同价值……我们与他们共同开发一些新的高铁信号系统服务界面，让操作界面变得更加友好，同时给它增加更多的辅助功能，使其在统计和运营维护等方面能节省很多时间，为当地客户提供很多便利，这是我们很大的比较优势"……（C）
	组织管理文化国际化改造	打造中西方融合的新组织文化价值观体系；母国组织文化融合中西方管理哲学等	公开采访视频："面对复杂问题的多面性而无法决策时，公司员工衡量的标准就是 PMV&CV，不管是哪个层级、哪个岗位的决策，符合 PMV&CV 才是我们的最终选择……在海外，我们通过管理和文化方面的学习和咨询，然后形成真正符合国际的方式，特别是最近公司做的企业价值观，还有文化愿景使命，这些我们叫 PMV&CV，我们在海外有很多公司，通过这种方式，大家一下子就拉近了距离，合作时，大家就觉得三观是一致的"……（C）

资料来源：根据案例资源整理归纳而得。表中 A、B、C 分别代表不同的资料来源，具体参见表 5－12 的文本说明。

　　上述分析表明，组织资源禀赋同样可以调节制度环境和案例企业的正当性关系，并且主要通过组织关系网络和组织能力两大方面发挥影响。同时组织资源禀赋也可以调节组织战略管理和组织正当性关系，改变组织正当性的战略管理效果。案例企业的海内外关系网络拓展或组织管理文化的国际化改造都有助于改善制度顺差或制度复杂性带来的信息不对称、制度学习障碍和间接来源国劣势，提高制度同构等战略管理效果。案例企业充分发挥持续创新能力完善高铁产品标准和配套功能（服务），能够提升制度创业（创新）战略的实施空间，同步满足母国总部和东道国多元利益相关者的制度诉求，实现共同价值创造。

综上所述，案例企业和联盟成员在应对制度顺差和制度复杂性双重情景时，主要通过制度同构和制度创业等战略管理行动，同时，发挥组织资源禀赋优势，减少制度环境对组织正当性的负面影响，多次缓解东道国的组织正当性危机。案例工程虽然"几经波折"，但最终顺利竣工并在国际同行中赢得先发优势，中国高铁产品得到国际客户青睐，海外市场进一步扩大并赢得社会利益相关者认可。

5.3.5 研究结论与展望

本书案例研究主要探讨制度顺差和制度复杂性对 EMNEs 正当性的影响机制，以及 EMNEs 如何依托资源禀赋和战略管理化解组织正当性危机的过程机制。研究结果表明，制度顺差和制度复杂性是引发 EMNEs 正当性危机的客观基础，但是两者的表现形式和影响机制有所差异。制度顺差主要表现为跨国制度规则和理念差异以及东道国制度不健全，造成跨国双方信息不对称、制度学习障碍和间接来源国劣势。制度复杂性表现为东道国制度不稳定，多重制度逻辑竞争并且伴随活跃的制度变革，EMNEs 管理东道国多元利益相关者的难度增加，容易陷入"制度迷茫""左右为难"或"顾此失彼"等困境，进而引发组织正当性危机。企业资源禀赋和战略管理对制度环境和组织正当性关系形成重要调节影响，资源禀赋对战略管理和组织正当性关系也具有调节影响。当东道国制度不健全而母国制度相对先进时，EMNEs 主要采取内向型制度同构战略，即母国制度输出并应用到东道国市场；当母国制度不够成熟并与东道国现存制度（国际主流制度渗透）出现竞争时，EMNEs 主要采取外向型制度同构战略，即主动融入东道国或国际主流制度，顺应东道国或国际主流价值体系；当母国、东道国或国际主流制度各具优势并出现制度竞争时，EMNEs 主要采取制度创业（创新）战略，将母国、东道国和国际主流制度元素进行逻辑混合，创造一个新的制度文化，能够同时响应多元利益诉求并实现共同价值创造。资源禀赋对组织正当性的调节影响主要表现为组织关系网络和组织能力两大方面，EMNEs 的母国和海外关系网络双向拓展，有利于降低信息不对称和跨国制度学习障碍，促进母国制度的东道国正面宣传沟通并形成正向声誉溢出，缓解间接来源国劣势；EMNEs 通过发挥持续创新能力和加强组织管理文化国际化改造等资源禀赋建设，有助于EMNEs 坚持母国底线思维的同时，更好理解并创造满足东道国或国际主流制度环境的新产品（服务），提高战略管理效果。

5.3.5.1 本书的理论贡献

（1）丰富制度顺差和制度复杂性双重情景下 EMNEs 正当性危机形成理论。现有文献侧重探讨母国和东道国制度逆差或东道国制度复杂性较低情景下 EMNEs 正当性危机表现及其形成机理，但仍没有深入挖掘母国和东道国制度顺差而且东道国制度复杂性较高情景下的 EMNEs 正当性危机表现及其形成机理。本书突破了制度环境对组织正当性影响的单一维度理论局限，从制度顺差和制度复杂性双向维度分析 EMNEs 正当性危机形成的制度成因，认为制度顺差和制度复杂性对 EMNEs 正当性危机形成具有不同的作用机制，有助于丰富和拓展相关理论。

（2）从组织资源禀赋和战略管理双向视角深化 EMNEs 正当性管理理论。现有文献主要从组织战略管理或资源禀赋等单一因素视角探讨 EMNEs 正当性管理理论，本书将两大因素综合起来，探讨 EMNEs 的资源禀赋特征和战略管理行为如何影响或调节制度环境和组织正当性关系，并从动态视角关注其过程作用机制，认为，组织战略管理和资源禀赋优势可以改善制度环境对组织正当性的负面影响，同时组织资源禀赋也可以调节战略管理对组织正当性的作用效果，相关研究结论有助于丰富 EMNEs 正当性管理理论。

5.3.5.2 本书研究结论的实践意义

（1）为制度顺差和制度复杂性情景下 EMNEs 正当性危机的识别和防范提供方法论指导。本书案例研究结论有助于"一带一路"沿线国家（地区）

中资企业从制度顺差和制度复杂性双向维度识别东道国正当性危机形成的基础原因，做好科学预判和防范措施。"一带一路"沿线国家（地区）中资企业要重点关注母国和东道国的制度规则和理念差异、东道国制度规则的缺失和不透明程度等制度顺差特征，关注发达经济体同行跨国公司在东道国的制度理念和价值观渗透程度及其社会影响力，了解国际主流媒体的舆论宣传导向，防范间接来源国劣势。同时要重点关注东道国的制度复杂性，了解东道国内部多层次制度系统及其利益代表的主导逻辑竞争和冲突状况，深入了解东道国制度不稳定性和制度变革程度，关注国际同行竞争者、东道国社区、客户等多重利益相关者的价值诉求和制度逻辑竞争，及时响应并平衡多方利益相关者的制度需求，积极预防并合理化解东道国制度复杂性风险。

（2）为制度顺差和制度复杂性情景下 EMNEs 战略管理和资源禀赋建设提供决策参考。本书案例研究揭示了组织战略管理和资源禀赋对制度环境和 EMNEs 正当性的调节作用。战略管理可以选择制度同构或制度创业（创新），但要结合母国和东道国的制度顺差以及东道国制度复杂性程度进行合理抉择。当东道国制度不健全同时母国制度相对先进时，内向型制度同构有利于弥补东道国的制度缺失或不规范，推广母国先进制度理念；当东道国制度不健全但是国际主流制度文化渗透较深而且优于母国制度时，外向型制度同构是合理选择，通过积极承担企业社会责任和本土化管理，推进母国制度的国际化共鸣；当东道国制度不健全同时伴随活跃的制度变革和激烈的制度逻辑竞争时，"一带一路"沿线国家（地区）中资企业依托自身资源禀赋和能力优势实行制度创业（创新）战略，创造新的满足多方利益诉求的混合制度逻辑并加以应用推广，实现共同价值创造，更有利于赢得东道国利益相关者认可，提高组织正当性水平。当"一带一路"沿线国家（地区）中资企业面临东道国信息不对称、制度学习成本高和间接来源国劣势等制度障碍时，积极拓展母国和海外关系网络能够向东道国传递正向信息，加强信息沟通，减少制度学习障碍，缓解来源国歧视，发挥资源禀赋的正向调节作用；当中资企业采取制度同构或制度创业（创新）战略时，企业加强持续创新能力建设有助于开发满足多方利益诉求的新产品（服务），为制度创业（创新）战略实施提供更多窗口机会。"一带一路"沿线国家（地区）中资企业加强组织管理文化的国际化改造，能够发挥文化引领作用，推动海外员工更好理解并快速融入东道国制度环境，赢得多方利益相关者认可。

5.3.5.3 本研究的局限性与展望

本书运用纵向单案例研究方法，探讨制度顺差和制度复杂性对 EMNEs 正当性的影响机理以及组织战略管理和资源禀赋发挥的调节作用，有一定的理论创新性。但是，本书案例主要根据中国高铁产业链联盟成员情景推导得出组织正当性战略思路，是否具有普适意义或推广价值，仍需大样本实证检验。此外，当前中国和其他"一带一路"沿线国家（地区）的制度顺差和制度复杂性特征表现越来越复杂多样，制度环境对 EMNEs 正当性危机的影响机制和作用维度也趋于多样化，如何深化制度、战略和资源等核心因素对 EMNEs 正当性的作用机制及其管理效果模型构建，提炼更多的共性因素，形成更加系统的理论框架，仍需要深化研究。

"一带一路"沿线国家（地区）中资企业获取组织正当性的对策研究

综合前面的理论和实证研究，本章主要从政府和企业两个层面提出优化我国"一带一路"沿线国家（地区）企业的组织正当性战略思路和对策。

6.1 加强顶层战略设计，提升"一带一路"沿线国家（地区）中资企业的组织形象

"一带一路"沿线国家（地区）中资企业在东道国遭遇的组织正当性危机表象背后，体现的是不同国别的制度文化差异以及国别内部不同社会秩序利益相关者的价值目标差异。制度环境是影响"一带一路"沿线国家（地区）中资企业获取组织正当性的基础性因素，组织正当性归根结底是制度问题。"一带一路"沿线国家（地区）中资企业大多在中国（母国）制度环境下成长，天然带有母国制度逻辑（新兴市场国家）印记，可能会引发"一带一路"沿线东道国利益相关者的认知偏差或关系歧视。来源国形象是东道国利益相关者的一种集体印象或认知，很难从企业微观层面直接撼动，需要母国政府加强顶层战略设计和统筹规划。

6.1.1 完善国内制度环境，提升"一带一路"沿线国家（地区）中资企业的道德正当性水平

本书研究的实证结论表明，正式制度距离和非正式制度距离都对"一带一路"沿线国家（地区）中资企业的组织正当性水平形成了负面影响，而且对道德正当性水平的影响更显著。因此，我国中央政府要加强战略统筹规划，通过完善国内制度建设，提升"一带一路"沿线国家（地区）中资企业的道德形象。一是深化国内正式制度建设，全方位优化我国政治、经济、法律、市场等治理规则，完善我国知识产权保护、行业管制制度、市场竞争规则、公司治理、产品（服务）检测和环保安全标准等制度政策体系，减少制度缺失行为，缩小中国和"一带一路"沿线东道国（地区）的制度逆差。现阶段重点是持续推进我国对外开放制度改革，深化国家自贸区、自由贸易港等开放平台的制度建设，减少负面制度管制清单，增进正面制度建设清单，特别是完善针对"一带一路"沿线国家（地区）的投资贸易、通关便利化、物流配套服务、产业链建设、跨境资本流通和外汇管制等配套制度政策改革，形成更加便捷、完善的跨境经商制度，促进我国企业与"一带一路"沿线东道国企业的国际贸易投资合作，通过经济合作带动民间文化交流，促进双向信息沟通。二是加强国内非正式制度建设。充分发挥我国地方社团和行业协会等社会组织力量，贯彻落实我国《民营企业境外投资经营行为规范》文件精神，提高"一带一路"沿线国家（地区）中资企业海外诚信经营意识，规范中资企业在国内市场的竞争行为和质量管控力度，督促企业加强国际化经营行为规范和合规制度建设，特别是加强企业海外贿赂、洗钱、不正当竞争等行为约束和监管，加大对违法违规行为企业的惩戒力度。积极打造全国统一的"一带一路"沿线国家（地区）中资企业信用信息服务平台，围绕各省市采集的"一带一路"沿线跨国公司及其全球合作伙伴名单，开发"国际贸易投资主体信用评价数据库"，深入实施"全球信用护照"工程，对"一带一路"沿线国家（地区）中资企业实施国际化信用评分制度，采取信用奖惩措施，加强"一带一路"沿线国家（地区）中资企业的海外信用体系建设。

6.1.2 加强对外宣传交流，提高"一带一路"沿线国家（地区）中资企业的认知正当性水平

本书研究的实证结论同样显示制度距离对"一带一路"沿线国家（地区）中资企业的认知正当性水平产生较为显著的负面影响。认知正当性主要来自东道国利益相关者对中资企业的来源国制度形象和组织形象判断，因此，需要从国家层面加强母国制度形象宣传和组织声誉传播，增进国别制度文化交流，减少信息不对称。"一带一路"建设是我国深入贯彻习近平主席提出的构建"共建、共商、共享"的新世界经济秩序，打造"人类命运共同体"伟大愿景的重要实践平台，对中国和"一带一路"沿线东道国都是合作共赢行为。中资企业在"一带一路"沿线国家（地区）的贸易投资规模持续扩大，为改善当地基础设施、促进东道国经济就业等发挥了积极作用。但是，受当前地缘政治、单边贸易主义和逆全球化思潮等影响，中资企业在"一带一路"沿线东道国的整体形象认知尚未得到根本性改善，需要我国政府加强国际声誉传播和品牌形象宣传活动。首先，要充分发挥我国政府高层的国际关系力量，拓展"一带一路"沿线国家（地区）的政治外交活动，加强双边或多边交流沟通，达成更多战略愿景和共识，增进中国和"一带一路"沿线国家（地区）的政治外交互信，提升来源国形象。其次，要发挥我国外交部、商务部、国家主流新闻媒体、海外商会侨会等宣传机构渠道以及各类民间宣传网络力量，系统性总结我国"一带一路"建设成果，加强"一带一路"沿线国家（地区）中资企业的海外形象宣传，充分挖掘正面事例，全方位、多视角地宣传报道"一带一路"沿线国家（地区）中资企业的东道国质量提升行动或社会责任活动，向"一带一路"沿线国家（地区）政府和公众输出更加立体、丰富、真实的中资企业组织形象，增进东道国利益相关者对"一带一路"沿线国家（地区）中资企业的身份认同和互信合作。最后，要发挥地方政府和民间机构的关系网络力量，加强中国和"一带一路"沿线国家（地区）之间的城市文化交流，组织形式多样的民间经济文化交流活动，通过长期稳定的经贸投资和民间交流合作，增进共

同理解，提升"一带一路"沿线国家（地区）中资企业的认知正当性水平。

6.1.3 深化创新驱动发展战略，提升"一带一路"沿线国家（地区）中资企业的实用正当性水平

本书研究的实证结论认为，制度距离对"一带一路"沿线国家（地区）中资企业的实用正当性水平影响不太显著，说明东道国利益相关者从经济利益或实用性角度评价中资企业时，受制度因素影响相对较小，更多关注中资企业能否真正为当地提供"物美价廉""质量可靠"的产品（服务），因此，实用正当性是中资企业在东道国能否长期生存发展的基础保障。提升实用正当性水平，我国要继续深化创新驱动发展战略，优化国内创新创业政策体系，搭建更加开放完善的"一带一路"创新合作平台，促进"一带一路"沿线国家（地区）中资企业加大自主创新、集成创新和开放式创新，通过创新驱动持续提升中资企业的产品（服务）质量，从根本上保障中资企业的商业竞争力。目前，中国和 150 多个国家政府和地区建立了创新合作关系。中国政府与多个"一带一路"沿线国家签署了双边创新合作协议（龚晨和田贵超，2021），推出"国际杰青计划"和先进技术适用性培训活动，2018 年以来，我国多次组织"一带一路"沿线国家（地区）青年科学家来中国开展短期科研交流活动，多次举办跨境技术培训班，为"一带一路"沿线发展中国家提供企业和人员技术培训。中国与"一带一路"沿线国家双向征集基础科学研究指南，并向双向合作科学家提供课题研究立项和经费支持。中国科技部推动中国—蒙古生物高分子应用联合实验室、中国—埃及可再生能源联合实验室、中国—柬埔寨食品工业联合实验室、中国—尼泊尔地理联合研究中心、中国—东盟海水养殖联合研究与示范推广中心、中国—南非矿产资源开发利用联合研究中心、中国—印尼港口建设和灾害防治联合研究中心、中国——克罗地亚生态保护国际联合研究中心等平台建设（龚晨和田贵超，2021）。与菲律宾、印尼、埃及、伊朗、蒙古国、泰国、老挝等国家启动建立跨境科技园区。与东盟、南亚、阿拉伯国家、中亚、中东欧构建五个区域技术转移平台，包括"中国—东盟技术转移中心""中国—南亚技术转移中心"

"中国—阿拉伯国家技术转移中心""中国—中亚科技合作中心""中国—中东欧国家技术转移虚拟中心"等，广泛开展技术推介与产业对接。未来我国政府要继续深化政企合作，引导更多中资企业加入"一带一路"沿线创新合作平台，提升中资企业的研发国际化广度和深度，从根本上提升中资企业服务"一带一路"沿线国家（地区）的辐射力和商业影响力。

6.2 加强服务平台建设，提升"一带一路"沿线国家（地区）中资企业的资源禀赋优势

本书研究的实证结论表明，企业的资源禀赋优势有利于改善制度环境对"一带一路"沿线国家（地区）中资企业的组织正当性负面影响，特别是企业的关系网络资源、国际化经验和企业创新资源等。因此，我国要加强多种类型的服务平台建设，为"一带一路"沿线国家（地区）中资企业提供更具竞争力的平台资源，发挥母国资源禀赋优势。

6.2.1 打造跨境联动的风险预警服务平台，丰富企业关系网络资源

针对当前单个中资企业应对"一带一路"制度文化障碍的成本过高、能力有限等现实背景，我国各级政府和行业管理机构迫切需要加强跨境服务平台建设，为"一带一路"沿线国家（地区）中资企业拓展国际关系网络提供更加全面、立体的公共服务和资源支持。

结合当前"一带一路"沿线东道国制度复杂性较高、中资企业国际化经验缺乏等现实情境，我国政府要加快打造全国统一的线上综合服务平台，加强"一带一路"沿线东道国制度文化环境的信息传递，健全"一带一路"沿线国家（地区）的政治、经济、外交和法律风险评估制度，完善"一带一路"沿线国家（地区）中资企业的海外投资保险保障体系。我国政府应该加强与国家发改委、商务部、贸促会等部门合作，联合组建领导小组，共同构建基于互联

网的中资企业海外服务平台，开设"国别指南与政治风险预警""行业（项目）风险预警""境外法律援助""合规性风险指导""全球信用护照"等平台功能服务模块，下设研究中心，有效整合各省市对外贸易（或跨境对外投资联盟）等服务平台资源，加强国家级层面的信息门户网站合作，开设有效链接通道，加强中央和地方信息资源共享。同时，联系海外重点投资地区的外使馆、商（侨）会、境外产业园区等平台，组建线上境外服务联盟，设立境外信息采集和联络咨询网点，为国内网站定期报送境外动态信息，打造"境内外联动"的海外综合服务信息数据库。服务平台下设的研究中心，建议采用"财政出资＋专业外包"的项目运作模式，即政府部门不参与具体的项目运作，而是通过公开招标的方式，吸引专业中介机构或智库团队开展国际化咨询外包服务，为中资跨国企业提供专业咨询平台，推动中资企业海外长效服务机制建设。利用平台建设，建立境外风险援助基地，加强中资企业境外风险预警服务，建立健全境外风险应急处理机制，对"一带一路"沿线东道国加强政治、经济、法律政策等系统风险预警研究，切实保障中资企业的海外资产和人身安全。特别是在一般性国别风险预警基础上，针对不同省市的重点境外投资行业和涉外工程项目，建议由中国信用保险机构（以下简称中信保）牵头，联合各地高校等智库团队开展专项研究，提供行业风险预警服务。依托中信保遍布全球的网络人脉资源，充分联系海外浙商，组建境内外服务联盟，全面收集中资企业在"一带一路"沿线国家投资面临的现实问题和诉求，在公共服务平台定期发布"一带一路"沿线国家（地区）贸易投资风险预警信息，采取有效措施及时化解跨国投资中遇到的政策难题。特别是随着中资企业跨国并购活动的增加，需要加大对中资企业境外并购的尽职调查服务，由国内律师团队事前开具境外投资风险调查清单，并委托境外专业律师开展实地调查和风险提示，提前做好制度文化风险防范措施，提高并购成功率。

6.2.2　加强跨境创新服务平台建设，拓展企业创新网络资源

随着我国企业开拓"一带一路"建设的国际化广度和深度提升，我国政府需要深化多层次跨境创新服务平台建设，充分发挥相关平台的创新网络资

源链接和知识产权维护等公共服务功能。近年来，越来越多的中资企业通过跨境技术转让或跨境合作投资生产等方式，承接来自以色列、德国、芬兰、俄罗斯、塞尔维亚等"一带一路"沿线国家（地区）的大量先进技术或创新成果，推动境外创新技术的产业化和本土化应用。例如，中国—以色列国际创新中心整合了深圳地方政府、民营企业和以色列高校技术转移中心等创新组织资源，有效推动了以色列国家的科技成果在深圳地区的产业化。同样，随着企业核心竞争力的提升，我国也有不少中资企业通过海外工程承包、绿地建厂等方式，输出中国优势技术或专利成果，主要集中在中国高铁、信息技术、新能源、生命医药、生态农业等产业领域，技术输出东道国主要包括：泰国、越南、印度尼西亚、印度、尼日利亚、南非等东盟、中东欧、非洲以及拉美新兴国家。上述东道国制度环境相对动荡，制度复杂性高，知识产权和合同契约等制度建设相对不完善，迫切需要我国地方政府和行业服务机构层面加强知识产权或海外权益保护，加强风险预警。此外，我国生物医药、节能环保、新能源和新材料等行业企业参与跨境联合创新的意愿和规模持续增长，需要地方政府和行业服务组织加强与欧盟、中东欧、以色列、俄罗斯及其联邦国家（地区）的跨境交流合作，牵头设立区域性跨国联合研发中心，让"一带一路"沿线国家（地区）中资企业能够更加便捷地参与跨国研发联盟或承接研发离岸外包，发挥母国和东道国的创新资源互补优势，拓展"一带一路"创新网络资源。

6.2.3 完善跨境专业服务平台建设，提高企业国际化经验

本书研究的实证结论表明企业国际化经验对非正式制度距离和组织正当性具有正向调节作用。因此，我国政府要加强多层次海外专业服务平台建设，为"一带一路"沿线国家（地区）中资企业提供针对性的国际化服务，提高企业国际化经验。一是加强企业国际化人才服务平台建设。针对我国企业的国际化人才短板，各地政府需要进一步优化"人才强省"政策体系建设，加大企业国际化人才引进、培育和培训方面的政策引导和资源支持，帮助中资企业打造强大的国际化人才队伍，提升企业国际化经验。二是加大地

方产业服务平台建设。充分发挥我国现代产业集群和块状经济的地域资源优势，围绕地方特色产业链和供应链，集聚区域优势资源，加大地方产业服务平台建设，建设多种类型的产业创新服务综合体，重新整合跨境优势资源，利用地方龙头企业打造的境外产业园区或专业服务平台，帮助地方中小企业"抱团出海"，鼓励上下游企业合作共建大型跨国投资集团，通过联合投资帮助中小企业抵御海外投资风险，提高国际化经验。三是搭建多种类型的海外中介服务平台。地方政府加强引导，组建多种形式的海外中介服务平台，集聚地方产业管理机构、金融机构、行业协会、中介服务机构等信息资源，开展中资企业国际化经营的专题培训或分类指导活动，加强企业"走出去"经验积累和信息共享，集中解决企业国际化的制度文化障碍。比如，由地方涉外服务机构牵头组建海外投融资信息服务联盟，联合"一带一路"沿线东道国的境外服务团体，针对国际化经验不足的中资企业开展统一性的国际投融资专题讲座或政策宣讲活动。同时，地方政府要深化与中信保等海外服务机构的业务合作，完善"地方政府+跨国企业+金融机构+融资担保服务机构"的一体化跨境金融服务平台，扩大各省市企业的海外信用融资保险覆盖率，提升"一带一路"沿线国家（地区）中资企业的海外融资保障能力。

6.3   优化微观战略决策，提升"一带一路"沿线国家（地区）中资企业的正当性管理绩效

本书研究的实证结论表明，企业战略管理行为可以正向调节中资企业的组织正当性水平。面对"一带一路"沿线国家（地区）的复杂制度环境，中资企业自身需要加强组织正当性战略管理决策，优化组织正当性策略选择，提高国际化绩效。

6.3.1   明确组织正当性战略定位

中资企业参与"一带一路"建设过程中，往往同时面临母国和东道国制

度距离以及东道国制度复杂性等双向制度情境挑战，而且制度距离和制度复杂性对"一带一路"沿线国家（地区）中资企业的正当性影响机制有所差异，需要加强战略分类选择。目前跨国企业获取组织正当性的策略选择纷繁复杂，但从制度逻辑本质分析，相关策略都可以归结为制度规避、制度同构和制度创业（创新）三类战略思想，不同战略适用的制度情境及其影响因素如表6-1所示。因此，在实践中，"一带一路"沿线国家（地区）中资企业要突破单一战略思想局限，结合特定的母国和东道国制度环境，明确自身的组织正当性战略定位，在此基础上选择合适的策略工具。

表6-1 　　　　"一带一路"沿线国家（地区）中资企业的
组织正当性战略选择

战略分类	战略思想	适用的制度情景	影响因素
制度规避	提前选择国别制度环境，尽量选择与母国制度相似的国家进行贸易投资	制度距离较大或母国和东道国制度逻辑冲突无法调和、东道国内部制度复杂性高等情景	企业自身的国际化战略目标和经济成本等
制度同构	调整自身组织结构、行为或文化符号，以便更好地遵从和适应东道国制度环境	制度距离较大、母国制度逆差或东道国制度复杂性较低等情景	制度同构态度、制度同构能力、东道国评价者认知等
制度创新	企业主动激发或改变东道国利益相关者的制度需求或潜在价值观，创造有利于自身行为发展的新制度环境	制度距离较大、母国制度顺差或东道国制度复杂性高等情景	资源依赖关系、企业声誉、地位、能力和关系网络等

资料来源：根据文献资料和逻辑推演归纳整理而得。

6.3.1.1　中资企业在国际化前期要加强制度规避战略运用

制度规避是指跨国企业主动退出东道国制度复杂性较高、东道国与母国制度文化距离较大的国别（地区）的战略思想。前述的案例和实证研究已经表明，中资企业在"走出去"之前，通过对目标东道国的制度环境调研，尽量选择与母国制度距离相近的国家（地区）进行优先海外布局，或者通过海外区位选址，主动缩小母国和东道国的制度距离，都有利于提升组织正当性水平。但是，这一战略的运用，也需要综合考虑其他影响因素，比如，中资企业自身的国际化战略目标、跨国地理距离以及东道国资源的可获得性、东道国市场发展潜力等经济成本因素。相关影响因素可能对中资企业的制度规避战略形成一定的选择约束，比如，中资企业基于特定资源获取需求或资源依赖关系，不得不进入特定目标东道国。因此，中资企业需要综合权衡组织正当性获取和其他战略目标因素之间的利弊。一般来说，当特定东道国制度环境因素引发的组织正当性危机已经威胁到中资企业的海外生存时，中资企业不得不将国别规避因素放在首位进行考虑。当然，中资企业也可以在特定东道国内部再次进行区位选择，比如，选择政治影响或制度文化冲突较小的特定城市来规避负面影响。

6.3.1.2　中资企业在国际化进入阶段要加强制度同构战略运用

一般来说，当中资企业进入的"一带一路"沿线东道国制度环境相对成熟稳定，制度复杂性较低，国内主导制度逻辑明确而且不易撼动，同时，母国和东道国制度距离越大时，制度同构往往成为中资企业重要的战略选择。向外制度同构能够帮助中资企业尽快适应东道国制度环境，减少制度摩擦和认知障碍。但是，当东道国制度逻辑要求与中资企业自身国际化战略目标实施出现无法调和的冲突时，外向型制度同构战略未必可行，中资企业可以灵活运用向内同构、混合同构、制度脱耦等多种战略选择。向内同构是坚持用母国制度逻辑标准对抗东道国制度逻辑标准，这一战略的实施条件是中资企业的核心资源主要依赖母国企业总部，而且中资企业自身足够强大，能够对抗东道国主流制度逻辑。混合同构是指中资企业在不同时期或不同组织单元内部，灵活运用向内同构（坚持母国制度逻辑标准）或向外同构（坚持东道国制度逻辑标准）的战略思想（魏江和王诗翔，2017），这一战略运用的前提是中资企业对母国总部和东道国子单元的资源依赖关系出现动态调整，需要相机抉择，最大程度上减少制度摩擦，提高中资企业的国际化战略绩效。制度脱耦（Decoupling）是指企业将规范性结构和实际运营结构进行分离的过程（Bromley & Powell，2012；Meyer & Rowan，1977），通过象征性地采用东道国制度逻辑标准迎合外部利益相关者，但在实践操作层面仍遵循自身（母国）制度逻辑标准（Tilcsik，2010）的做法，包括跨国母子公司治理结构松散耦合、企业社会责任脱耦等组织制度设计，这一战略运用需要企业集团内部成员达成一致意愿，而且能够有效阻止东道国外部制度环境的审查。整体上看，制度同构战略思想的运用，主观上依赖于中资企业自身认可并愿意遵从相关制度标准，客观上需要中资企业自身具备强大的制度学习模仿能力，特别是对东道国非正式制度（规范、惯例、价值观、理念等隐性制度知识）的理解和模仿，同时，也依赖正当性评价者的信息认知和判断能力，降低双向信息误解。因此，制度同构战略背景下，跨国制度距离、企业制度同构态度和能力以及利益相关者认知，都对中资企业的组织正当性管理产生重要影响。

6.3.1.3 中资企业在国际化进入后阶段要加强制度创业（创新）战略运用

制度同构战略实现虽然趋于多样化，但该战略的共同特性是没有改变母国或东道国的既定制度标准（制度逻辑），只是在不同情境、不同时间（阶段），相机抉择不同制度标准为企业所用，整体上仍缺乏能动性。当中资企业融入的"一带一路"沿线东道国制度环境相对复杂动荡，东道国内部多重制度逻辑冲突无法调和，场域主导制度逻辑尚未明确或者制度同构无法平衡多重制度逻辑冲突等情景时，制度创业（创新）应该成为中资企业获取组织正当性的重要路径。制度创业（创新）的本质是改变现有制度环境（标准），重新创造一个新的制度环境，或者通过妥协谈判，组合两种或两种以上的制度逻辑元素，形成混合逻辑。制度妥协（compromising）是指企业通过讨价还价和协商谈判，重新制定一个相互妥协的新制度标准，降低自身和竞争性利益相关者的双向预期，实现正当性认可（Oliver，1991；Kraatz & Block，2008），这一战略运用的前提是多重利益相关者之间能够实现沟通协调并且存在妥协空间。当中资企业进入东道国制度环境相对成熟但同时又面临母国和东道国制度标准无法调和的矛盾时，制度妥协是缓解组织正当性危机的重要手段，主要通过加强中资企业与东道国利益相关者的沟通谈判达成。但是，当中资企业进入制度缺失较为严重的欠发达国家时，中资企业向东道国选择性输出母国优秀制度逻辑元素，同时吸收部分东道国制度逻辑元素，通过混合逻辑和制度创新，更有利于保持中资企业的母国竞争优势，同时改善东道国制度环境。当然，制度创新战略运用的前提是中资企业自身足够强大，能够承受较大的组织正当性管理成本，同时能够抵御外部多重制度压力。因此，跨国制度距离、东道国制度复杂性、资源依赖关系、企业社会关系网络及其市场声誉或地位（实力）和能力等因素，对制度创业和混合逻辑战略的管理效果产生重要影响。

6.3.2 合理搭配使用组织正当性策略

根据不同的制度情景和组织正当性战略选择，中资企业需要综合运用和组合搭配多元化组织正当性策略，明确不同策略的实施条件和运作方向，提高组织正当性策略运用的情景性、动态性和组合效果。

6.3.2.1 海外区位选址策略

海外区位选址是制度规避战略情景下的一大策略选择。针对当前我国大量处于国际化初级阶段的中小企业，在开拓"一带一路"市场之前，需要加强海外制度环境调研和区位选择，提前防范组织正当性的制度文化危机因素。特别是当前尚未"走出去"或正在部署"一带一路"市场的中资企业，提前加强对目标东道国的制度文化环境调研，重点关注东道国政治经济法律制度、行业管制、技术环保标准、地方团体势力、宗教文化信仰、市场竞争环境、消费者偏好等相关制度特征，尽量选择与母国制度文化距离相近、制度复杂性相对较低的国家（地区）进行投资，有利于提升组织正当性水平。当然，影响中资企业海外选址的因素众多，不仅要考虑制度距离和组织正当性，同时也要考虑自身国际化战略目标、地理距离以及东道国资源可获得性、市场潜力和物流交通成本等多种因素。当中资企业考虑多种因素影响，必须在特定东道国进行跨国投资时，可以进一步选择制度文化冲突相对较小的特定区域或城市来规避负面影响。例如，本书在调研过程中发现，浙江舜宇集团因其下游客户小米集团的海外供应链拓展需要，要求其在印度建立生产制造基地时，为了减少两国政治外交关系引发的印度民众负面情绪影响，特意选择远离印度首都新德里（政治思潮中心城市）的一个南部城市设立生产制造基地，有助于缓解跨国制度环境因素带来的组织正当性负面影响。

6.3.2.2 国际化进入模式选择

在国际化初级阶段，中资企业需要加强国际化进入模式选择，提高组织正当性水平。根据前面的案例和实证研究显示，主动开展国际化模式选择的中资企业，其组织正当性水平相对较高。本书根据企业国际化组织模式是否借助第三方网络资源，将其区分为直接模式和间接模式（委托代理）。直接模式是指跨国企业不借助任何第三方组织平台或品牌形象，直接以来源国组织身份或自身品牌形象在东道国设立子单元（海外销售中心、制造基地、研发中心等），并采用母国总部完全控制的治理模式，包括直接出口、独资设立新厂、母国控股管理型跨国并购等方式；间接模式则是借助东道国或第三方国家的市场主体（中介平台）的身份、声誉或网络进入东道国，海外子单元采用东道国完全自治模式，包括代理出口、贴牌生产出口、参股或合资设厂、战略联盟以及保留东道国管理层自治的跨国并购等方式。间接模式具有信息沟通、身份变革（隐藏）、声誉溢出、关系链接和信任背书等多种正当性影响机制，通过借助代理组织在东道国的声誉、品牌和关系网络，帮助跨国企业顺利融入东道国社会关系网络，有利于淡化跨国企业因 "外来者" "新入者" 和 "来源国" 等身份引发的负面组织形象，增进东道国制度学习、适应和同构模仿的速度和效率，减少与东道国利益相关者的沟通交流障碍，获得组织正当性的正向溢出效应（Meyer et al.，2009；宋铁波和陈国庆，2010；陈怀超和范建红，2014）；而且间接模式在东道国实行本土化治理，能够减少东道国政府等社会利益相关者对裁员、就业、经济、军事、政治、安全等质疑和担忧，降低组织正当性危机（Globerman & Shapiro，2009；Meyer et al.，2014）。例如，浙江省宁波市海天集团在开拓 "一带一路" 市场时，主要选择了渐进式（间接）国际化进入模式。在国际化之前，率先在国内实施产品（服务）质量卓越战略，加强技术创新和质量品牌建设，要求企业对产品和服务做到 "精益求精" "无可挑剔"，并获得国际行业高标准认证资格。在此基础上，通过中国香港和澳门等地注册子公司，打造国际化企业的身份形象和标识，寻求东道国本土代理商帮助开拓海外市场，等时机成熟时再设立海外销售（服务）中心和海外生产研发基地。在国际化进入后阶段，海天集团倡导实施"以人为本"的特色家文化，充分尊重东道国客户和员工的习俗和文化，渐进式输出母国优秀文化基因，在日常工作体验中逐步感化海外客户和员工，最终获得海外员工、管理层和客户的情感支持。但是，当中资企业进入亚非拉等经济欠发达的"一带一路"沿线国家（地区）时，选择直接国际化模式更有利于中资企业减少东道国制度不健全带来的国际化风险，同时直接模式能够提升中资企业的国际化战略主动性，通过向东道国输出母国制度文化或制度文化创业，贯彻中资企业自身制度逻辑，发挥企业独特优势，改善东道国制度环境。

6.3.2.3　国际关系网络拓展

中资企业在进入"一带一路"沿线国家（地区）时，需要加强国际关系网络建设，缓解制度逆差和来源国劣势等负面影响。网络关系拓展策略包括：（1）加强东道国本土化网络治理，尽量实行东道国子单元的本土化自治管理，通过东道国委托代理机制，减少东道国政府歧视和跨境管理人员的文化冲突；（2）积极拓展东道国商业关系网络，在国际化初级阶段充分利用"一带一路"沿线国家（地区）的华侨商会网络获取初始正当性认知，在此基础上，加强与东道国主流商业群体、协会成员以及供应商和客户等互动联系，增进沟通协作，加快吸收和理解东道国商业规范，开发符合当地商业惯例的有效服务知识；（3）非政府组织关系网络拓展，主动与东道国的非政府组织加强沟通合作，争取成为国际主流非政府组织的会员，赢得相关组织的信任和正向声誉溢出；（4）政治外交关系网络维护，尽量与母国和东道国政府保持良好关系，增进双边政府信任，在组织正当性危机事件发生时，能够第一时间借助双边政府关系，赢得政治外交保护或协商谈判机会。

6.3.2.4　企业社会责任策略

企业社会责任（CSR）是指企业应尽的社会义务，包括责任管理、经济（市场）责任、环境责任和社会责任等（黄慧群，2009）。企业社会责任活

动具有声誉溢出、社会意义构建、信息沟通等多种组织正当性影响机制
（Yang & Rivers，2009）。中资企业在制度同构战略背景下，适当运用企业社
会责任策略，可以有效提升制度同构的声誉传递效应。作为一种有效的信息
传递手段，企业社会责任报告有利于中资企业向东道国或国际主流商界传递
其正面形象。特别是在发达经济国家，中资企业通过企业社会责任报道，有利
于缓解母国制度逆差引发的来源国负面形象和不信任问题，包括改善对中资企
业的产品（服务）、劳资关系、环保安全等负面认知（Kostova & Zaheer，1999；
Klein，2002；Cuervo – Cazurra & Genc，2008；Ramachandran & Pant，2010；
Campbell et al.，2012；Cuervo – Cazurra & Ramamurti，2014）。特别是针对一
些行业争议较大或政治敏感性较强的中资企业，更需要在行动上提升企业社
会责任实践，以超越东道国本土企业的更高标准要求自己，向外界传递积
极、负责任的企业组织形象，有利于帮助中资企业摆脱东道国负面舆论影
响，提高企业声誉，减少来源国劣势（Zheng et al.，2015；Marano et al.，2017；
Lee et al.，2018）。例如，浙江汽车零部件制造企业博尔特公司，在国内同行
流行成本优先和价格战市场环境下，率先寻求企业质量提升战略，通过大力
引进海外先进设备和技术标准程序，提升产品质量，然后成功融入欧洲一家
知名供应链客户的采购网络，通过欧洲知名汽车制造商的第三方声誉溢出效
应以及跨国技术学习和文化交流，不断优化自身产品的生产标准和技术标
准，提高产品质量，为供应链下游客户提供优质产品，最终在行业内形成品
牌声誉，获得更多知名供应链客户的订单合作。浙江纺织服装上市企业百隆
东方在越南设立生产制造基地时，通过提升东道国本土化就业，塑造良好的
政商关系，同时在企业内部建立比当地企业更加健全完善的员工福利制度，
不仅赢得东道国政府关于土地、税收等优惠政策，而且赢得当地员工的信任
和支持。

6.3.2.5　企业身份变革和修辞策略

当中资企业面临制度创业（创新）战略选择时，可以综合运用身份变革
和修辞策略。身份变革主要是指中资企业通过社会意义构建或印象管理策
略，改变自身组织身份，获得外部利益相关者的新身份认同。当中资企业在

东道国遭遇制度逻辑冲突时，通过身份变革，促使东道国利益相关者对"中国企业是谁"形成新的认知，激发潜在价值观，消除原身份误解（曲解），进而有助于帮助中资企业获得组织正当性（杜晓君等，2015）。修辞策略是指企业将修辞方法运用于组织正当性管理，包括认知（意义创造）和劝服（意义赋予）两大作用机制（邓晓辉等，2018；冯钰婧，2020）。合理的语言修辞可以影响评价者关于被评价企业的有效性信念和正当性判断，有效缓和专业化组织中的制度矛盾，减少组织接受者的负面情绪，提升组织正当性（彭长桂和吕源，2016；冯钰婧，2020；王建国等，2019；等等）。"一带一路"沿线国家（地区）中资企业面临东道国制度复杂性时，可以利用社会功绩强调、公众情感共鸣等策略，转换东道国利益相关者的组织正当性关注焦点，形成新的评价标准认知，进而帮助中资企业获得组织正当性。

| 第 7 章 |

全书总结

本书综合资源基础观、新制度主义、制度逻辑、组织战略管理等交叉学科理论，运用文献归纳、逻辑演绎、实地调研访谈、典型案例研究和大样本统计回归实证等多种研究方法，构建"EMNEs 正当性获取的关键因素诊断和策略选择"理论研究框架，并从制度距离、制度复杂性、企业资源禀赋特征和战略管理行为等多个层面，诊断"一带一路"沿线国家（地区）中资企业获取组织正当性的主要影响因素，在此基础上提出相应的组织正当性战略管理思路和策略选择，具有较好的理论创新性和实践启示意义。

7.1　主要研究结论

7.1.1　"EMNEs 正当性获取的关键因素诊断和策略选择"理论模型构建

本书综合新制度主义、制度逻辑、资源基础观、组织战略管理、认知心理学等交叉学科理论，重点分析母国和东道国的制度环境（制度距离和制度复杂性）、企业资源禀赋特征和战略管理行为等核心因素对 EMNEs 正当性的影响机理及其交互作用机制，深入探讨不同影响因素之间的内在逻辑关系，在此基础上构建"EMNEs 获取组织正当性的关键因素和策略选择"综合理论框架，形成以下核心研究假设：（1）制度环境对 EMNEs 的正当性水平具有基础性影响，其中制度距离主要影响 EMNEs 和东道国利益相关者的信息沟通、制度学习和关系网络，进而影响其组织正当性水平。制度复杂性则通过东道国的异质性利益相关者管理机制影响 EMNEs 正当性水平。（2）EMNEs 战略管理行为和资源禀赋特征对制度环境和 EMNEs 正当性关系具有中介或调节作用，企业资源禀赋可以提升 EMNEs 战略运作能力，企业战略管理行为可以改变 EMNEs 的国际关系网络、东道国利益相关者认知或组织正当性评价标准，提升 EMNEs 正当性水平。（3）制度、战略和资源等核心因素对 EMNEs 正当性获取都具有关键性影响，EMNEs 需要深入了解母国和东道国制度环境，结合自身资源禀赋特征，遵循"因时（地）制宜""相机抉择"等战略原则，灵活运用制度规避、制度同构和制度创业（创新）等战略思想，提升组织正当性水平。制度同构战略思想侧重顺从现有制度环境，适合制度逆差或东道国制度复杂性较低的情境。制度创业（创新）战略则强调改变或创新现有制度环境，适合制度顺差或制度复杂性较高的情境。

7.1.2　"一带一路"沿线国家（地区）中资企业的制度环境、正当性表现和国际化影响分析

本书综合运用一手调查资料（典型企业调研访谈和大样本问卷调查）和二手资源（国家工商联、"一带一路"网站和高校期刊论文等第三方调查统计数据），实地考察分析"一带一路"沿线国家（地区）中资企业融入的跨国制度环境、组织正当性表现及其国际化绩效影响。（1）"一带一路"沿线国家（地区）企业嵌入的东道国制度环境复杂多元，包括发达经济体、新兴经济体和欠发达经济体等多种经济体类型，母国和东道国的制度距离包含正式制度和非正式制度等内容差异，也包括制度逆差和制度顺差等方向差异。东道国内部制度复杂性差异较大，部分沿线国家（地区）的制度秩序相对稳定成熟，制度规则明确完整，制度复杂性较低，有些国家（地区）的内部制度缺失较为严重，多种文化价值理念并存，制度规则不够透明稳定，多重利益相关者存在价值目标分歧和管辖权治理竞争，制度复杂性较高。（2）中资

企业在"一带一路"沿线国家（地区）的组织正当性有所提升，但整体水平仍偏低。根据样本企业数据的因子分析结果，中资企业在"一带一路"的组织正当性得分为正数（组织正当性获取）的比例为 52.9%，得分为负数（组织正当性缺失）的样本比例达到 47.1%，但半数以上的组织正当性得分正数企业集中在组织弱正当性区间。"一带一路"沿线国家（地区）中资企业的实用正当性水平较高，但道德正当性和认知正当性水平较低。"一带一路"沿线国家（地区）中资企业的组织正当性缺失原因，主要包括制度学习和认知沟通障碍、政治外交风险和来源国负面形象以及企业自身资源禀赋和战略管理障碍等多重因素影响。（3）根据大样本问卷调查和统计回归分析，组织正当性水平对"一带一路"沿线国家（地区）中资企业的海外市场拓展、跨国创新和财务盈利等多个领域的国际化绩效产生负面影响，亟待加强组织正当性管理。

7.1.3 "一带一路"沿线国家（地区）中资企业的组织正当性战略案例研究

本书运用扎根理论和纵向单案例研究方法，探讨"一带一路"沿线国家（地区）典型中资企业的组织正当性表现、影响因素及其战略选择。浙江吉利集团的海外创业案例研究主要探讨母国和东道国存在制度逆差情境下 EMNEs 的组织正当性战略选择，构建"内外部时机选择—组织正当性获取—后发企业海外创业绩效"理论模型，分析 EMNEs 如何把握市场、产业、技术和管理等内外时机条件，突破逆向制度障碍，提升企业正当性和海外创业绩效。山东万华集团的跨国并购案例则结合制度逆差和制度复杂性双重情境，构建跨国混合逻辑"动因—战略—效果"理论模型，探讨 EMNEs 如何运用混合逻辑战略应对母国和东道国的制度双元冲突以及东道国内部多重制度秩序的主导逻辑目标竞争，实现多方利益相关者的共赢合作。

7.1.3.1 浙江吉利集团的海外创业案例研究

该案例研究揭示了母国和东道国存在制度逆差情境下，中资企业如何把握海外创业的窗口时机，提升组织正当性管理能力，进而实现海外创业绩效的过程机理。制度逆差情境下，外部市场、技术和产业时机的交互匹配，有助于 EMNEs 化解资源及能力风险，突破技术、业务和市场边界，实现海外创业。企业内部常规能力与动态能力交互匹配，有助于提升 EMNEs 的组织学习和资源行动效率，进而促进 EMNEs 海外创业。组织正当性是 EMNEs 海外创业的重要中介变量。创始人声誉和组织团队声誉交互影响，有助于提升 EMNEs 道德正当性和认知正当性。组织关系密度和关系质量交互影响，有助于提升 EMNEs 实用正当性和道德正当性。组织直接和间接成就交互影响，有助于 EMNEs 全面提升实用正当性、道德正当性和认知正当性。本书揭示了外部时机、内部时机以及内外部时机交互共同作用对 EMNEs 海外正当性和创业绩效的影响机理，同时，提出中资企业面对制度逆差、来源国劣势以及东道国强大竞争压力的制度情境下，要深入研究内外部时机特征，增强时机选择能力，为自身顺利突破海外创业"新入者"门槛做好充分准备。同时，中资企业要高度重视组织正当性对海外创业的影响，通过适当的组织正当性策略提升社会和公众认知，营造有利于中资企业海外创业成功的市场条件。

7.1.3.2　山东万华集团的跨国并购案例研究

该案例研究主要揭示母国和东道国存在制度逆差以及东道国制度复杂性较高的双重情境下，EMNEs 如何运用混合逻辑战略实现组织正当性动态平衡的过程机理及其转化机制。案例研究显示，EMNEs 在东道国面临多重制度逻辑的"国别冲突"和"治理竞争"双向挑战，EMNEs 正当性管理焦点呈现外部到内部的动态转变。并购谈判阶段，案例企业通过结构型混合战略，推动并购场域多重逻辑代表的利益诉求在集团内部"耦合共存"，获取外部正当性，但同时也促发了内部正当性危机。并购整合阶段，案例企业进一步通过组合型混合战略，推动多重逻辑在海外子公司层面"交互协作"，实现了组织内外正当性的同步增强。案例企业在不同制度场景组合搭配运用结构型和组合型混合逻辑战略，有助于实现组织正当性的内外动态平衡，同时，形成跨国资源协同和多重逻辑价值同步创造的共赢格局。相关研究为 EMNEs 从制度逻辑的国别冲突和治理竞争双向维度识别东道国正当性危机来源提供了理论基础。同时,该案例研究揭示了结构型混合和组合型混合逻辑战略在应对跨国制度逻辑竞争中的动态切换和搭配作用,为 EMNEs 同时应对跨国制度距离和制度复杂性提供战略借鉴。特别案例企业集团内部"整体逻辑结构耦合"和"局部子单元逻辑组合协作"的混合逻辑战略设计,为当前"一带一路"沿线国家(地区)中资企业如何同时响应母国和东道国的制度期望,实现跨国利益相关者的逻辑目标协同提供了战略启示。

7.1.3.3 北京交控科技的海外工程建设案例研究

本案例主要探讨制度顺差和制度复杂性对 EMNEs 正当性的影响机制以及 EMNEs 如何依托资源禀赋和战略管理化解组织正当性危机的过程机制。案例研究表明,制度顺差和制度复杂性是引发 EMNEs 正当性危机的基础原因,但是两者的表现形式和影响机制有所差异。制度顺差主要表现为跨国制度差异和东道国制度不健全,造成双方信息不对称、制度学习沟通障碍和间接来源国劣势。制度复杂性表现为东道国制度不稳定,多重制度逻辑竞争激烈并且制度变革活跃,EMNEs 管理东道国多元利益诉求的难度增加。组织资源禀赋和战略管理对制度环境和组织正当性关系形成重要调节影响,而且资源禀赋对组织战略管理和组织正当性水平形成重要调节影响。当东道国制度不健全同时母国制度更先进时,EMNEs 主要采取内向型制度同构战略,即母国制度应用到东道国市场。当母国制度不够先进并与东道国或国际主流制度出现竞争时,EMNEs 主要采取外向型制度同构战略,即主动融入东道国或国际主流制度,顺应东道国或国际主流价值体系。当母国制度具备比较优势并与东道国或国际主流制度出现竞争时,EMNEs 主要采取制度创业(创新)战略,将母国、东道国和国际主流制度元素进行逻辑混合,创造一个新制度环境,同时响应多元利益诉求并推动共同价值创造。资源禀赋对组织正当性的调节影响主要表现为组织关系网络和组织能力两大方面,EMNEs 的母国和海外关系网络双向拓展,有利于降低信息不对称和跨国制度学习障碍,促进母国制度的东道国正面宣传沟通并形成正向声誉溢出,缓解间接来源国劣势。EMNEs 通过发挥持续创新能力和加强组织管理文化国际化改造等能力建设,有助于 EMNEs 更好理解并融入东道国或国际主流制度环境,提升多元利益相关者的制度响应能力，进而提高制度同构或制度创业（创新）战略效果。

7.1.4　"一带一路"沿线国家（地区）中资企业获取组织正当性的关键因素诊断

本书基于"一带一路"沿线国家（地区）企业的大样本问卷调查数据，对制度、战略和资源三大核心因素对 EMNEs 正当性的影响程度和作用机制进行实证研究，形成两大核心研究结论。

（1）正式和非正式制度距离都对 EMNEs 正当性产生负面影响，但影响维度有所差异。实证研究表明，母国和东道国的正式制度距离和非正式制度距离都对"一带一路"沿线国家（地区）中资企业正当性水平产生负面影响，但影响维度有所差异，主要表现为制度距离对"一带一路"沿线国家（地区）中资企业的道德正当性和认知正当性影响最显著，实用正当性水平不太显著。相关研究肯定了制度环境对"一带一路"沿线国家（地区）中资企业正当性的基础性影响。

（2）企业资源禀赋和战略管理行为对 EMNEs 正当性发挥正向调节作用。实证研究表明，"一带一路"沿线国家（地区）中资企业的关系网络在制度距离和组织正当性关系中发挥部分中介作用，"一带一路"沿线国家（地区）中资企业的正当性战略管理行为对企业关系网络和组织正当性关系形成正向调节作用，企业国际化经验（资源禀赋优势）对非正式制度距离和组织正当性关系形成正向调节影响。同时，高新技术企业的组织正当性水平高于传统制造企业，中资企业以绿地投资形式"走出去"更容易获得组织正当性。相关研究结论肯定了企业资源禀赋（企业创新性和国际化经验等）、关系网络和战略管理行为（国际化进入方式选择）对"一带一路"沿线国家（地区）中资企业获取组织正当性的积极作用。

7.1.5　"一带一路"沿线国家（地区）中资企业的正当性战略思路和对策研究

结合前面的实证结论和核心观点，本书主要从政府和企业两个层面，提出优化我国参与"一带一路"沿线国家（地区）企业的正当性管理的战略思路和策略选择。

7.1.5.1 加强顶层战略规划，提升"一带一路"沿线国家（地区）中资企业的组织形象

从国家层面统筹协调，加强中资企业的母国制度形象和组织形象提升及其声誉传播的顶层战略设计，改善中资企业"负面来源国形象"，增进"一带一路"沿线国家（地区）对中资企业的组织身份认同和信任合作，具体措施包括：第一，完善我国正式和非正式制度环境建设，缩小跨国制度距离，提高中资企业在东道国的道德正当性水平；第二，加强对外宣传交流，增进国别信息沟通，塑造正面积极的海外组织形象，提升中资企业在东道国的认知正当性水平；第三，深化我国创新驱动发展战略，搭建更加开放完善的创新合作平台，促进"一带一路"沿线国家（地区）中资企业加大自主创新、集成创新和开放式创新，为"一带一路"沿线国家（地区）提供更具"价廉物美""质量可靠"的产品或服务，通过创新驱动提升企业产品质量，从根本上提升中资企业在东道国的实用正当性水平。

7.1.5.2 完善公共服务平台建设，提高"一带一路"沿线国家（地区）中资企业的资源禀赋优势

针对资源禀赋对制度环境和组织正当性的中介影响和正向调节作用，本书提出要加强公共服务平台建设，提高"一带一路"沿线国家（地区）中资企业的资源禀赋优势，具体包括：第一，打造境内外联动的风险预警服务平台，包括为"一带一路"沿线国家（地区）中资企业提供针对性、动态化的国别制度环境分析、投资风险预警、海外安保服务等"一揽子"服务措施，丰富企业海外关系网络资源；第二，加强跨境创新服务平台建设，充分发挥相关平台的创新网络资源链接和知识产权维护等公共服务功能，拓展企业创新网络资源；第三，完善跨境专业服务平台建设，包括企业国际化人才服务平台、地方产业服务平台和海外中介服务平台等建设，加大企业国际化人才引进、培育和培训方面的政策引导和资源支持，利用龙头企业境外产业

园区帮助地方中小企业"抱团出海",完善跨境融资担保机制,加强企业国际化信息共享和分类指导活动,提高企业国际化经验。

7.1.5.3　深化企业战略行动,提升"一带一路"沿线国家(地区)中资企业的正当性管理绩效

中资企业需要加强对"一带一路"沿线国家(地区)的制度环境调研,从制度距离和制度复杂性双向维度剖析中资企业可能面临的组织正当性危机根源,加强环境研判,提高组织正当性战略意识并付诸实际行动,合理选择组织正当性策略,积极发挥战略调节作用,提升组织正当性管理绩效,具体包括:第一,深化组织正当性的战略定位认识,从逻辑视角深化对制度规避、制度同构和制度创业(创新)等战略思想的本质内涵、适用条件及策略搭配选择等原理和实践认识;第二,结合中资企业嵌入的特定制度环境,相机抉择、灵活搭配使用多种组织正当性策略,明确不同策略的实施条件和运用方向,提高组织正当性的策略情境性、动态性和组合效果,包括加强海外区位选址、国际化进入模式选择、企业社会责任活动、组织身份变革和话语修辞策略等组合运用。

7.2　主要研究贡献

本书研究的贡献主要体现在理论创新性和研究结论的实践启示意义两大方面。

7.2.1　理论创新性

本书研究的理论贡献主要体现在以下几个方面。

(1)丰富了跨国制度情景下的组织正当性研究对象。本书突破了发达市场跨国企业主导的组织正当性研究对象局限,主要针对 EMNEs 的组织正当性管理展开实证研究,丰富了相关理论。

（2）拓展了 EMNEs 获取组织正当性的影响因素诊断模型。本书综合新制度主义、制度逻辑、资源依赖、社会网络、组织战略管理等多种交叉学科知识，从 EMNEs 嵌入的母国和东道国制度距离、制度复杂性、企业资源禀赋特征和战略管理行为等多重影响因素入手，通过文献归纳和逻辑演绎，构建"EMNEs 获取组织正当性的关键因素诊断和策略选择"综合理论框架，明确不同影响因素对 EMNEs 正当性的影响机理和作用机制，探讨不同因素之间的内在逻辑关系及其交互影响机理，提出核心研究假设，有助于补充、拓展和丰富现有跨国制度情景下的组织正当性理论。

（3）实现了多种研究方法的综合运用。本书结合文献归纳、逻辑演绎、实地调研访谈、大样本问卷调查和统计回归实证等多种研究方法优点，通过点面结合和层层深入的原理，深化相关理论和实践认识，形成更加全面可靠的研究结论，并针对不同情景提出 EMNEs 正当性管理的战略思想和策略选择，突破了现有文献的单一研究方法局限，实现了多种研究方法的综合应用。

7.2.2 实践应用价值

本书研究发现，中国与"一带一路"沿线东道国的制度环境（制度距离和制度复杂性）是中资企业出现组织正当性危机的主要制度根源，制度环境主要通过信息不对称和制度学习障碍、认知沟通障碍、企业关系网络和声誉溢出障碍、利益相关者管理障碍等中介机制，影响中资企业在东道国的组织正当性水平。因此，"一带一路"沿线国家（地区）中资企业能否有效识别、规避或缓解母国和东道国的制度距离和制度复杂性影响，成为"一带一路"沿线国家（地区）中资企业能否成功"走出去""走进去"并持久"走下去"的关键因素之一。同时，中资企业自身的资源禀赋特征和战略管理行为，在制度环境和组织正当性关系之间形成正向调节作用。因此，本书建议从国家和企业两个层面加强战略统筹规划，积极塑造正面的中资企业来源国形象和组织形象，加强"一带一路"沿线国家之间的制度文化交流，同时，充分发挥中资企业的资源禀赋优势，提升战略管理能力建设，加强组织正当性的战略选择和策略运用。相关研究结论和对策建议，突破了以往研究视角的单一性和片面性，能够给予各级政府和中资企业更加系统、全面的组织正当性战略指导和方法论启示。

7.3　研究局限和展望

由于资源、能力和经验的限制和约束，本书研究虽然取得了一些理论突破和创新成果，但也不可避免地存在一些不足和缺陷。

（1）理论认知欠缺。本书在构建理论模型时，主要通过阅读大量交叉学科文献、企业实地调查访谈以及专家咨询论证等多种途径，采用文献归纳和逻辑演绎等方式，提出影响 EMNEs 正当性的关键因素及其内在逻辑关系假设。但是，由于课题组成员自身的知识、认知、视野、能力和经验等约束，可能存在一定的理论认知局限或主观偏差，未来仍需要持续加强理论研究和模型完善。

（2）研究资料局限。本书在探讨"一带一路"沿线国家（地区）中资企业的组织正当性表现、绩效影响及其关键因素诊断过程中，综合运用理论定性研究、纵向单案例研究和大样本实证回归等多种研究方法，有助于提升研究结论的科学性。但本书的大样本实证研究仍然存在样本调查范围不够宽泛、指标测度不够全面等局限，案例研究也存在访谈对象不够广泛、访谈深度有待加强等问题。后续有待加强多种制度情境下的案例企业扎根研究，特别是中资企业进入"一带一路"沿线新兴市场国家或欠发达国家的案例研究；同时，扩大样本企业的调查范围，丰富调查问卷题项，增加研究指标量化测度，全面深化制度、资源、战略等核心因素影响 EMNEs 正当性的中介或调节机制的实证检验。后续课题组成员将持续关注相关研究主题，深化研究结论。

参考文献

（按文中出现的顺序排列）

［1］Suchman M C. Managing Legitimacy：Strategic and Institutional Approaches ［J］. Academy of Management Review, 1995, 20 (3)：571 –611.

［2］Kostova T, Zaheer S. Organizational Legitimacy Under Conditions of Complexity：The Case of the Multinational Enterprise ［J］. Academy of Management Review, 1999, 24 (1)：64 –81.

［3］Fornes C G. Liability of Foreignness and Internationalization of SMEs from Transition Economies ［R］. Madrid：IE Business School, 2012：23 –31.

［4］Zaheer S. Overcoming the Liability-of-foreignness ［J］. Academy of Management Journal, 1995, 38 (2)：341 –363.

［5］Zimmerman M A, Zeitz G J. Beyond Survival：Achieving New Venture Growth by Building Legitimacy ［J］. Academy of Management Review, 2002, 27 (3)：414 –431.

［6］Kostova T, Roth K, Dacin M T. Institutional Theory in the Study of Multinational Corporations：A Critique and New Directions ［J］. Academy of Management Review, 2008, 33 (4)：994 –1006.

［7］杜晓君，杨勃，齐朝顺，等. 外来者劣势的 Shin 克服机制：组织身份变革：基于联想和中远的探索性案例研究 ［J］. 中国工业经济, 2015 (12)：130 –145.

［8］Bitektine A, Haack P. The "Micro" and the "Macro" of Legitimacy：Toward A Multilevel of the Legitimacy Process ［J］. Academy of Management Review, 2015, 40 (1)：49 –75.

［9］彭长桂，吕源. 制度如何选择：谷歌与苹果案例的话语分析［J］. 管理世界，2016（2）：149－169.

［10］陈立敏，刘静雅，张世蕾. 模仿同构对企业国际化绩效关系的影响：基于制度理论正当性视角的实证研究［J］. 中国工业经济，2016（9）：127－143.

［11］李玉刚，纪宇彤. 企业国际市场进入模式、制度距离与正当性危机之间的关系：基于媒体内容分析法［J］. 华东经济管理，2018（7）：157－163.

［12］魏江，王丁，刘洋. 来源国劣势与合法化战略：新兴经济企业跨国并购的案例研究［J］. 管理世界，2020（3）：101－120.

［13］Stevens C，Newenham-Kahindi A. Legitimacy Spillovers and Political Risk：The Case of FDI in the East African Community［J］. Global Strategy Journal，2017，7（1）：10－35.

［14］Li J，Yue D R. Identity，Community And Audience：How Wholly Owned Foreign Subsidiaries Gain Legitimacy in China［J］. Social Science Electronic Publishing，2007，50（1）：179－190.

［15］Marano V，Tashman P，Kostova T. Escaping the Iron Cage：Liabilities of Origin and CSR Reporting of Emerging Market Multinational Enterprises［J］. Journal of International Business Studies，2017，48（3）：386－408.

［16］Jeong P Y，Dr K T. Between Legitimacy and Efficiency：An Institutional Theory of Corporate Giving［J］. Academy of Management Journal，2019，62（5）：1583－1608.

［17］王丁，魏江，杨洋. 华为海外子公司的合法化战略选择与演化［J］. 科学学研究，2020（4）：654－662.

［18］魏江，杨洋. 跨越身份的鸿沟：组织身份不对称与整合战略选择［J］. 管理世界，2018（6）：140－156.

［19］刘娟，扬勃. 同构还是创新？中国企业海外子公司制度逻辑冲突的响应策略［J］. 经济管理，2021（9）：48－67.

［20］Powell W W，DiMaggio P J. The New Institutionalism in Organizational

Analysis [M]. Chicago: Chicago University Press, 1991.

[21] Oliver C. Strategic Responses to Institutional Processes [J]. Academy of Management Review, 1991, 16 (1): 145 – 179.

[22] Colleoni E. CSR Communication Strategies for Organizational Legitimacy in Social Media [J]. Corporate Communications: An International Journal, 2013, 18 (2): 228 – 248.

[23] Reast J, Maon F, Vanhamme J. Legitimacy-seeking Organizational Strategies in Controversial Industries: A Case Study Analysis and a Bidimensional Model [J]. Journal of Business Ethics, 2013, 118 (1): 139 – 153.

[24] Tost L P. An Integrative Model of Legitimacy Judgments [J]. Academy of Management Review, 2011, 36 (4): 686 – 710.

[25] Powell, W W, Colyvas J A. Micro Foundations of Institutional Theory. In R Greenwood, C Oliver, K Sahlin, & R Suddaby (Eds) [C]. London: The Sage Handbook of Organizational Institutionalism, 2008.

[26] Thornton P H, Ocasio W. Institutional logics. In: R Greenwood, C Olive, K Sahlin-Andersson and R. Suddaby, eds [C]. The Sage Handbook of Organizational Institutionalism. Thousand Oaks, CA: Sage, 2008: 99 – 128.

[27] Fisher G, Kuratko D F, Bloodgood J M, Hornsby J S. Legitimate to Whom? The Challenge of Audience Diversity and New Venture Legitimacy [J]. Journal of Business Venturing, 2017, 32 (1): 52 – 71.

[28] Meyer J W, Rowan, B. Institutionalized Organizations: Formal Structure as Myth and Ceremony [J]. American Journal of Sociology, 1977, 83 (2): 340 – 363.

[29] Meyer J W, Scott W R. Organizational Environments: Ritual and Rationality [M]. Beverly Hills: Sage, 1983.

[30] Dimaggio P J, Powell W W. The Iron Cage Revisited: Institutional Isomorphism and Collective Rationality in Organizational Fields [J]. Academy of Management Review, 1983, 48 (2): 147 – 160.

[31] Aldrich H E, Fiol C M. Fools Rush in? The Institutional Context of In-

dustry Creation [J]. Academy of Management Review, 1994, 19 (4): 645 – 670.

[32] Certo S T, Hodge. Top Management Team Prestige and Organizational Legitimacy: An Examination of Investor Perceptions [J]. Journal of Managerial Issues, 2007, 19 (4): 461 –477.

[33] Bitektine A. Toward A Theory of Social Judgments of Organizations: The Case of Legitimacy, Reputation, and Status [J]. Academy of Management Review, 2011, 36 (1): 151 – 179.

[34] Weber M, Roth G, Wittich C. Economy And Society: An Outline of Interpretive Sociology [M]. Berkeley: University of California Press, 1924.

[35] Parsons T. Structure and Process in Modern Societies [M]. New York: Free Press, 1960.

[36] 刘毅. "合法性" 与 "正当性" 译词辨 [J]. 博览群书, 2007 (3): 55 –60.

[37] 刘杨. 正当性与合法性概念辨析 [J]. 法制与社会法制, 2008 (3): 12 –21.

[38] 李睿. Legitimacy: 多义、本义及汉译 [J]. 中国科技术语, 2015 (1): 31 –34.

[39] 刘云, 王 G. 基于评价者视角的组织合法性研究: 合法性判断 [J]. 外国经济与管理, 2017 (5): 73 –84.

[40] 鲁文禅. 海外中国企业正当性危机及应对策略研究: 基于 "中缅密松事件" 和 "华为遭美众议院调查" 的双案例剖析 [D]. 武汉: 华中师范大学, 2019.

[41] Singh. Performance, Slack, And Risk Taking in Organizational Decision Making [J]. Academy of Management Journal, 1986, 29 (3): 562 –585.

[42] Pollock, T G, Rindova, V P. Media Legitimation Effects in the Market For Initial Public Offering [J]. Academy of Management Journal, 2003 (46): 631 –642.

[43] Czinkota, M, Kaufmann, H R, Basile, G. The Relationship between

Legitimacy, Reputation, Sustainability and Branding for Companies and Their Supply Chains [J]. Industrial Marketing Management, 2014, 43 (1): 91 – 101.

[44] Lee I, Lee K. The Internet of Things (IoT): Applications, Investments, and Challenges for Enterprises [J]. Business Horizons, 2015 (58): 431 – 440.

[45] Zheng Q, Luo Y, Maksimov V. Achieving Legitimacy Through Corporate Social Responsibility: The Case of Emerging Economy Firms [J]. Journal of World Business, 2015 (50): 389 – 403.

[46] Zhang H, Young M N, Tan J, Sun W. How Chinese Companies Deal With A Legitimacy Imbalance when Acquiring Firms from Developed Economies [J]. Journal of World Business, 2018, 53 (5): 752 – 767.

[47] Scott W R. Institutions and Organizations [M]. Thousand Oaks: Sage Publications, 1995.

[48] Dacin M T. Oliver C, Roy J P. The Legitimacy of Strategic Alliances: An Institutional Perspective [J]. Strategic Management Journal, 2007, 28 (2): 169 – 187.

[49] 杜运周, 张玉利. 新企业死亡率的理论脉络综述与合法化成长研究展望 [J]. 科学学与科学技术管理, 2009 (5): 136 – 142.

[50] 陈扬, 许晓明, 谭凌波. 组织制度理论中的"正当性"研究述评 [J]. 华东经济管理, 2012 (10): 137 – 142.

[51] Ruef M, Scott W R. A Multidimensional Model of Organizational Legitimacy: Hospital Survival in Changing Institutional Environments [J]. Administrative Science Quarterly, 1998, 43: 877 – 904.

[52] Tornikoski, E T, Newbert, S L. Exploring the Determinants of Organizational Emergence: A Legitimacy Perspective [J]. Business Venture, 2007 (22): 311 – 335.

[53] 杜运周, 任兵, 尹珏林. 团队创业企业合法化战略与创新网络资源整合: 一个综合模型 [J]. 科学学与科学技术管理, 2008 (12): 121 – 126.

[54] Handelman J M, Arnold S J. The Role of Marketing Actions with a Social

Dimension: Appeals to the Institutional Environment [J]. Journal of Marketing, 1999, 63 (3): 33 – 48.

[55] 周玲, 汪涛, 牟宇鹏, 等. 基于合理性理论视角的来源国效应研究 [J]. 商业经济与管理, 2012 (4): 39 – 46.

[56] Deephouse D L. Does Isomorphism Legitimate? [J]. Academy of Management Journal, 1996, 39 (4): 1024 – 1039.

[57] Bansal P, Clelland I. Talking Trash: Legitimacy, Impression Management, and Unsystematic Risk in the Context of the Natural Environment [J]. Academy of Management Journal, 2004, 47 (1): 93 – 103.

[58] Deephouse, D L, & Carter, S M. An Examination of Differences between Organizational Legitimacy and Organizational Reputation [J]. Journal of Management Studies, 2005 (42): 329 – 360.

[59] 杜运周, 张玉利. 顾客授权与新企业合法性关系实证研究 [J]. 管理学报, 2012 (5): 735 – 741.

[60] Berry H, Guillen M F, Zhou N. An Institutional Approach to Cross-national Distance [J]. Journal of International Business Studies, 2010 (41): 1460 – 1480.

[61] 杜晓君, 蔡灵莎, 史艳华. 外来者劣势与国际并购绩效研究 [J]. 管理科学, 2014 (2): 48 – 59.

[62] 刘静雅. 外来者劣势对企业海外并购绩效的影响: 基于制度正当性视角的实证研究 [D]. 武汉: 武汉大学, 2017.

[63] 阎大颖. 制度距离、国际经验与中国企业海外并购的成败问题研究 [J]. 南开经济研究, 2011 (5): 75 – 97.

[64] Cantwell J, Dunning J H, Lundan S M. An Evolutionary Approach to Understanding International Business Activity: The Co-evolution of MNEs and the Institutional Environment [J]. Journal of International Business Studies, 2010, 41 (4): 567 – 586.

[65] Tan J, Shao Y, Li W. To Be Different, Or to be the Same? An Exploratory Study of Isomorphism in the Cluster [J]. Journal of Business Venturing,

2013, 28 (1): 83 – 97.

[66] 黄胜, 叶广宇, 申素琴. 新兴经济体企业国际化研究述评: 制度理论的视角 [J]. 科学学与科学技术管理, 2015 (4): 36 – 49.

[67] Greenwood R, Suddaby R. Institutional Entrepreneurship in Mature Fields: The Big Five Accounting Firms [J]. Academy of Management Journal, 2006, 49 (1): 27 – 48.

[68] Deephouse D L, Suchman M. Legitimacy in Organizational Institutionalism, In the Sage Handbook of Organizational Institutionalism [C]. Los Angeles, London: Sage Publications, 2008: 49 – 77.

[69] Salomon, Robert. Does Imitation Reduce the Liability of Foreignness? Linking Distance, Isomorphism and Performance [J]. Academy of Management Proceedings, 2013 (12): 176.

[70] 魏江, 王诗翔, 杨洋. 向谁同构? 中国跨国企业海外子公司对制度双元的响应 [J]. 管理世界, 2016 (10): 134 – 149.

[71] Pache A C, Santos F. Inside the Hybrid Organization: Selective Coupling as a Response To Competing Institutional Logics [J]. Academy of Management Journal, 2013, 56 (4): 972 – 1001.

[72] Jay J. Navigating Paradox as a Mechanism of Change and Innovation in Hybrid Organizations [J]. Academy of Management Journal, 2013 (1): 137 – 159.

[73] Battilana J, Dorado S. Building Sustainable Hybrid Organizations: The Case of Commercial Microfinance Organizations [J]. Academy of Management journal, 2010, 53 (6): 1419 – 1440.

[74] Suddaby R, Bitektine A, Haack P. Legitimacy [J]. Academy of Management Annals, 2017, 11 (1): 451 – 478.

[75] Shepherd D A, Williams T A, Zhao E Y. A Framework for Exploring the Degree of Hybridity in Entrepreneurship [J]. Academy of Management Perspectives, 2019, 33 (4): 491 – 512.

[76] Mitchell R K, Agle B R, Wood D J. Toward a Theory of Stakeholder Identification and Salience: Defining the Principle of Who and What Really Counts

[J]. The Academy of Management Review, 1997, 22 (4): 853 – 886.

[77] 徐国冲, 霍龙霞. 食品安全合作监管的生成逻辑: 基于 2000 ~ 2017 年政策文本的实证分析 [J]. 公共管理学报, 2020 (1): 18 – 30, 46, 169.

[78] 彭伟, 顾汉杰, 符正平. 联盟网络、组织合法性与新创企业成长关系研究 [J]. 管理学报, 2013 (12): 1760 – 1769.

[79] 何霞, 苏晓华. 环境动态性下新创企业战略联盟与组织合法性研究: 基于组织学习视角 [J]. 科研管理, 2016 (2): 90 – 97.

[80] 王玲玲, 赵文红, 魏泽龙. 创业制度环境、网络关系强度对新企业组织合法性的影响研究 [J]. 管理学报, 2017 (9): 1324 – 1331.

[81] 尚林. 参与制造商新产品开发对新企业合法性影响的实证研究 [J]. 工业技术经济, 2014 (5): 72 – 80.

[82] 赵晶, 孟维烜. 官员视察对企业创新的影响: 基于组织合法性的实证分析 [J]. 中国工业经济, 2016 (9): 109 – 126.

[83] 宋晶, 陈劲. 创业者社会网络、组织合法性与创业企业资源拼凑 [J]. 科学学管理, 2019 (1): 86 – 94.

[84] 李靖华, 黄继生. 网络嵌入、创新合法性与突破性创新的资源获取 [J]. 科研管理, 2017 (4): 10 – 18.

[85] 冯巨章. 合法性、商会治理与企业社会责任演化 [J]. 浙江工商大学学报, 2018 (5): 91 – 104.

[86] Lamin A, Zaheer S. Wall Street vs. Main Street: Firm Strategies for Defending Legitimacy and Their Impact on Different Stakeholders [J]. Organization Science, 2012, 23 (1): 47 – 66.

[87] 刘云, Wang G Greg. 基于评价者视角的组织正当性研究: 正当性判断 [J]. 外国经济与管理, 2017 (5): 73 – 84.

[88] Cohen B D, Dean T J. Information Asymmetry and Invest or Valuation of IPOs: Top Management Team Legitimacy as A Capital Market Signal [J]. Strategic Management Journal, 2005, 26 (7): 683 – 690.

[89] 苏勇, 李作良, 马文杰. 合法性视角下企业文化与持续竞争优势:

沃尔玛 (中国) 和淘宝网的纵向双案例研究 [J]. 复旦学报: 社会科学版, 2013 (6): 120 - 130, 179.

[90] Kostoca T. Success of the Transnational Transfer of Organizational Practices within Multinational Companies [D]. Minnesota: University of Minnesota, 1996.

[91] Guler I I, Guillen M F. Institutions and the Internationalization of US Venture Capital Firms [J]. Jorunal of International Business Studies, 2010, 41 (2): 185 - 205.

[92] Frationni M, Oh C H. Expanding RTAs, Trade Flows, And Tie Multinational Enterprise [J]. Journal of International Business Studies, 2009, 40 (7): 1206 - 1227.

[93] Baik B, Kang JvK, Kim J M, Lee J. The Liability of Foreignness in International Equity Investments: Evidence From the US Stock Market [J]. Journal of International Business Studies, 2013 (44): 391 - 411.

[94] Li J. Asymmetric Interactions between Foreign and Domestic Banks [J]. Strategic Management Journal, 2008, 29 (8): 873 - 893.

[95] Xu D, Shenkar O. Institutional Distance and the Multinational Enterprise [J]. Academy of Management Review, 2002, 27 (4): 608 - 618.

[96] Eden L, Miler S R. Distance Matters: Liability of Foreignness, Institutional Distance and Ownership Strategy [J]. Advances in International Management, 2004, 16 (1): 187 - 221.

[97] Tobias S, Wolfgang S. Liability of Foreignness as a Barrier to Knowledge Spillovers: Lost in Translation [J]. Journal of International Management, 2009 (15): 460 - 474.

[98] Bangara A, Freeman S, Schroder W. Legitimacy and Accelerated Internationalization: An Indian Perspective [J]. Journal of World Business, 2012, 47 (4): 623 - 634.

[99] Mihailova I, Shirokova G, Laine I. New Venture Internationalization from an Emergent Market: Unexpected Findings from Russia [J]. Journal of East-

West Business, 2015, 21 (4): 257 –291.

[100] Mai Y, Xiong C, He X. The Effects of Entrepreneurs' Socioeconomic Status and Political Characteristics on New Ventures' Establishment of Formal Political Ties in China [J]. Chinese Management Studies, 2015, 9 (2): 130 –149.

[101] Brouthers L E, Hadjimarcou J. Generic Product, Strategies for Emerging Market Exports into Triad Nation Markets: A Mimetic Isomorphism Approach [J]. Journal of Management Studies, 2005, 42 (1): 225 –245.

[102] Ramachandran J, Pant A. The Liabilities of Origin: An Emerging Economy Perspective on the Costs of Doing Business Abroad [J]. Advances in International Management, 2010, 23 (1): 231 –265.

[103] Zhou N, Guillen M F. From Home Country to Home Base: A Dynamic Approach to the Liability of Foreignness [J]. Strategic Management Journal, 2015, 36 (6): 907 –917.

[104] Cuervo-Cazurra, A. Global Strategy and Global Business Environment: The Direct and Indirect Influences of the Home Country on a Firm's Global Strategy [J]. Global Strategy Journal, 2011 (1): 382 –386.

[105] Fang T, Chimenson D. The Internationalization of Chinese Firms and Negative Media Coverage: The Case of Geely's Acquisition of Volvo Cars [J]. Thunderbird International Business Review, 2017, 12 (1): 223 –247.

[106] Fiaschi D, Giuliani E, Nieri F. Overcoming the liability of Origin by Doing No-harm: Emerging Country Firms' Social Irresponsibility as They Go Global [J]. Journal of World Business, 2017, 52 (4): 546 –563.

[107] Stallkamp M Pinkham, B C, Schotter, A P, Buchel O. Core or Periphery? The Effects of Country-of-Origin Agglomerations the Within-country Expansion of MNEs [J]. Journal of International Business Studies, 2018, 49 (8): 942 –966.

[108] Han, X, Liu, X, Gao, L, Ghauri, P. Chinese Multinational Enterprises in Europe and Africa: How do They Perceive Political Risk [J]. Management International Review, 2018, 58 (1): 121 –146.

［109］李雪灵，万妮娜. 跨国企业的正当性门槛：制度距离的视角［J］. 管理世界，2016（5）：184 – 185.

［110］牟宇鹏，汪涛，周玲. 外来者劣势下企业的国际化战略选择：基于制度理论的视角［J］. 经济与管理研究，2017（1）：119 – 130.

［111］李新剑，吴红迪，吕凯，等. 跨国企业合法性研究评述与展望［J］. 沈阳大学学报（社会哲学版），2018（6）：700 – 704.

［112］苏海泉. 多视角下的组织合法性策略研究［J］. 现代管理科学，2018（1）：100 – 102.

［113］魏江，王诗翔. 从"反应"到"前摄"：万向在美国的合法性战略演化（1994～2015）［J］. 管理世界，2017（8）：136 – 153，188.

［114］Chan C M, Makino S. Legitimacy and Multi-level Institutional Environments: Implications for Foreign Subsidiary Ownership Structure［J］. Journal of International Business Studies, 2007, 38（4）：621 – 638.

［115］Davis P S, Desai A B and Francis, J D. Mode of International Entry: An Isomorphism Perspective［J］. Journal of International Business Studies, 2000（2）：239 – 258.

［116］Salomon R, Wu Z. Institutional Distance and Local Isomorphism Strategy［J］. Journal of International Business Studies, 2012（4）：343 – 367.

［117］Mason, C. Isomorphism, Social Enterprise and the Pressure to Maximise Social Benefit［J］. Journal of Social Entrepreneurship, 2012（1）：74 – 95.

［118］Wu Z, Salomon R. Does Imitation Reduce the Liability of Foreignness? Linking Distance, Isomorphism, and Performance［J］. Strategic Management Journal, 2013（12）：2441 – 2462.

［119］Ekeledo I, Sivakumar K. Foreign Market Entry Mode Choice of Service Firms: A Contingency Perspective［J］. Journal of the Academy of Marketing Science, 1998, 26（4）：274 – 292.

［120］Baum J C, Oliver C. Institutional Linkages and Organizational Mortality［J］. Administrative Science Quarterly, 1991, 36（2）：187 – 218.

［121］Shepherd D A, Zacharakis A A. New Ventures Cognitive Legitimacy：

An Assessment by Customers [J]. Journal of Small Business Management, 2003, 41 (2): 148 – 167.

[122] Ionascu D, Meyer K, Estrin S. Institutional Distance and International Business Strategies in Emerging Economies [R]. Working Paper, 2004.

[123] Slangen A H, Hennart J F. Do Foreign Green Fields Outperform Foreign Acquisitions or Vice Versa? An Institutional Perspective [J]. Journal of Management Studies, 2008 (7): 1301 – 1328.

[124] Meyer K E, Estrin S, Bhaumik S K, Peng, M W. Institutions, Resources, And Entry Strategies in Emerging Economies [J]. Strategic Management Journal, 2009, 30 (1): 61 – 80.

[125] Globerman S, Shapiro D. Economic and Strategic Considerations Surrounding Chinese FDI in the United States [J]. Asia Pacific Journal of Management, 2009, 26 (1): 163 – 183.

[126] 宋铁波, 陈国庆. 企业跨区域扩张动机与进入方式选择: 基于合法性的视角 [J]. 学术研究, 2010 (10): 55 – 62.

[127] Meyer K E, Ding Y, LI J. Overcoming Distrust: How State-owned Enterprises Adapt Their Foreign Entries to Institutional Pressures Abroad [J]. Journal of International Business Studies, 2014, 5 (8): 1005 – 1028.

[128] Lee Y J, Yoon, H J, O' Donnell, N H. The Effects of Information Cues on Perceived Legitimacy of Companies that Promote Corporate Social Responsibility Initiatives on Social Networking Sites [J]. Journal Business Review, 2018 (83): 202 – 214.

[129] 邓晓辉, 李志刚, 殷亚琨, 等. 企业组织正当性管理的修辞策略 [J]. 中国工业经济, 2018 (4): 137 – 155.

[130] Sethi D, Guisinger S. Liability of Foreignness to Competitive Advantage: How Multinational Enterprises Cope with the International Business Environment [J]. Journal of International Management, 2002, 8 (3): 223 – 240.

[131] 陈衍泰. 海外创新生态系统的组织合法性动态获取研究: 以 "一带一路" 海外园区领军企业为例 [J]. 管理世界, 2021 (8): 161 – 180.

［132］张化尧，吴梦园，陈晓玲. 资源互补与国际化中的合法性获取：基于跨国战略联盟的混合研究［J］. 科学学研究，2018（3）：513 – 520.

［133］李新剑，彭永翠，朱桐. 制度距离、社会资本与中国企业海外并购合法性研究［J］. 重庆科技学院学报：社会科学版，2020（1）：43 – 47.

［134］Díez-Martín F, Blanco-González A, Prado-Román C. The Intellectual Structure of Organizational Legitimacy Research：A Co-citation Analysis in Business Journals［J］. Review of Managerial Science, 2021, 15（2）：1007 – 1043.

［135］Luo Y, Tung R. International Expansion of Emerging Market Enterprises：a Spring Board Perspective［J］. Journal of International Business Studies, 2007, 38（4）：481 – 498.

［136］Rugman A M, Li J. Will China's Multinationals Succeed Globally or Regionally?［J］. European Management Journals, 2007, 25（5）：333 – 343.

［137］Khanna T, Palepu K G. Winning in Emerging Markets：a Road Map for Strategy and Execution［M］. Boston, Massachusetts：Harvard Business Press, 2010.

［138］汪涛，周玲，周南，等. 负面来源国形象是如何形成的？——基于美、印消费者评价和合理性理论视角的扎根研究［J］. 管理世界，2012（3）：113 – 126.

［139］Vergne J P. Toward a New Measure of Organizational Legitimacy：Method, Validation, and Illustration［J］. Organizational Research Methods, 2011, 14（3）：484 – 500.

［140］Joutsenvirta M, Vaara E. Legitimacy Struggles and Political Corporate Social Responsibility in International Settings：A Comparative Discursive Analysis of a Contested Investment in Latin America［J］. Organization Studies, 2015, 36（6）：741 – 777.

［141］North D C. Institutions, Institutional Change, and Economic Performance［M］. Cambridge, UK：Cambridge University Press, 1990.

［142］Hillman A J, Wan W P. The Determinants of MNE Subsidiaries' Political Strategies：Evidence of Institutional Duality［J］. Journal of International

Business Studies, 2005, 36 (3): 322 – 340.

[143] Lu, Jane W, Xu D. Growth and Survival of International Joint Ventures: An External-internal Legitimacy Perspective [J]. Journal of Management, 2006, 32 (3): 426 – 448.

[144] Nell P C, Jonas P, Stefan H. Strictly Limited Choice or Agency? Institutional Duality, Legitimacy and Subsidiaries Political Strategies [J]. Journal of World Business, 2015, 50 (2): 302 – 311.

[145] Hernández V, Nieto M J. The Effect of the Magnitude and Direction of Institutional Distance on the Choice of International Entry Modes [J]. Journal of World Business, 2015, 50 (1): 122 – 132.

[146] 汪涛, 贾煜, 王康, 等. 中国企业的国际化战略: 基于新兴经济体企业的视角 [J]. 中国工业经济, 2018 (5): 175 – 192.

[147] Asmussen. Local, Regional, Or Global? Quantifying MNE Geographic Scope [J]. Journal of International Business Studies, 2009, 40 (7): 1192 – 1205.

[148] Han X. Risk management, Legitimacy, and the Overseas Subsidiary Performance of Emerging Market MNEs [J]. International Business Review, 2020, 30 (4): 1 – 15.

[149] Hofstede G. The Cultural Relativity of Organizational Practices and the theories [J]. Journal of International Business Studies, 1983, 14 (2): 75 – 89.

[150] Ramamurti R, Hillemann J. What is "Chinese" about Chinese Multinationals? [J]. International Business Studies, 2018, 49 (1): 34 – 48.

[151] Witt M A. China's Challenge: Geopolitics, DE-Globalization and the Future of Chinese Business [J]. Management and Organization Review, 2019, 15 (4): 687 – 704.

[152] Greenwood R, Raynard M, Lounsbury M. Institutional Complexity and Organizational Responses [J]. Academy of management annals, 2011, 5 (1): 317 – 371.

[153] Thornton P H, Ocasio W. Institutional Logics and the Historical Con-

tingency of Power in Organizations: Executive Succession in the Higher Education Publishing Industry, 1958 ~ 1990 [J]. American Journal of Sociology, 1999, 105 (3): 801 – 843.

[154] 毛益民. 制度逻辑冲突: 场域约束与管理实践 [J]. 广东社会科学, 2014 (6): 211 – 220.

[155] Freeman R E. Strategic Management: A Stakeholder Approach [M]. Cambridge: Cambridge University Press, 1984.

[156] Souitaris V, Zerbinati S, Liu G. Which Iron Cage? Endo and Exo Isomorphism in Corporate Venture Capital Programs [J]. Academy of Management Journal, 2012, 55 (2): 477 – 505.

[157] 陈怀超, 范建红. 制度距离, 中国跨国公司进入战略与国际化绩效: 基于组织合法性视角 [J]. 南开经济研究, 2014 (2): 99 – 117.

[158] Regnér P, Edman J. MNE Institutional Advantage: How Subunits Shape, Transpose and Evade Host Country Institutions [J]. Journal of International Business Studies, 2014, 45 (3): 275 – 302.

[159] Newenham-Kahindi A, Stevens C E. An Institutional Logics Approach to Liability of Foreignness: The Case of Mining MNEs in Sub-Saharan Africa [J]. Journal of International Business Studies, 2018, 49 (7): 881 – 901.

[160] 吴晓云, 陈怀超. 基于制度距离的跨国公司知识转移研究 [J]. 经济问题探索, 2011 (9): 17 – 23.

[161] 柴尚金. "一带一路" 的思想基础与时代意义 [J]. 前线, 2018 (12): 4 – 8.

[162] 习近平.《习近平谈治国理政》第二卷 [M]. 北京: 外文出版社, 2017.

[163] 柯银斌.《"一带一路" 与共同现代化》报告 [J]. 大陆桥视野, 2017 (6): 39 – 55.

[164] 中共中央文献研究室.《十八大以来重要文献选编》(中) [M]. 北京: 中央文献出版社, 2014.

[165] 习近平. 迈向命运共同体 开创亚洲新未来——在博鳌亚洲论坛

2015 年年会上的主旨演讲 [J]. 中国产经，2015（4）：4 – 9.

［166］国家发展改革委，外交部，商务部. 推动共建丝绸之路经济带和 21 世纪海上丝绸之路的愿景与行动 [J]. 中国产经，2015（4）：10 – 19.

［167］察哈尔学会课题组，柯银斌. "共同现代化"："一带一路"倡议的本质特征 [J]. 公共外交季刊，2016（1）：16 – 28.

［168］Cui L, Jiang F. State Ownership Effect on Firm's FDI Ownership Decisions Under Institutional Pressure：A Study of Chinese Outword-investing Firms [J]. Journal of International Business Studies, 2012, 43（3）：264 – 284.

［169］孔建勋，张志伟. 东南亚中资企业社会责任的"自述"与"他述"：基于文化制度距离的实证研究 [J]. 南洋问题研究，2021（2）：1 – 17.

［170］闫国栋. 万华实业跨国并购及其协同效应研究 [D]. 成都：西南财经大学，2014.

［171］张晓涛. "万华化学"跨国并购：从最佳重组交易到海外产业园区建设 [J]. 国际贸易，2018（5）：44 – 50.

［172］汪涛，周玲，周南，等. 来源国形象是如何形成的：基于美、印消费者评价和合理性理论视角的扎根研究 [J]. 管理世界，2012（3）：113 – 126.

［173］王雁南，李自杰，张般若. "一带一路"下跨国企业社会责任的影响因素及机制 [J]. 经济问题，2020（10）：82 – 90.

［174］陈欧阳，金洁. 声音的竞争：企业海外危机报道中的消息来源卷入度研究 [J]. 对外传播，2017（10）：37 – 40.

［175］Shin J S. Dynamic Catch-up Strategy, Capability Expansion and Changing Windows of Opportunity in the Memory [J]. Industry Research Policy, 2017, 46（2）：404 – 416.

［176］臧树伟，胡左浩. 后发企业破坏性创新时机选择 [J]. 科学学研究，2017（3）：438 – 447.

［177］刘洋，魏江，江诗松. 后发企业如何进行创新追赶：研发网络边界拓展的视角 [J]. 管理世界，2013（3）：96 – 108.

［178］Lee K, Malerba F. Catch-up Cycles and Changes in Industrial Leadership: Windows of Opportunity and Responses of Firms and Countries in the Evolution of Sectoral Systems [J]. Research Policy, 2017, 46 (2): 338 – 351.

[179] Malerba F. Sectoral Systems of Innovation and Production [J]. Research Policy, 2002 (2): 247 – 264.

[180] Eisenhardt K M. Agency Theory: Assessment and Review [J]. Academy of Management Review, 1989, 14 (1): 57 – 74.

[181] Yin, R K. Case Study Research: Design and Methods (5th) [M]. Thousand Oaks, CA: Sage Publications, 2014.

[182] Eisenhardt K M, Graebner M E. Theory Building from Cases: Opportunities and Challenges [J]. Academy of Management Journal, 2007, 50 (1): 25 – 32.

[183] 徐雨森, 逯垚迪, 徐娜娜. 快变市场环境下基于机会窗口的创新追赶研究: HTC 公司案例分析 [J]. 科学学研究, 2014 (6): 927 – 936.

[184] 长青, 孙宁, 张强, 等. 机会窗口、合法性阈值与互联网创业企业战略转型 [J]. 管理学报, 2020 (2): 177 – 186.

[185] Eisenhardt K M, Martin J A. Dynamic Capabilities: What are they? [J]. Strategic Management Journal, 2000, 21 (10/11): 1105 – 1121.

[186] Hobday M, Rush H, Bessant J. Approaching the Innovation Frontier in Korea: The Transition Phase to Leadership [J]. Research Policy, 2004, 33 (10): 1433 – 1457.

[187] 郑刚, 郭艳婷, 罗光熊, 等. 新型技术追赶、动态能力与创新能力演化 [J]. 科研管理, 2016 (3): 31 – 41.

[188] 张玉利, 杜国臣. 创业合法性悖论 [J]. 中国软科学, 2007 (10): 47 – 58.

[189] 刘振, 崔连广, 杨俊, 等. 制度逻辑、合法性机制与社会企业成长 [J]. 管理学报, 2015 (4): 565 – 575.

[190] 杜运周, 王小伟, 邓长庚, 等. 创业团队声誉与新企业组织合法性关系研究 [J]. 华东经济管理, 2015 (5): 133 – 140.

[191] 彭伟, 于小进, 郑庆龄, 等. 资源拼凑、组织合法性与社会创业

企业成长 [J]. 外国经济与管理, 2018 (12): 55 - 68.

[192] Zott, Huy. How Entrepreneurs Use Symbolic Management to Acquire Resources [J]. Administrative Science Quarterly, 2007, 52 (1): 70 - 105.

[193] 吴晓波, 付亚男, 吴东, 等. 后发企业如何从追赶到超越: 基于机会窗口视角的双案例纵向对比分析 [J]. 管理世界, 2019 (2): 151 - 167.

[194] Desa G, Basu S. Optimization or Bricolage? Overcoming Resource Constraints in Global Social Entrepreneurship [J]. Strategic Entrepreneurship Journal, 2013, 7 (1): 26 - 49.

[195] Mathews, J A. Competitive Advantages of the Latecomer Firm: A Resource-Based Account of Industrial Catch-Up Strategies [J]. Asia Pacific Journal of Management, 2002, 19 (4): 467 - 488.

[196] Taylor A, Constance E. Organizational Linkages for Surviving Technological Change: Complementary Assets, Middle Management and Ambidexterity [J]. Organization Science, 2009, 20 (4): 718 - 739.

[197] Klochikhin A. Russia's Innovation Policy: Stubborn Path-dependencies and New Approaches [J]. Research Policy, 2012, 41 (9): 1620 - 1630.

[198] 应瑛, 刘洋, 魏江. 开放式创新网络中的价值独占机制: 打开"开放性"和"与狼共舞"悖论 [J]. 管理世界, 2018 (2): 144 - 160.

[199] Miao Y, Song J, Lee K, Jin C. Technological Catch-up by East Asian Firms: Trends, Issues, and Future Research Agenda [J]. Asia Pacific Journal of Management, 2018, 35 (3): 639 - 669.

[200] Cavaliere V, Lombardi S. Exploring Different Cultural Configurations: How do They Affect Subsidiaries' Knowledge Sharing Behaviors [J]. Journal of Knowledge Management, 2015, 19 (2): 141 - 163.

[201] Guo L, Zhang M Y, Dodgson M. Seizing Windows of Opportunity by Using Technology-building and Market-seeking Strategies in Tandem: Huawei's Sustained Catch-up in the Global Market [J]. Asia Pacific Journal of Management, 2018 (8): 1 - 31.

[202] Huy Q N. Emotional Balancing: The Role of Middle Managers in Rad-

ical Change [J]. Administrative Science Quarterly, 2002 (47): 31 – 69.

[203] 苏晓华, 吴琼珠, 诸周成. 战略联盟有助于新创企业获取合法性吗: 一个有调节的中介模型 [J]. 科学学与科学技术管理, 2015 (11): 79 – 89.

[204] 田志龙, 高海涛. 中国企业的非市场策略: 追求合法性 [J]. 软科学, 2005 (6): 56 – 59, 70.

[205] 张化尧, 薛珂, 吴梦园, 等. 国际战略联盟中的技术互补与合法性效应 [J]. 科学学研究, 2018, 36 (11): 1976 – 1986.

[206] 孙金云, 陆亚东, 周瑛. 联合战略的动因及其对竞争优势的影响: 基于 "合" 理论的视角 [J]. 外国经济与管理, 2018 (7): 3 – 16.

[207] 马蔷, 李雪灵, 申佳, 王冲. 创业企业合法化战略研究的演化路径与体系构建 [J]. 外国经济与管理, 2015 (10): 46 – 57.

[208] Tornikoski E T, Newbert S L. Exploring the Determinants of Organizational Emergence: A Legitimacy Perspective [J]. Journal of Business Venturing, 2007, 22 (2): 311 – 335.

[209] 蔡莉, 单标安. 中国情境下的创业研究: 回顾与展望 [J]. 管理世界, 2013 (12): 160 – 169.

[210] 李雪灵, 马文杰, 刘钊, 等. 合法性视角下的创业导向与企业成长: 基于中国新企业的实证检验 [J]. 中国工业经济, 2011 (8): 99 – 108.

[211] 苏敬勤, 林菁菁, 张雁鸣. 创业企业资源行动演化路径及机理: 从拼凑到协奏 [J]. 科学学研究, 2017 (11): 1660 – 1673.

[212] 何小钢. 跨产业升级、战略转型与组织响应 [J]. 科学学研究, 2019 (7): 1238 – 1249.

[213] 臧树伟, 李平. 基于破坏性创新的后发企业市场进入时机选择 [J]. 科学学研究, 2016 (1): 122 – 131.

[214] 陈衍泰, 厉婧, 程聪, 等. 海外创新生态系统的组织合法性动态获取研究: 以 "一带一路" 海外园区领军企业为例 [J]. 管理世界, 2021 (8): 161 – 179.

[215] Zhang, Hongjuan Young, Michael N Tan, et al. How Chinese Companies Deal with a Legitimacy Imbalance When Acquiring Firms from Developed

Economies ［J］. Journal of World Business, 2018, 53 (5): 752 – 767.

［216］程聪, 谢洪明, 池仁勇. 中国企业跨国并购的组织正当性聚焦: 内部, 外部, 还是内部 + 外部?［J］. 管理世界, 2017 (4): 158 – 173.

［217］Friedland R, Alford R. Bringing Society Back In: Symbols, Practices, and Institutional Contradictions. In Powell W. W. and DiMaggio P. J. (eds). The New Institutionalism in Organizational Analysis ［C］. Chicago: University of Chicago Press, 1991: 232 – 263.

［218］Thornton P H. Markets from Culture: Institutional Logics and Organizational Decisions in Higher Education Publishing ［M］. Stanford, CA: Stanford University Press, 2004.

［219］Thornton P H, Ocasio W, Lounsbury M. The Institutional Logics Perspective A New Approach to Culture, Structure and Process ［M］. Oxford: Oxford University Press, 2012.

［220］Dunn M B, Jones C. Institutional Logics and Institutional Pluralism: the Contestation of Care and Science Logics in Medical Education ［J］. Administrative Science Quarterly, 2010, 55 (1): 114 – 149.

［221］周常宝, 王洪梁, 林润辉, 等. 新兴市场企业跨国并购后组织内部合法性的动态演化机制 ［J］. 管理评论, 2020 (9): 251 – 265.

［222］杜健, 郑秋霞, 丁飒飒, 等. 资源依赖、制度逻辑与跨国并购后整合 ［J］. 科学学研究, 2021, 39 (3): 423 – 431.

［223］王益民, 王友春. 国际化会促进母国社会责任脱耦: 基于制度逻辑视角的研究 ［J］. 管理评论, 2021 (6): 108 – 119.

［224］程聪. 中国企业跨国并购后组织整合制度逻辑变革研究: 混合逻辑的视角 ［J］. 管理世界, 2020 (12): 126 – 144.

［225］Besharov M L, Smith W K. Multiple Institutional Logics in Organizations: Explaining Their Varied Nature and Implications ［J］. Academy of Management Review, 2014, 39 (3): 364 – 381.

［226］Marquis C, Lounsbury M. Vive la Resistance: Competing Logics and the Consolidation of U. S. Community Banking ［J］. Academy of Management

Journal, 2007, 50 (4): 799 – 820.

[227] Ramus T, Vaccaro A, Brusoni S. Institutional Complexity in Turbulent Times: For Malization, Collaboration, and The Emergence of Blended Logics [J]. Academy of Management Journal, 2017, 60 (4): 1253 – 1284.

[228] Smets M, Jarzabkowski P, Burke G T, Spee P. Reinsurance Trading in Lloyd's of London: Balancing Conflicting yet Complementary Logics in Practice [J]. Academy of Management Journal, 2015, 58 (10): 932 – 970.

[229] Pache A C, Santos F M. When Worlds Collide: the Internal Dynamics of Organizational Responses to Conflicting Institutional Demands [J]. Academy of Management Review, 2010, 35 (3): 455 – 476.

[230] Santos F, Pache A C, Birkholz C. Making Hybrids Work: Aligning Business Models and Organizational Design for Social Enterprises [J]. California Management Review, 2015, 57 (1): 36 – 58.

[231] 徐凤增，袭威，徐月华. 乡村走向共同富裕过程中的治理机制及其作用 [J]. 管理世界, 2021 (12): 134 – 151.

[232] Gottlieb S C, Frederiksen N, Koch C., Thuesen C. Hybrid Organizations as Trading Zones: Responses to Institutional Complexity in the Shaping of Strategic Partnerships [J]. Construction Management and Economics, 2020, 38 (7): 1 – 21.

[233] Perkmann M, McKelvey M, Phillips N. Protecting Scientists from Gordon Gekko: How Organizations Use Hybrid Spaces to Engage with Multiple Institutional Logics [J]. Organization Science, 2019, 30 (2): 298 – 318.

[234] 肖红军. 共享价值式企业社会责任范式的反思与超越 [J]. 管理世界, 2020 (5): 87 – 115.

[235] Yin R K. Case Study Research: Design and Method (4th) [M]. London: Sage Publications, 2012.

[236] 李平，曹仰锋. 案例研究方法：理论与范例：凯瑟琳·艾森哈特论文集 [M]. 北京：北京大学出版社, 2012.

[237] Thornton P H, Ocasio W, Lounsbury M. 制度逻辑：制度如何塑人

和组织 [M]. 汪少卿,等译. 杭州:浙江大学出版社,2020.

[238] 周经,张利敏. 制度距离、强效制度环境与中国跨国企业对外投资模式选择 [J]. 国际贸易问题,2014(11):99–108.

[239] 李世杰,曹雪菲,周宁. 政治风险影响我国直接投资"一带一路"国家的实证分析 [J]. 江淮论坛,2019(6):129–135.

[240] 王海军. 政治风险与中国企业对外直接投资:基于东道国与母国两个维度的实证分析 [J]. 财贸研究,2012(1):116–122.

[241] 肖红军. 相关制度距离会影响跨国公司在东道国的社会责任表现吗 [J]. 数量经济技术经济研究,2014(4):50–67.

[242] 李琳,郭立宏. 制度距离与跨国合作创新绩效:文化严格程度的调节作用 [J]. 科技进步与对策,2021(9):16–25.

[243] 赵卫宏,谢升成,苏晨汀. 母国文化定位策略让品牌走进东道国消费者心智:文化认同视角 [J]. 管理评论,2020(4):196–207.

[244] 张红娟,周常宝,孙为政,等. 制度落差、社会资本与跨国公司海外子公司合法性 [J]. 管理学报,2015(7):969–975.

[245] 李梅,余天骄. 研发国际化是否促进了企业创新:基于中国信息技术企业的经验研究 [J]. 管理世界,2016(11):125–140.

[246] Du J, Xu Y, Hinrich Voss, Song Wang. The Impact of Home Business Network Attributes on Chinese Outward Foreign Direct Investment [J]. International Business Review, 2021, 30(4):1–13.

[247] Johanson J, Vahlne J E. The Uppsala Internationalization Process Model Revisited:from Liability of Foreignness to Liability of Outsiders [M]. London:Palgrave Macmillan UK, 2015.

[248] Jensen M. The Use of Relational Discrimination to Manage Market Entry:When do Social Status and Structural Holes Work Against You [J]. The Academy of Management Journal, 2008(51):723–743.

[249] Gaur A S, Ma XV, Ding Z. Perceived Home Country Supportiveness/Unfavorableness and Emerging Market Firms' Outward FDI [J]. Academy of Management Annual Meeting Proceedings, 2014(1):14850.

［250］Al-Laham A，Souitaris V. Network Embeddedness and New-venture Internationalization：Analyzing International Linkages in the German Biotech Industry ［J］. Journal of Business Venturing，2008，23（5）：567 – 586.

［251］Forsgren，M. A Note on the Revisited Uppsala Internationalization Process Model-the Implications of Business Networks and Entrepreneurship ［J］. Int Bus Stud，2016（47）：1135 – 1144.

［252］Oparaocha，Onyema G. SMEs and International Entrepreneurship：An Institutional Network Perspective ［J］. International Business Review，2015，24（5）：861 – 873.

［253］Chan C M，Makino S. Legitimacy and Multi-level Institutional Environments：Implications for Foreign Subsidiary Ownership Structure ［J］. Journal of International Business Studies，2017，48（3）：386 – 408.

［254］段茹，李华晶. 创业型企业市场进入模式研究 ［J］. 科学学研究，2019（8）：1481-1488.

［255］Francisco DAlicia B G，Camilo P R. The Intellectual Structure of Organizational Legitimacy Research：a Co-citation Analysis in Business journals ［J］. Review of Managerial Science，2021，15（2）：007 – 1043.

［256］武亚军. 中国本土新兴企业的战略双重性：基于华为、联想和海尔实践的理论探索 ［J］. 管理世界，2009（12）：120 – 136.

［257］包群，但佳丽. 网络地位、共享商业关系与大客户占比 ［J］. 经济研究，2021（10）：189 – 205.

［258］刘存福. 企业的社会网络战略理论与方法 ［M］. 北京：北京理工大学出版社，2019.

［259］Hsu C W，Lien YC，Chen H. R&D Internationalization and Innovation Performance ［J］. International Business Review，2015，24（2）：187 – 195.

［260］Brouthers L E，Nakos G. The Role of Systematic International Market Selection on Small Firms' Export Performance ［J］. Journal of Small Business Management，2005，43（6）：1419 – 1440.

［261］Wang，X，Young，M N. Does Collectivism Affect Environmental

Ethics? A multi-level Study of Top Management Teams from Chemical Firms in China [J]. Journal of Business Ethics, 2013, 122 (3): 387 – 394.

[262] 龚晨, 田贵超. 疫情常态化背景下深化"一带一路"科技合作对策研究 [J]. 科技中国, 2021 (7): 88 – 91.

[263] Bromley P, Powell W W. From Smoke and Mirrors to Walking the Talk: Decoupling in the Contemporary World [J]. Academy of Management Annals, 2012, 6 (1): 483 – 530.

[264] Tilcsik A. From Ritual to Reality: Demography, Ideology, and Decoupling in a Post-communist Government Agency [J]. Academy of Management Journal, 2010, 6 (3): 1474 – 1498.

[265] Kraatz M S, Block E S. Organizational Implications of Institutional Pluralism. In: R Greenwood, C Oliver, R Suddaby and K Sahlin, eds. The Sage Handbook of Organizational Institutionalism [C]. London: Sage Publications Ltd, 2008: 243 – 275.

[266] 黄中伟, 游锡火. 社会网络、组织合法与中国企业国际化绩效: 来自122家中国企业海外子公司的实证 [J]. 经济管理, 2010 (8): 38 – 48.

[267] Stevens C, Xie, E, Peng M. Toward Legitimacy-based View of Political Risk: The Case of Google and Yahoo in China [J]. Strategic Management Journal, 2015, 37 (5): 945 – 963.

[268] 黄群慧, 彭华岗, 钟宏武, 等. 中国100强企业社会责任发展状况评价 [J]. 中国工业经济, 2009 (10): 23 – 25.

[269] Yang X, River C. Antecedents of CSR Practices in MNCs' Subsidiaries: A Stakeholder and Institutional Perspective [J]. Journal of Business Ethics, 2009, 86 (2): 155 – 169.

[270] Klein J G. Us Versus Them, or Us Versus Everyone? Delineating Consumer Aversion to Foreign Goods [J]. Journal of International Business Studies, 2002, 33 (2): 345 – 363.

[271] Cuervo-Cazurra A, Genc M. Transforming Disadvantages into Advantages: Developing Country MNEs in the Least Developed Countries [J]. Journal

of International Business Studies, 2008, 39 (6): 957 – 979.

[272] Campbell J T, Eden L, Miller S R. Multinationals and Corporate Social Responsibility in Host Countries: Does Distance Matter? [J]. Journal of International Business Studies, 2012, 43 (1): 84 – 106.

[273] Cuervo-Cazurra A, Ramamurti R. Understanding Multinationals from Emerging Markets [M]. Cambridge: Cambridge University Press, 2014.

[274] Zheng Q, Luo Y, Maksimov V. Achieving Legitimacy through Corporate Social Responsibility: The Case of Emerging Economy Firms [J]. Journal of World Business, 2015, 50: 389 – 403.

[275] Lee Y J, Yoon H J, O' Donnell N H. The Effects of Information Cues on Perceived Legitimacy of Companies that Promote Corporate Social Responsibility Initiatives on Social Networking Sites [J]. Journal of Business Research, 2018, 83: 202 – 214.

[276] 冯钰婧. 海外中国企业组织正当性危机管理的修辞策略研究 [D]. 西安: 西北大学, 2020.

[277] 王建国, 孙佳敏, 长青, 等. 组织合法性: 微观层面的理论研究与前沿分析 [J]. 科技进步与对策, 2020 (2): 153 – 160.

| 附录1： |
课题调查问卷

课题调查问卷

尊敬的先生/女士：

感谢您在百忙之中，抽出时间参与我们的问卷调查！

本问卷调查旨在了解我国企业在"一带一路"沿线国家（地区）贸易和投资过程中是否面临产品、服务、政策、制度、文化、战略管理、价值观等方面的冲突或障碍；如果有，这些冲突或障碍可能是哪些因素引发的？是否对企业国际化经营造成了困扰或影响？企业如何加强预判与应对？等等。

该问卷基于浙江万里学院科研团队的国家社科基金项目《"一带一路"沿线企业获取组织正当性的关键因素诊断与对策研究》研究需要，采用匿名的方式，问卷结果用于面上的纯学术研究，不会泄露单个公司信息！本次调查需要花费您20多分钟的时间。对问卷中的问题，每个人都可以有不同的看法，因而您的选择没有对错之分，敬请您根据实际情况表达真实的想法。

本课题组成员郑重承诺：本问卷仅作纯学术研究之用，对所有参与调研的个人或企业的数据保密！如您对本研究结论感兴趣，请与我们联系！再次感谢您的大力帮助与支持！

第一部分：企业"走出去"基本情况了解

1. 贵公司目前在哪些地区布局海外市场？（可多选）

    A. 东南亚   B. 西亚   C. 中东欧   D. 非洲

    E. 欧洲   F. 北美洲   G. 其他地区

    （请注明：＿＿＿＿＿＿＿＿＿＿＿＿＿）

2. 贵公司在海外布局的主要国家有哪些？（请填写前三位国家）

    （1）＿＿＿＿＿＿；（2）＿＿＿＿＿＿；（3）＿＿＿＿＿＿。

3. 贵公司是哪一年开始布局海外市场的？

    （请注明：＿＿＿＿＿＿＿＿＿＿＿＿＿）

4. 贵公司主要通过哪些方式布局海外市场？（可多选）

    A. 设立海外营销中心或销售点   B. 独自设立海外生产基地或工厂

    C. 跨国并购   D. 与当地企业或供应商合资建厂

    E. 其他方式

    （请注明：＿＿＿＿＿＿＿＿＿＿＿＿＿）

5. 贵公司在海外从事的主要行业是（   ）？（可多选）

    A. 农、林、牧、渔业   B. 采掘   C. 建筑

    D. 流通   E. 医药   F. 化工

    G. 信息   H. 家电   I. 纺织服装

    J. 金融   K. 五金机械   L. 租赁和商业服务

    M. 科学研究和技术服务   P. 教育   Q. 卫生和社会工作

    S. 其他

6. 贵公司在海外的主营产品或服务是＿＿＿＿＿＿＿＿＿＿＿＿＿。

7. 贵公司近三年的海外销售收入占公司总销售收入的比例大致为（   ）。

    A. 10% 以下   B. 10% ~30%   C. 30% ~50%

    D. 50% ~80%   E. 80% 以上

8. 贵公司的企业类型：（   ）。

    A. 国有及国有控股企业   B. 民营企业

    C. 中外合资企业   D. 其他

9. 近三年贵公司的员工人数大致为（　　）。

　　A. 50 人以下　　　　B. 50 ~ 100 人　　　　C. 100 ~ 500 人

　　D. 500 ~ 1000 人　　　E. 1000 人以上

10. 贵公司属于：（　　）。

　　A. 高新技术行业　　　　　　B. 传统行业

第二部分：跨国企业在东道国的行为表现

请根据您对贵公司在海外市场的了解，选择下列陈述与贵公司实际情况比较接近的选项。其中："1"表示"非常不符合"，"2"表示"较为不符合"，"3"表示"有点不符合"，"4"表示"一般"，"5"表示"有点符合"，"6"表示"较为符合"，"7"表示"非常符合"。请您在相应的数字下面□上打"√"。

1. 公司经营行为在东道国的实用认可或接受程度	非常不符合——非常符合						
	1	2	3	4	5	6	7
（1）当地顾客高度评价贵公司的产品或服务	□	□	□	□	□	□	□
（2）贵公司在东道国提供产品（服务）的过程是恰当的	□	□	□	□	□	□	□
（3）贵公司在东道国提供产品（服务）的技术是合理的	□	□	□	□	□	□	□
（4）贵公司在当地没有遭遇法律诉讼或经济合同纠纷	□	□	□	□	□	□	□
（5）贵公司的身份或产权安排在东道国是合理、恰当的	□	□	□	□	□	□	□
（6）贵公司内部组织管理制度或行为在东道国是合理、恰当的	□	□	□	□	□	□	□
（7）贵公司行为符合当地法律法规政策规定	□	□	□	□	□	□	□
（8）贵公司行为符合当地用工、环保或行业规章制度	□	□	□	□	□	□	□
2. 公司经营行为在东道国的道德认可或接受程度	非常不符合——非常符合						
	1	2	3	4	5	6	7
（1）贵公司很多行为是东道国当地企业盛行的	□	□	□	□	□	□	□
（2）贵公司海外员工对企业有很强的归属感	□	□	□	□	□	□	□
（3）贵公司能很好地融入海外东道国文化	□	□	□	□	□	□	□
（4）贵公司行为符合当地公众共同价值观或道德规范标准	□	□	□	□	□	□	□
（5）贵公司经常受到当地政府的表彰、荣誉或奖励	□	□	□	□	□	□	□
（6）海外本土社区或工会高度评价贵公司行为	□	□	□	□	□	□	□
（7）贵公司行为被当地行业认证机构等组织高度认可	□	□	□	□	□	□	□

续表

3. 公司经营行为在东道国的情感（认知）接受程度	非常不符合——非常符合						
	1	2	3	4	5	6	7
（1）当地居民或社会群众对贵公司评价很高	□	□	□	□	□	□	□
（2）当地投资者很愿意与贵公司合作	□	□	□	□	□	□	□
（3）贵公司在当地树立了良好口碑或美誉	□	□	□	□	□	□	□
（4）贵公司行为经常受到当地政府、第三方组织等支持	□	□	□	□	□	□	□
（5）当地竞争者对贵公司行为非常尊重	□	□	□	□	□	□	□
（6）当地人认为贵公司的存在是理所当然，完全可理解的	□	□	□	□	□	□	□

第三部分：企业海外经营冲突或障碍的影响因素

请根据您对企业海外经营中非市场因素冲突或障碍方面的了解，选择下列陈述与贵公司实际情况比较接近的选项。其中："1"表示"非常不符合"，"2"表示"较为不符合"，"3"表示"有点不符合"，"4"表示"一般"，"5"表示"有点符合"，"6"表示"较为符合"，"7"表示"非常符合"。请您在相应的数字下面□上打"√"。

1. 跨国制度或文化差异	非常不符合——非常符合						
	1	2	3	4	5	6	7
（1）中国和贵公司所在东道国的政治制度差异很小	□	□	□	□	□	□	□
（2）中国和贵公司所在东道国的经济制度差异很小	□	□	□	□	□	□	□
（3）中国和贵公司所在东道国的法律制度差异很小	□	□	□	□	□	□	□
（4）中国和贵公司所在东道国的道德文化差异很小	□	□	□	□	□	□	□
（5）中国和贵公司所在东道国的行业管理差异很小	□	□	□	□	□	□	□
（6）中国和贵公司所在东道国的员工文化差异很小	□	□	□	□	□	□	□
2. 跨国政治、社会网络、民间交往和产业关系	非常不符合——非常符合						
	1	2	3	4	5	6	7
（1）中国和贵公司所在东道国的高层政治关系良好	□	□	□	□	□	□	□
（2）中国和贵公司所在东道国的民间投资十分密切	□	□	□	□	□	□	□
（3）贵公司与东道国供应商等上下游客户合作良好	□	□	□	□	□	□	□

（4）贵公司与东道国当地政府之间关系紧密	☐	☐	☐	☐	☐	☐	☐
（5）贵公司与东道国行业协会等中介组织建立了良好关系	☐	☐	☐	☐	☐	☐	☐
（6）贵公司与当地银行等融资机构建立了良好关系	☐	☐	☐	☐	☐	☐	☐
（7）贵公司与东道国第三方非政府组织建立了良好关系	☐	☐	☐	☐	☐	☐	☐
（8）贵公司与当地同行形成了良好竞争或合作关系	☐	☐	☐	☐	☐	☐	☐
（9）贵公司所属行业属于东道国紧缺或战略引导发展行业	☐	☐	☐	☐	☐	☐	☐
（10）贵公司在东道国从事的行业不太会引发公众矛盾	☐	☐	☐	☐	☐	☐	☐
（11）贵公司所属行业与东道国资源形成紧密互补关系	☐	☐	☐	☐	☐	☐	☐
（12）贵公司所属行业得到东道国的产业政策支持	☐	☐	☐	☐	☐	☐	☐

3. 企业资源禀赋特征	非常不符合——非常符合						
	1	2	3	4	5	6	7
（1）贵公司国际化起步早，国际化经验丰富	☐	☐	☐	☐	☐	☐	☐
（2）贵公司具有丰富国际化视野的高管团队或人才队伍	☐	☐	☐	☐	☐	☐	☐
（3）贵公司高管团队与母国政府有很强的政治关联性	☐	☐	☐	☐	☐	☐	☐
（4）贵公司海外投资经常得到母国金融机构的融资支持	☐	☐	☐	☐	☐	☐	☐
（5）贵公司在东道国的管理很符合国际惯例或当地做法	☐	☐	☐	☐	☐	☐	☐
（6）贵公司具有自身独特的国际竞争优势	☐	☐	☐	☐	☐	☐	☐

4. 企业"走出去"行为特征	非常不符合——非常符合						
	1	2	3	4	5	6	7
（1）贵公司"走出去"之前，对东道国开展了详细的调研	☐	☐	☐	☐	☐	☐	☐
（2）贵公司选择地理位置相近的国家布局海外市场	☐	☐	☐	☐	☐	☐	☐
（3）贵公司选择民族文化相近的国家布局海外市场	☐	☐	☐	☐	☐	☐	☐
（4）贵公司选择政治经济制度接近的国家布局海外市场	☐	☐	☐	☐	☐	☐	☐
（5）贵公司通过跨国并购"走出去"，容易融入当地社会	☐	☐	☐	☐	☐	☐	☐
（6）贵公司通过绿地投资"走出去"，容易融入当地社会	☐	☐	☐	☐	☐	☐	☐
（7）贵公司与当地企业合资建厂或建立战略联盟"走出去"，容易融入当地社会	☐	☐	☐	☐	☐	☐	☐
（8）贵公司借助母国产业合作基地或平台"走出去"，容易融入当地社会	☐	☐	☐	☐	☐	☐	☐
（9）贵公司借助行业龙头企业配套"走出去"，容易融入当地社会	☐	☐	☐	☐	☐	☐	☐
（10）贵公司单独"走出去"，容易融入当地社会	☐	☐	☐	☐	☐	☐	☐

第四部分：企业海外经营冲突对国际化绩效的影响

请根据您对贵公司海外经营效果的了解，选择下列陈述与贵公司实际情况比较接近的选项。其中："1"表示"非常不符合"，"2"表示"较为不符合"，"3"表示"有点不符合"，"4"表示"一般"，"5"表示"有点符合"，"6"表示"较为符合"，"7"表示"非常符合"。请您在相应的数字下面□上打"√"。

1. 经营成本影响	非常不符合——非常符合						
	1	2	3	4	5	6	7
（1）与当地同行企业相比，贵公司在东道国综合经营成本更高	□	□	□	□	□	□	□
（2）与当地同行企业相比，贵公司在东道国制度交易成本更高	□	□	□	□	□	□	□
（3）与当地同行企业相比，贵公司在东道国环保治安成本更高	□	□	□	□	□	□	□
（4）与当地同行企业相比，贵公司在东道国融资成本更高	□	□	□	□	□	□	□
（5）与当地同行企业相比，贵公司在东道国市场开拓成本更高	□	□	□	□	□	□	□
（6）与"走出去"之前相比，贵公司综合经营成本更高	□	□	□	□	□	□	□
（7）与"走出去"之前相比，贵公司环保治安成本更高	□	□	□	□	□	□	□
（8）与"走出去"之前相比，贵公司制度交易成本更高	□	□	□	□	□	□	□
（9）与"走出去"之前相比，贵公司融资成本更高	□	□	□	□	□	□	□
（10）与"走出去"之前相比，贵公司市场开拓成本更高	□	□	□	□	□	□	□
2. 财务盈利影响	非常不符合——非常符合						
	1	2	3	4	5	6	7
（1）与"走出去"之前相比，贵公司的投资回报率/利润率更高	□	□	□	□	□	□	□
（2）与"走出去"之前相比，贵公司所占的市场份额更大	□	□	□	□	□	□	□
（3）与"走出去"之前相比，贵公司新产品和服务推向市场的时间更短	□	□	□	□	□	□	□
（4）与"走出去"之前相比，贵公司每笔业务交易的成本更低	□	□	□	□	□	□	□
（5）与当地同行企业相比，贵公司的投资回报率/利润率更高	□	□	□	□	□	□	□
（6）与当地同行企业相比，贵公司所占的市场份额更高	□	□	□	□	□	□	□
（7）与当地同行企业相比，贵公司新产品（服务）推向市场的时间更快	□	□	□	□	□	□	□
（8）与当地同行企业相比，贵公司每笔业务交易的成本更低	□	□	□	□	□	□	□

续表

3. 创新绩效影响	非常不符合——非常符合						
	1	2	3	4	5	6	7
（1）与当地同行企业相比，贵公司研发创新（R&D）成功率更高	□	□	□	□	□	□	□
（2）与当地同行企业相比，贵公司产品（服务）技术含量更高	□	□	□	□	□	□	□
（3）与当地同行企业相比，贵公司服务产品创新的市场反应程度更优	□	□	□	□	□	□	□
（4）与当地同行企业相比，贵公司在行业中服务创新更快	□	□	□	□	□	□	□
（5）与当地同行企业相比，贵公司应用新技术更快	□	□	□	□	□	□	□
（6）与"走出去"之前相比，贵公司研发创新（R&D）成功率更高	□	□	□	□	□	□	□
（7）与"走出去"之前相比，贵公司产品（服务）技术含量更高	□	□	□	□	□	□	□
（8）与"走出去"之前相比，贵公司服务产品创新的市场反应程度更优	□	□	□	□	□	□	□
（9）与"走出去"之前相比，贵公司融资成本更高	□	□	□	□	□	□	□
（10）与"走出去"之前相比，贵公司应用新技术更快	□	□	□	□	□	□	□
4. 成长绩效影响	非常不符合——非常符合						
	1	2	3	4	5	6	7
（1）与同行企业相比，贵公司的海外市场份额提升非常快	□	□	□	□	□	□	□
（2）与同行企业相比，贵公司的海外销售增长非常好	□	□	□	□	□	□	□
（3）与同行企业相比，贵公司的海外现金流增长良好	□	□	□	□	□	□	□
（4）与同行企业相比，贵公司的市场价值增长更快	□	□	□	□	□	□	□
（5）与"走出去"之前相比，贵公司的市场份额提升更快	□	□	□	□	□	□	□
（6）与"走出去"之前相比，贵公司的销售增长率增长更快	□	□	□	□	□	□	□
（7）与"走出去"之前相比，贵公司的现金流增长更好	□	□	□	□	□	□	□
（8）与"走出去"之前相比，贵公司的市场价值增长更快	□	□	□	□	□	□	□

第五部分：信息补充（根据填写人意愿酌情填写）

1. 填写人姓名：_____。

2. 性别：男□　　女□

3. 联系电话：_____，电子邮箱（E‐mail）：_____。

4. 现任职位：_____，在贵企业工作年限：_____年。

5. 所在的企业名称：＿＿＿＿＿＿，企业成立于：＿＿＿＿＿年。

6. 如果您了解到贵公司或同行企业在海外遭遇经营冲突或困扰，能否谈谈您的看法或建议？

＿＿＿＿＿＿＿＿＿＿＿＿＿＿＿＿＿＿＿＿＿＿＿＿＿＿＿＿＿＿

＿＿＿＿＿＿＿＿＿＿＿＿＿＿＿＿＿＿＿＿＿＿＿＿＿＿＿＿＿＿。

7. 您对本次调查是否有反馈意见或建议？

＿＿＿＿＿＿＿＿＿＿＿＿＿＿＿＿＿＿＿＿＿＿＿＿＿＿＿＿＿＿

＿＿＿＿＿＿＿＿＿＿＿＿＿＿＿＿＿＿＿＿＿＿＿＿＿＿＿＿＿＿。

再次感谢您对本研究工作的大力支持！

企业访谈提纲

企业访谈提纲

尊敬的先生/女士：

感谢您在百忙之中，抽出时间参与我们的调研访谈！

我们是浙江万里学院科研团队成员，根据团队承担的国家社科基金课题研究需要，本次访谈旨在了解我国企业在"一带一路"沿线国家（地区）贸易和投资过程中是否面临母国和东道国制度文化方面的冲突或障碍；如果有，这些冲突或障碍可能是哪些因素引发的？是否对企业国际化经营造成了困扰或影响？等等。

本次访谈提纲涉及的问题，敬请您根据实际情况表达真实的想法和观点。

本课题组成员郑重承诺：本次调研访谈内容仅作纯学术研究之用，不作其他商业用途！如您对本研究结论感兴趣，请与我们联系！

本课题组主要想了解贵公司在以下六大领域的信息：

一、贵公司的国际化历程和里程碑事件介绍。

二、贵公司开拓"一带一路"市场的战略目标、组织模式及当前取得的成效。

三、贵公司在开拓"一带一路"市场时，如何选择东道国？主要考虑哪些因素？主要投资区域分布在哪些国家（地区）？贵公司在国际化过程中是否遭遇东道国制度文化障碍？如果有，具体有哪些表现或现象？您觉得为什么会出现这些问题？

四、贵公司如何应对"一带一路"沿线东道国的制度文化障碍或处理相关危机事件？有哪些具体的做法或措施？当时是怎么考虑的？效果怎么样？

五、贵公司在应对"一带一路"沿线东道国的制度文化障碍时，有没有值得给其他中资企业分享的经验或策略启示？

六、新时代背景下，您觉得企业开拓"一带一路"市场面临的最核心问题或困境是什么？您觉得企业自身应该如何提前加强战略规划或危机预判？您对我国政府或社会服务机构有什么政策或服务诉求？

再次感谢您对本研究工作的大力支持！

后　　记

本书是浙江万里学院科研团队承担的国家社科基金项目"中国'一带一路'沿线跨国企业获取组织正当性的关键因素诊断与对策研究"（项目批准号 18BJY113）的主要研究成果。该项目历经四年多时间完成，取得系列研究成果，2023 年 2 月顺利通过结题验收。

本书编写人员有南昌职业大学、浙江万里学院的孟祥霞教授、浙江万里学院的陶海飞副教授、杨立娜副教授、刘美玲教授、吴瑞勤讲师、赵秉龙博士等教师和澳门城市大学的江禹睿博士。各位研究人员在课题选题、企业调研、内容撰写、稿件修改完善等各个环节都付出了百倍努力，著作的出版是课题组全体成员共同劳动、精诚合作的结晶！特别是陶海飞副教授，研究中克服了重重困难，尽心尽责、无怨无悔地辛勤付出，保证了研究任务的顺利完成。本书由孟祥霞教授、陶海飞副教授总体负责，从研究思路、框架结构的设计、章节安排、写作思路、写作风格等的统一和规范到研究任务组织实施与统筹管理全程都给予了指导、督促与协助，并对研究报告进行统稿和最后的定稿。各章节执笔的主要人员是：陶海飞副教授、孟祥霞教授负责第 2 章、第 6 章和第 7 章全部内容的撰写以及第 1 章、第 3 章和第 5 章部分内容的撰写；杨立娜副教授负责第 3 章的问卷调查数据分析以及第 4 章实证内容的撰写，并协助问卷调研数据的采集工作；刘美玲副教授负责第 5 章第 1 节案例的撰写；吴瑞勤讲师负责第 1 章文献综述内容的撰写；赵秉龙博士负责第 3 章第 1 节内容的撰写和问卷调研数据的采集以及部分图形绘制等工作；江禹睿博士参与了科研资料收集及整理等相关工作。

课题研究过程中我们得到了许多专家、学者和朋友的大力帮助与支持。宁波大学钟昌标教授、武汉理工大学谢科范教授在课题选题、论证环节给予有效指导；宁波市宁波证监局机构监管处处长刘翼鹏、职业经理人协会常务副会长兼秘书长曹云、北京交控科技有限公司董事长郜春海等领导、专家在课题调研、案例研究环节提供了很多帮助，并持续配合课题的研究工作。浙江万里学院闫磊教授等领导、教师为课题研究提供相关参考资料。浙江万里学院教师尼·阿沃特拉（Andrianarivo Andriandafiarisoa Ralison Ny Avotra）博士在外文论文发表上提供了大力帮助！课题验收环节，国家社科基金办的评审专家对研究报告提出的中肯修改意见，为我们进一步完善研究内容指明了方向。经济科学出版社会计分社社长杜鹏为本书出版提供了热情支持！本书的出版，同样得到了南昌职业大学和浙江至善产教融合发展研究院的大力支持！在本书出版之际，一并致以最诚挚的感谢！

"一带一路"建设是新时代我国全面推进对外开放战略的重要组成部分。本书研究从组织正当性的内涵和本质入手，综合多学科理论，构建了制度、资源、战略等核心因素对 EMNEs 正当性的交互影响模型，同时通过对沿线中资企业的典型案例研究和大样本回归实证分析，明确了制度、战略和资源三类核心因素对 EMNEs 正当性的影响地位、程度、方向及其交互作用机制，在此基础上提出有针对性建议，以期对"一带一路"沿线国家（地区）中资企业组织正当性战略进行系统性管理提供理论指导。

尽管笔者在本书编纂过程做了最大程度的努力，但由于自身的知识、认知、视野、能力和经验等限制，可能存在一定的理论认知局限或主观偏差，未来仍需要深化相关理论研究。我们在后续的研究中将进一步深入探讨制度、资源、战略等核心因素影响 EMNEs 正当性的过程作用机制及其交互影响关系，提炼更多核心研究假设，开发更多的量化测度指标，更加全面地深化 EMNEs 正当性获取的关键因素诊断模型，加强作用机制的实证检验，进一步丰富研究结论。要加强不同制度情景的案例对比研究，扩大样本调查范围，加强对中资企业进入"一带一路"沿线新兴市场国家或欠发达国家的深入调研和纵向多案例研究，进一步提高研究广度和深度，期望能够为我国企业开辟"一带一路"沿线市场提供新的制度文化障碍化解战略指导，为企业更好融入"一带一路"建设提供实践参谋。同时丰富 EMNEs 国际化理论的相关成果。

2024 年 9 月